基础教育发展研究：观照与关怀

毛红芳　田虎 / 主编

中国纺织出版社有限公司

图书在版编目（CIP）数据

基础教育发展研究：观照与关怀／毛红芳，田虎主编 . --北京：中国纺织出版社有限公司，2022.12
ISBN 978-7-5229-0151-0

Ⅰ.①基… Ⅱ.①毛… ②田… Ⅲ.①基础教育－研究－中国 Ⅳ.①G639.2

中国版本图书馆CIP数据核字（2022）第237690号

责任编辑：郭　婷　　责任校对：楼旭红
责任设计：晏子茹　　责任印制：储志伟

中国纺织出版社有限公司出版发行
地址：北京市朝阳区百子湾东里A407号楼　邮政编码：100124
销售电话：010—67004422　传真：010—87155801
http://www.c-textilep.com
中国纺织出版社天猫旗舰店
官方微博 http://weibo.com/2119887771
三河市宏盛印务有限公司印刷　　各地新华书店经销
2022年12月第1版第1次印刷
开本：787×1092　1/16　印张：15
字数：280千字　定价：89.00元

凡购本书，如有缺页、倒页、脱页，由本社图书营销中心调换

前　言

教育决定着人类的今天，也决定着人类的未来。如果说教育是民族振兴和社会进步的基石，那么基础教育就是这块基石中的奠基领域，属于全面发展教育的先导阶段。习近平总书记强调："百年大计，教育为本。教育是人类传承文明和知识、培养年轻一代、创造美好生活的根本途径。"哲学家怀特海指出："学生是有血有肉的人，教育的目的是为了激发和引导他们的自我发展之路。"教育归根结底是要承诺并践行"培养人"的使命。教育的使命具有"变化"的时代特征，也包含"不变"的本体承诺。对于这种"变"与"不变"的理论观照和实践关怀，便是基础教育发展研究贯穿的伦理逻辑主线，它既包含了对基础教育"应该如何"的理性认识，也包含了对基础教育"实际如何"的批判性反思和理想性引导。

本书基于呈现教师教育本色、凝练基础教育研究特色、强化教育实践指导作用的综合考虑，将基础教育发展研究聚焦在一条育人主线上，遵循理论观照与实践关怀两条逻辑理路，关注理念探讨、现象反思和实践探索三个层面的问题，覆盖教育理论、学生成长、学科教学、教育管理和人才培养五个主题篇章。全书聚焦基础教育中最为基本和最为突出的问题探讨，既内含理论性探讨与反思，旨在挖掘问题的学理意义，也凸显实践性探索与创新，提炼实践改革的方法，体现了基础教育研究的综合性和整体性。

本书作为咸阳师范学院集体性劳动成果与读者见面，是对每一个研究者积极履行基础教育研究使命的最大鼓励，也是研究团队能够为地方基础教育改革与发展建言献策的最好肯定。全书由毛红芳副教授和田虎副教授担任主编，负责书稿框架内容、成果遴选和定稿工作。书中所收录的论文都是经作者本人同意的原创性成果，所有论文作者同时也是本书的编委成员，他们是毛红芳、田虎、白雅娟、张勇、张晶晶、李双、董琪、钟丽娟、陈小萍、安龙、李玲（心理系）、周田鑫、南姣鹏、张倩、何建武、孙洋、王位、郭蕾、段伟红、赵彦美、徐波、南腊梅、李玲（小教系）、王虹、吉执来、袁圆、李洁、张争光、宁金平、官瑞娜、钱海娟、杨小茹、李桂梅、肖婷、韩李佳、杨露、刘国强、侯冬青。对上述成员所贡献的智慧和付出的劳动表示衷心的感谢！

本书的策划和出版，获得了咸阳师范学院重点学科建设经费、教育部人文社会科学研究项目（17YJC880080）、陕西省哲学社会科学基金项目（2019Q038）、陕西省教育科学"十三五"规划项目（SGH17H184）的资助，得到学科办、教育科学学院的大力支持。中国纺织出版社有限公司的编辑对书稿的校对和修改付出了辛勤的劳动，在此表示诚挚感谢！对全书收录的论文和参考文献资料，对已做出注释或部分遗漏的文献作者一并致谢！

本书通过成果集结，试图体现我们在基础教育和教师教育领域的研究特色和优势，但限于篇幅及能力水平，我们的研究和探索还存在很多不足，敬请同行专家和读者批评指正！

编者

2022年10月

目 录

第一篇 教育理论 1

教学理论本体研究：内涵、意义与话语类型 / 毛红芳 2

幼儿教师法律定位的价值取向与立法诉求 / 田虎 9

自由与强制的限度——教育惩戒的伦理性思考 / 白雅娟 17

论教育交往意蕴下学生评语的原则 / 张勇 21

劳动的教育化与教育的劳动化 / 张晶晶 25

教研员职业角色的现状及对策探析——以 A 省市州级教研员
为例 / 李双　郭晖 30

幼儿园蒙台梭利教育模式应用现状研究——基于 A 市 T 幼儿园的
调查 / 董琪 37

儿童民间游戏的当代教育价值 / 钟丽娟 42

第二篇 学生成长 47

父母教养方式对青少年成就动机的影响——生命史策略的中介
作用 / 安龙　丁峻　徐波 48

儿童语素意识的发展特点研究 / 李玲（心理系）...... 55

中小学研学旅行学习方式探析 / 周田鑫 62

大班集体教学活动中幼儿学习品质发展的现状研究——以 X 幼儿园
为例 / 南姣鹏 67

第三篇 学科教学 79

基于核心素养的中小学信息技术课程设计与实践 / 何建武 80

中小学信息化课程建设现状调查——以陕西省46所学校课程
　　为例 / 孙洋 ……………………………………………………………… 86
心理健康教育视角下小学语文教学对策分析 / 王位 ………………… 93
幼小衔接视角下科学教育内容的思考 / 段伟红 ……………………… 97

第四篇　教育管理 …………………………………………………… 103

中小学学校文化建设：问题分析与对策建议 / 徐波　袁圆　安龙 …… 104
咸阳市中小学课程与教学现状的调研报告 / 南腊梅　宁金平 ……… 112
民办学校教师研训一体化模式研究——以咸阳玉泉学校
　　为例 / 李玲（小教系）　雷宏友 ……………………………………… 128
城镇化背景下乡村学校的发展综述 / 王虹 …………………………… 137
农村学前教育师资存在的问题与对策——以陕西省 N 县
　　为例 / 吉执来 …………………………………………………………… 148
农村家长对幼儿园教育期待的现状调查 / 袁圆 ……………………… 155
县域民办幼儿园教师流失原因分析与治理建议 / 李洁 ……………… 159

第五篇　人才培养 …………………………………………………… 165

基于微课的师范生教学技能训练实践的思考 / 张争光 ……………… 166
在阅读中促进卓越小学教师职前专业成长 / 宁金平 ………………… 172
实践共同体视域下的职前教师培养路径 / 官瑞娜 …………………… 178
师范生教育实习：内涵、困惑与价值导向 / 钱海娟 ………………… 183
美国新文科人才培养实践研究 / 杨小茹 ……………………………… 187
高师小教专业学生音乐素养提升的困境与策略 / 李桂梅 …………… 194
学前教育专业师范生绘本阅读现状及促进策略探析 / 肖婷 ………… 199
教育信息化背景下学前教育专业钢琴教学改革探索 / 韩李佳 ……… 206
传承与创新：陕西学前教育舞蹈特色课程建构 / 杨露 ……………… 211
大学生社交恐惧影响因素及其与性格特质关系研究 / 刘国强 ……… 216
基于翻转课堂教学策略的"Photoshop 综合实例"微课的设计与
　　开发 / 侯冬青　武春李 ……………………………………………… 226

第一篇 教育理论

教学理论本体研究：内涵、意义与话语类型[1]

毛红芳[2]

教学理论自产生一直伴随"历久弥新"的内部困惑和"备受质问"的外部压力。如果说外部压力指向实践指导力不足，那么内部困惑则来自"教学理论是什么""为什么要构建教学理论和理论体系""教学理论如何指导实践"等理论维系其自身发展的一系列本体问题的追问。美国学者布洛克认为："正如大多数哲学谬论一样，困惑的结果总是产生于显而易见的开端（假设）。正因为这样，我们才应该特别小心对待这个'显而易见的开端'，因为正是从这儿起，事情才走上了歧路。"为此，近年来国内外研究者以教学理论本身为分析对象，以"元"的逻辑形式反思、批判和审视教学理论，并试图为教学理论提供规范、标准和规则，这种形式的研究和讨论都属于教学理论本体研究。当然，教学理论本体研究还只是散见于教学理论各类著作、教材或论文中，其系统性尚待建构。

一、教学理论本体研究的内涵

尽管已有研究中，有学者呼吁要加强"教学理论的本体研究和建构"或"教学理论的本体与价值问题"，但关于教学理论本体研究的内涵，还没有形成明确界定。美国哲学家阿尔奇·J.巴姆曾生动地用"盲人摸象"的故事来阐释哲学对科学的作用。他指出："我们也许到了所有科学各自独立的汇报，但仍不能看清大象的全貌，要理解整个体系，必须依靠哲学的综合作用。"这样的论述，对于我们理解教学理论本体研究有很大启发，因为任何理解之前先要表达，而在任何表达之前，先要对重要性进行感受。如果我们不从"本体"层面上来阐释教学理论的内部一致性规定，或许我们在回答"什么是教学理论"这个"显而易见的开端"时就走上了歧路；如果我们不从"本体"层面上来探寻教学理论的命题或假设对于教学实践领域意味着什么，或许我们在回答教学理论的价值和使命时就已经与教学理论的"本体承诺"相矛盾。

教学理论本体研究是元教学理论的核心内容。从概念本身所属范畴看，"本体"不等同于"元"，"元"属于一种逻辑形式，具有超验、批判和审视的特点。"本体"一词尽管源于哲学概念，但这一概念已经走出哲学研究领域，被信息科学、文学和教育等领域所接受、借鉴并予以自省。"本体"和"本体论"已舍掉"第一哲学"的神秘面纱，用以指向对自身学科领域的终极性存在的关怀或对内在义理的反思性寻求。

---

[1] 基金项目：教育部人文社会科学研究项目（17YJC880080）；陕西省社会科学基金项目（2019Q038）；陕西省教育科学规划项目（SGH17H184）；陕西省教育厅专项科研项目（19JK0922）；咸阳师范学院专项科研项目（XSYK19032）。

[2] 毛红芳，1984年生，女，汉族，内蒙古乌兰察布市人，教育学博士，咸阳师范学院副教授，教育科学学院副院长，从事课程与教学论研究。

教学理论本体研究正是基于"什么是教学理论"的逻辑起点，通过对最根本东西的反思性寻求，试图获得关于教学理论存在与发展的最终的根据、标准和尺度。这就是说，教学理论本体研究不是要探讨教学理论的具体内容，而是探寻教学理论之所以为教学理论的内在规定性。以教学理论为"元"研究对象，对教学理论性质、功能、方法与价值等问题的本体性考察以及围绕"什么是教学理论"的探究都属于教学理论本体研究范畴。

二、教学理论本体研究的意义

（一）明晰教学理论发展的先决条件

造成教学理论危机、决定教学理论发展的因素非常复杂，教学理论的危机或良性发展都离不开对理论本身的剖析，离不开对理论发展所面临的根本性问题的反思。因此，教学理论本体研究已成为反思教学理论的首要任务。正如有学者所指出："教学理论的本体与价值问题是教学理论建构中不可回避的，是理论建构的基础，直接影响教学理论的品质。"进行教学理论本体问题研究，不仅是研究教学理论其他问题的必要前提，也是为人们的教学理论构建提供必要的原则和方法。

教学理论本体研究，不仅可以把日益碎片化的教学理论类型或体系重新引回到它的殿堂中，还可以为教学理论的形成和发展提供规范性的清晰线索。同时，进行教学理论本体研究，也是为了打破西方教学理论在本土化语境中，不同派别教学理论被不同程度地夸大及相互"缄默"的局面，在"本体"追寻的过程中实现教学理论不同派别相互辩论的对话，从而推进教学理论本土化建设，并为今后教学理论的发展提供参考价值。

（二）澄清教学理论存在的内在规定性

对理论或教学理论的理解和认识，蕴藏了一个问题的两个方面，即"是什么"和"什么是"，尽管这是一对极具迷惑性的问题或是被人们认为是同一个问题，但实际上，"是什么"的问题指的是"事实是什么"，而"什么是"则意味着"应该是什么"。其中，"是什么"可以基于不同角度和理解进行多种界定，但"什么是"则隐藏着人们试图剥除全部主观性和不同的"是什么"后，对"应该是什么"的终极关怀及其建构的理论图景。"什么是教学理论"，不只是追问教学理论的根源，也是追问一种基本和教学理论所应具有内在规定性的框架。因此，教学理论本体研究重在探索而不是描述，重在解析而不是归纳。教学理论本体研究旨在为教学理论自我存在的合法性和独特性，建立有理有力的缘由与根据。

（三）奠定元教学理论体系的构建基础

"元"的英文为"meta-"，意即"在……之后""超越"。元问题、元理论的产生，反映了人类反思能力的提高和研究者自主意识的强化。叶澜教授指出，"元"研究十分重要，犹如一个人对待自我发展的自觉水平与自我意识水平密切相关一样，一门科学发展的自控程度也与它的"自我意识"密切相关。元教学理论就是以教学理论为研究对象所形成的理论，简言之就是教学理论的理论。研究者以教学理论本身为分析对象而展开的讨论都属于元教学理论范畴。可以说，教学理论属于"对象理论"，元教学理论属于"元理论"。元理论可以为检验、批判理论认识提供规范、标准和规则。以教学理论本体作为对象的深入"反思"和研究，属于元教学理论或教学理论元研究范畴，而且教学理论本体问题实质上也是元教学理论体系的核心组成部分，其价值不仅体现在丰富元教学理论内容上，更体现在为今后元教学理论体系的建立奠定了基础。

(四) 为重审教学理论"实践"命题提供支撑

进行教学理论本体研究，不是为了创建新的"实体"教学理论，也不是直接指向教学实践和教学改革。而是期望在教学理论的终极指向性与历史确定性之间，寻找自我批判和自我超越的空间，以此重新审思教学理论的"实践指导性"命题。

教学理论着眼对教学实践的理性解释与知识建构，其作用在于为教学实践提供观念引领和行动指南。教学理论本体研究正是基于教学理论实践指导的本真诉求回归，深入反思教学理论的实践"指导力"不足的原因，试图回答"要想指导实践，理论应该如何"的问题。进行教学理论本体研究，不是对教学理论原始状态的考察，而是反映最为重要、最为根本和最为普遍的现实状况，渴求在最深刻的层次上或最彻底的意义上把握教学理论的本真问题，以此呈现教学理论所应具备的观念引领和行动指南的立体特征。

(五) 为重现人的生命和价值提供关怀和诉求

"提高质量，内涵发展"是当前教育发展的主题，这一主题的核心在于促进人的全面发展，学校教育完成这一任务的关键在于提高教学质量。那么，教学理论作为学校教育的"在场"因素，如何在提高教学质量和促进人的发展上提供帮助。因此，对理论本身与价值的反思是教学理论回应"内涵发展"时代主题的必然路向。而进行教学理论本体研究，正是重申和确认"人"在教学中的地位与价值。因为，无论何种教学理论，其对象性探索的出发点、立足点和归宿点都是"人"这一教学实践主体。进行教学理论本体研究，不仅是在强调教学理论"应当"关怀人，更是一个"如何"关怀的问题。这就意味着教学理论不能仅局限在知识，还需要内含如何促进人发展的智慧。教学理论本体的探索旨在改变将教学理论对智慧的终极诉求滑向知识陈述的现象。

三、教学理论本体研究的话语类型

(一) 国外教学理论本体研究的话语现状与内容

1. 教学理论需求和建构研究

由于英美国家的教育科学学术传统与教育文化传统，教学理论作为独立研究领域的历史并不长。20世纪60年代，以布鲁纳（Bruner）为代表的教育家开始呼吁教学理论的需求和重要性，标志着美国的教学理论开始进入独立研究阶段。布鲁纳认为，学习的理论、发展的理论、动机的理论或者与教师有关的人类行为的任何别的理论，其本身都不足以给教学实践提供指导。为了阐明教学活动的原则，应用这些理论的成果、概念和模式，我们还需要一种中间的理论。这个中间的理论就是教学理论。1963年布鲁纳发表"教学理论"（*A Theory of Instruction*），他在论文中指出，"教育领域所发生的重大改革就是教学理论所提供的指导和方向"。1964年，美国最大的课程研究组织即督导和课程开发协会（ASCD）专门成立了"教学理论委员会"，掀起了一股教学理论研究的浪潮，布鲁纳出版《教学理论探讨》（*Toward a Theory of Instruction*）（1966年）一书，提出教学理论的标准，并界定了教学理论的功能。布鲁纳认为教学理论从本质上说主要是一种规范性的、处方性的理论，尽管它也不排除一定程度上的描述,然而这种描述是规范理论所不可或缺的,它是规范之前所需的必要描述。布鲁纳提出教学理论要具有心理倾向、结构、序列和强化的四个特征。20世纪60年代,除布鲁纳以外的其他学者也纷纷强调对教学理论的需要,出版了许多有影响的论著,如盖奇(N. L. Gage)的《教学研究手册》(1963年)、麦克唐纳德(James. B. MaDonald)等人的《教学理论》(1965年)、戈登(Gordon, I.J.)的《教学理论标准》(1968年)等,其中,麦克唐纳从关注教学本质出发,强调教学是将学生、教师、材料和设备交互作用的积极活动过程,这个过程需要研究,需要理论的指导,同时提出应该正确区分课程(curriculum)、教学(teaching)、教导(instruction)这三个术语,从而引发了一场对于课程与教学、课程理论与教学理论关系的讨论。

到了20世纪70年代,帕特森(C.H.Patterson)关于教学理论的论述就有了显著的特点。帕特森不仅非常强调教学是需要理论的,还认为这种理论应将教学的各种问题加以组织、整合并作为指导教学实践的基本体系。由于教学理论能为具体教学实践提供合理指导,就使教学从一种简单的职业或艺术转变为一种专业。从教学理论作为独立研究领域到教学理论特征和标准的论述,都可以看出教学理论独立和发展的心理学背景。多年来,"教学理论"已被广泛接受,并已有了相对具体的含义。人们一般认为,教学理论是指一种探讨如何使学习过程达到最佳状态的理论体系。换言之,教学理论的目的,是要为学生获得新信息提供最有效的方法。教学理论在经历必要性、特征、要素等问题研究之后,教学设计理论的转向是20世纪末教学理论研究的突出趋势。

2. 教学理论反思与批判研究

伴随教学理论作为独立的标签被广泛使用开始,对教学理论进行反思和批判的研究也逐渐增多。除了对已有教学理论应用的有效性展开论证,还有对教学理论中的概念进行重新反思,如分析教育哲学为了澄明教学概念混用,试图发展一种描述性的而不是规范性的教学概念。此外,还有围绕教学理论定义、类型和对应的理论家这三个问题进行文献研究,结果发现能够被广泛接受的教学理论并不多,而且看上去当前研究仍还停留在20世纪70年代早期。这一结论似乎很滑稽,但珍妮特·R. 希尔(Janette R. Hill)等研究者通过回顾教学理论发现人们对"什么是教学理论"缺乏一致认识,甚至对是否需要教学理论也没有统一认识。基于此,规定性教学理论的必要性以及关于教与学、课程与教学关系的讨论价值都开始成为热门的质疑话题,而且上述这种对教学理论的反思及是否需要教学理论的论争在21世纪前后尤为受关注。英国伯明翰大学教育哲学教授托马斯(Gary Thomas)在其论文"What's the Use of Theory?"(1997年)和著作《教育和理论:范式中的新手》(*Education and Theory: Strangers in Paradigms*)(2007年)中提出"教育中不需求理论"引起了极大的关注,他认为理论在其他领域尤其是在自然科学领域具有显著成效,但在教育教学中却并非如此。可以看出,尽管人们对教学理论有多种不同态度和看法,但教学理论的研究从未停止,而是在批判和争论中不断找寻自我。

(二)国内教学理论本体研究的话语类型与内容

1. 教学理论发展历程和趋势分析

这类研究主要呈现或评析教学理论研究的历程、主题、特点、现状及趋势。第一种维度是以时间节点为考察范围对教学理论研究进行回顾和总结；第二种维度是采用文献分析或内容分析方法进行主题呈现；第三种维度以研究视界的转换为切入点，梳理教学理论的研究特征或变迁规律；第四种维度是以当前社会发展和教学实践改革实然需求，探讨教学理论研究热点和未来趋向。相对而言，教学理论研究历程和趋势分析的研究相对成熟、系统和客观。

2. 基于其他学科视角与方法论的教学理论研究

近年来，很多学者开始尝试使用其他学科立场或视角对教学理论进行批判并寻找新的发展契机，如以哲学、文化学、生物学等学科视角探讨教学理论中的哲学、文化意蕴或生物学隐喻，进而探索教学理论的建设与发展。此外，还有学者以方法论视角展开教学理论研究，例如用方法论分析教学理论发展规律和教学理论发展过程中存在的问题，从方法论角度对各国教学理论发展进行特定阶段的特征比较，从方法论层面强调教学理论的功能和教学研究范式的变革。如果说这类研究为教学理论拓展了新的研究视域的同时，也使教学理论陷入研究"阈限"和"边界"质疑的尴尬境遇，使教学理论越来越远离"实践困惑"而变得"扑朔迷离"。教学理论的实质性发展是不能通过对新思潮、新术语的不断追逐来实现的，这种研究给人以思考的外观，却无法从根本上解决教学或教学理论问题的内在困惑。

3. 教学理论引介或教学理论流派研究

这类研究主要聚焦在国外教学理论的介绍、应用、评析或本土化研究。一方面引入国外教学理论，对某种流派的教学理论进行系统阐释和影响研究，推动结构主义教学理论、建构主义教学理论、发展性教学理论、有效教学理论等热点理论流派逐渐成为我国教学论领域的研究热点。当然，这类研究不仅是在介绍西方教学理论的具体内容，还注重理论的启示和应用。另一方面，对我国教学理论研究本土化进程进行梳理和问题思考，探索教学理论中国化的道路。同时，还有围绕我国教学理论研究如何理性处理"外在"借鉴和"内在"本土化的关系，对借鉴策略和本土化路径进行探讨。可以说，在国外教学理论引介和"本土化"研究历程中，教学理论在内容上得到了前所未有的丰富和多元，但这种繁荣的表象似乎并没有使教学理论的发展困惑和根本问题得到解决。

4. 教学理论反思的相关研究

随着教学理论研究者自觉意识和学术自主性的提高，越来越多的研究者开始关注教学理论自身问题的研究，其中有两类研究较为典型：一类研究是以教学理论作为认识对象，对教学理论建设存在的问题进行反思，主要反思内容有教学理论的现状和困境、教学理论的基本内涵、教学理论能否本土化、教学理论的误读与误解现象、教学理论的缺失性研究和教学理论知识生产问题等。已经有不少学者意识到尽管当前的教学理论呈"繁荣"态势，但上述教学理论发展的基本问题依然历久弥新。在众多的理论言述中，我们似乎反而不知道教学理论究竟在研究什么问题。教学理论应该回到教学本身，从那里开始寻找教学理论的根基。另一类研究主要关注教学理论与教学实践关系的研究。除了对二者关系进行分析和梳理外，这类研究主要聚焦教学理论与教学实践"两张皮"现象或教学理论"实践乏力"的原因剖析，进而探索教学理论指导教学实践的方式或路径。如有学者指出教学理论不同于自然科学理论，其应用不能等同于科学理论的运用。也有学者指出以往的教学理论旨在寻求普适性和客观性的理论体系，忽视了各个教学场域的独特实践逻辑，正是这种场域逻辑的根本冲突导致了教学理论与实践的脱离问题。

尽管围绕教学理论的反思和研究一直在持续进行，并且在教学理论的困难澄清、现状问题、与实践关系、指导路径等基本问题上取得了值得肯定和认同的成果，但这类研究还相对薄弱，还呈现日趋减弱的态势，"关注度由20世纪80年代的23%微降到90年代的21%，然而21世纪10年代已降到14%"，且部分研究结论仍停留在"理想"层面，很难落实到教学理论的实际建构上，也很难为检验教学理论提供一种准则或规范。

综观已有文献，关于"教学理论是什么"和"什么是教学理论"、教学理论的性质和特征、教学理论的构成要素、教学理论的学术逻辑等教学理论的前设和本体问题仍然未能圆满解答。基于此，也就有了学者们对教学理论"内涵界定""寻找根基""规范引导""合法化""改造与重建"的期待和愿景。目前来看，对这一愿景的关注和系统研究还较为缺乏。当然，任何时候对理论的客观反思都是必要的，也是不能终结的。可以说，从功能和意义上，进行教学理论本体研究都是必要和必然的。

参考文献

[1] B.G. 布洛克. 美学新解：现代艺术哲学 [M]. 滕守尧，译. 沈阳：辽宁人民出版社，1987.

[2] 阿尔奇·J. 巴姆. 什么是哲学 [J]. 刘昌果，译. 社会科学研究，1995, 4:87-98.

[3] 杨丽，温恒福. 近30年来我国教学理论研究的主要特点分析 [J]. 教育研究，2011, 3: 77-82.

[4] 叶澜. 关于加强教育科学"自我意识"的思考 [J]. 华东师大学报（教育科学版），1987, 3:23-31.

[5] 劳顿. 课程研究的理论与实践 [M]. 张渭成，等译. 北京：人民教育出版社，1985.

[6] Janette R Hill, Lynne Schrum. Theories on teaching: why are they so hard to find? [J]. Tech Trends, 2002, 46(5):22-26.

[7] 施良方，崔允漷. 教学理论：课堂教学的原理、策略与研究 [M]. 上海：华东师范大学出版社，1999.

[8] A Dudley Curry. on Toward a Theory of Instruction[J]. Studies in Philosophy and Education, 1972, 7(4):280-290.

[9] MacDonald, James B. The Nature of Instruction: Needed Theory and Research[J]. Educational Leadership, 1963, 21(1):5-7.

[10] Patterson C H. Foundations for a Theory of Instruction and Educational Psychology[M]. New York : Harper & Row. 1977.

[11] Reigeluth C M, Squire K. Emerging work on the new paradigm of instructional theories [J]. Educational Technology, 1998, 38(4), 41-47.

[12] Janette R Hill, Lynne Schrum. Theories on teaching: why are they so hard to find? [J]. TechTrends, 2002, 46(5):22-26.

[13] Nathaniel L Gage. The Desirability and Possibility of a Theory of Teaching. in A Conception

of Teaching[M]. New York:Springer, 2009.

[14] 刘铁芳. 当前教学理论研究的思考 [J]. 湖南师范大学教育科学学报,2002,1:37-40.

[15] 徐继存,罗儒国. 教学理论应用辨正 [J]. 当代教育科学,2004,17:6-9.

[16] 安富海. 关于教学理论合法性问题的思考 [J]. 教育导刊,2012,6:9-12.

幼儿教师法律定位的价值取向与立法诉求

田虎[1]

党的十九大报告提出要发展学前教育事业，重视幼儿教师队伍建设，实现"幼有所育、学有所教"。幼儿教师是幼儿发展的重要他人主体，保障幼儿的学习权与游戏权，坚持以幼儿为中心，确保幼儿教育的公平性原则，教师队伍建设是关键。幼儿教师队伍建设的前置性与根本性问题，就是幼儿教师法律定位的明晰。明晰幼儿教师的法律定位，对于确定幼儿教师权利与义务，厘清幼儿教师法律关系，保障幼儿教师权益，促进幼儿教育事业发展，具有重要意义。幼儿教师合法的权益保障和专业发展与其法律身份和法律地位密切相关。基于不同的法律定位，教师的法律身份内涵相异。当前，我国幼儿教师的法律定位在我国教育法制实践和教育法学研究中，呈现多种表现。

一、幼儿教师法律定位的法制实践

（一）我国教师法律身份处于模糊状态

在我国，"教师"既是社会分工的一种职业角色，更是一种法律规定的职业身份。法律规定的职业身份是教师的职业角色、从业要求，以及制度赋予教师的经济地位、政治地位、文化地位的综合。《中华人民共和国教师法》（以下简称为《教师法》）规定"教师是履行教育教学职责的专业人员"，据此说明教师角色的职业身份就是"专业人员"而非一般职业人员。《中华人民共和国公务员法》（以下简称《公务员法》）出台以前，传统上依据计划经济时代的规范将教师的社会身份认定为"国家干部"。2003年《公务员法》颁布以后，依据其规定，教师群体未被纳入公务员范畴，意味着教师在法律上的政治身份已经不再是国家干部身份，也非国家公务员身份，由此导致教师法律身份模糊。《中华人民共和国劳动法》（以下简称《劳动法》）的出台，并未明确将作为事业单位工作人员的教师纳入劳动法调整的范畴，教师作为"劳动者"的法律定位在学界存有很多的争议。上述法律规定使教师法律身份游离于《劳动法》和《公务员法》的规范之外，教师法律身份徘徊于"公务员"与"劳动者"之间，导致教师的法律身份依旧处于模糊状态。

国外公立学校教师法律身份有公务员、公务雇员和雇员等明确定位，而我国现行法律法规对教师法律身份的实际规定关切不够，教师法律身份缺乏明确性。教师法律身份与教师享有的权利内容及其保障制度密切相关。当前，由于我国现行法律对教师法律身份的界定不明确，关于整个职业群体的教师的法律地位研究、关于义务教育阶段教师的法律地位研究，都存在导致教师权利保护严重缺失的情形。与一般劳动者权利研究较为繁荣的现状

---

[1] 田虎，男，1974年1月生，汉族，陕西合阳人，咸阳师范学院教育科学学院副教授、副院长、博士，主要从事教师教育、教育政策研究。

相比较，教师权利研究已远远落后，既不能适应学校作为事业单位进行纵深改革推进的需要，也极大制约了教师权利的有效实现。明确教师的法律定位问题，对维护教师这一特殊职业群体的权利具有重要的现实意义。

(二) 幼儿教师法律定位在法制实践中境遇尴尬

幼儿教师是学前教育任务达成的实践者与行动者。幼儿教师包括公办学校幼儿教师，也包括公办学校中由集体支付工资、国家予以补助的民办教师，还包括社会力量举办的幼儿教师。幼儿教师法律身份是幼儿教师法律地位的基本问题，决定了幼儿教师的社会角色和职业的法律定位。明确幼儿教师的法律身份是幼儿教师队伍建设的前置性与根本性问题，是确立幼儿教师与相关教育主体法律关系的前提，是确立幼儿教师在相关法律关系中的权利、责任与义务体系的核心依据。

教师法律身份的界定模糊，使幼儿教师的法律定位失去了上位法的规范依据。目前我国法律体系中，关于幼儿教师的法律规定最为直接具体的上位法法源就是《教师法》。《教师法》第四十条规定，本法所指中小学教师包括幼儿园教师等其他教师。此条规定明确表明幼儿教师在《教师法》的规定中归属于"中小学教师"范畴。《教师法》规定国家实行"教师资格制度""教师职务制度"和"教师聘任制度"，这是关乎教师切身利益的三大制度。基于三大制度，审视幼儿教师法律定位的法制实践表现，能够发现当前幼儿教师的法律定位存在明显的缺陷、缺失与缺位。

1. 幼儿教师资格制度：存在缺漏

《教师法》规定国家实行"教师资格制度"。1995年颁布的《中华人民共和国教师资格条例》以下简称《教师资格条例》指出"中国公民在各级各类学校和其他教育机构中专门从事教育教学工作，应当依法取得教师资格"。该法同时指出"取得教师资格的公民，可以在本级及其以下等级的各类学校和其他教育机构担任教师"。依据该条规定，获得小学、初级中学、高级中学、高校教师等资格类别的教师，都可担任幼儿教师职务。但是依据2012年教育部发布的《幼儿教师专业标准(试行)》的规定，"幼儿教师是履行幼儿园教育教学工作职责的专业人员，需要掌握系统的专业知识和专业技能"。可见，《教师资格条例》中关于"获得小学、初级中学、高级中学、高校教师等资格类别的教师，都可担任幼儿教师职务"的规定，与《幼儿教师专业标准(试行)》关于"幼儿教师是履行幼儿园教育教学工作职责的专业人员"的规定，在价值导向与行动要求上存在一定的反差与相悖。

2016年开始实施的《幼儿园操作规程》指出，幼儿园要贯彻国家教育方针，按照保教结合的原则，促进幼儿的身心和谐与全面发展；幼儿园教育要顺应幼儿年龄特点，从幼儿个体差异出发，做到因材施教，既要促进幼儿个体的个性发展，又要促进幼儿的全面发展。幼儿教育要以游戏为主要活动，为幼儿创设良好的体验式发展环境。由此显现，幼儿教师具有独特的工作任务和职业要求，其职业素养与其他资格类型的教师多有不同。

根据《教师法》的立法精神与具体规定，幼儿教师与其他类别的教师都是法律规定的专业人员，应该享有同等的专业地位，不应存在类别之间的相互替代。但是依据《教师资格条例》中"取得教师资格的公民，可以在本级及其以下等级的各类学校和其他教育机构担任教师"的规定，只要获得小学教师、中学教师、高校教师资格，均可在幼儿园担任教师。这一规定使幼儿教师的专业地位不再表现为唯一性，而是具有可替性，这显然有违

《教师法》中"教师是履行教学教育职责的专业人员"和《幼儿教师专业标准(试行)》关于"幼儿教师是履行幼儿园教育教学工作职责的专业人员"的专业精神。法制实践中关于幼儿教师资格规定的差异情形使幼儿教师职业地位在现实中容易被轻视,有损于幼儿教师专业地位的社会认可度。

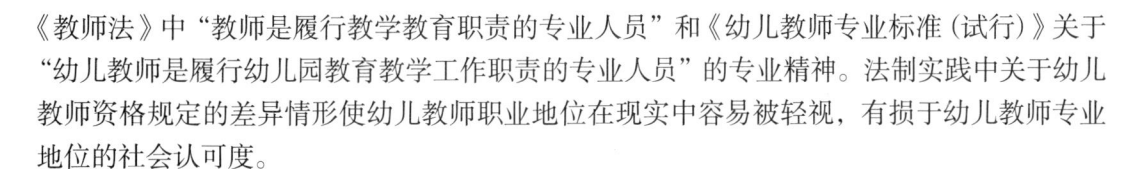

2. 幼儿教师职务制度:仍需完善

《教师法》规定国家实行"教师职务制度"。《中华人民共和国义务教育法》规定"国家建立统一的义务教育教师职务制度,教师职务分为初级职务、中级职务和高级职务。"为落实《国家中长期人才发展规划纲要(2010—2020年)》的要求,贯彻国家深化职称制度改革的要求,建设高素质专业化的中小学教师队伍,经国务院同意,2015年8月人力资源社会保障部、教育部以人社部发〔2015〕79号印发《关于深化中小学教师职称制度改革的指导意见》。该意见指出,本意见适用于普通中小学、幼儿园等教育机构,提出要"建立统一的中小学教师职务制度:设员级、助理级、中级、副高级和正高级职称五个级别",并在其附件中明确提出了每一级别教师职称评审的具体评定标准。但是,《关于深化中小学教师职称制度改革的指导意见》的文本规定与附件标准均未提到关于幼儿教师水平评价的基本标准条件,事实上将幼儿教师的职称评审制度排除在《教师法》第四十条规定的"中小学教师"的范畴以外。这种情况意味着在我国当前的法制实践中,幼儿教师的职称评审制度尚处于规范缺失状态。幼儿教师职务评定制度相关法律规范的缺失,导致幼儿教师只能参照中小学教师资格等类别的教师职务评审标准评审职称,造成幼儿教师专业发展缺失职务动力。

3. 幼儿教师聘任制度:规制不一

《教师法》规定国家实行"教师职务制度",教师与学校通过签订聘任合同,构成聘任关系。2015年颁布的《幼儿园工作规程》规定"幼儿教师实行聘任制"。《中华人民共和国民办教育促进法》第三十二条规定民办学校教职工在职务聘任、教龄和工龄计算、表彰奖励社会活动等方面依法享有与公办学校教职工同等权利,"民办学校有权聘任具有国家规定的任教资格的教师"。上述法规表明,我国民办幼儿园与公办幼儿教师聘任关系中应该享有同等法律地位。

但是现实中由于办学机构性质的不同,公办幼儿教师更具有事业单位公职人员的法律定位,其与幼儿园签订的聘任合同具有一定的行政合同性质,通常适用事业单位人事制度改革的相关文件,相关权益能够受到国家保障。而民办幼儿教师通常属于企业雇员的法律定位,其与幼儿园签订的聘任合同具有更强的劳动合同性质,更多适用《劳动法》与《中华人民共和国劳动合同法》以下简称为《劳动合同法》调解关系,相关权益受到市场用人机制影响。虽然公办幼儿园与民办幼儿园教师都是通过聘任合同进入幼儿园履行教育教学职责,但其现实生存环境却有本质差异。不同类型幼儿教师所享有的权利与待遇差别较大,存在同工不同酬、同工不同权问题。在幼儿园市场化办学背景下,民办幼儿园得到快速发展,已经成为我国幼儿园办学的重要主体。受市场配置人力资源的规律作用,民办幼儿教师的待遇与教师市场的供求关系密切相关。受市场机制影响,为了降低办学成本,民办幼儿园举办者在教师聘任中除依据个人素养进行聘任外,也会将聘任教师的人力资本作为主要标准。利益驱动之下,优秀教师往往因难以获得满意待遇而选择变换雇主或通过公开招教进入公办幼儿园,甚至离开幼教领域。这种用人机制导致幼儿教师市场人才流动呈现异常现象，严重影响民办幼儿园师资队伍的稳定性，客观上造成公立幼儿园与民办幼儿园师资队伍的整体素养出现两极分化，甚至造成幼儿教师就业市场出现"劣币驱逐良币"的异常现象。

二、幼儿教师法律定位的价值转向

(一)幼儿教师法律定位的观点争论

幼儿教师法律定位的模糊状态导致幼儿教师在法制实践中境遇尴尬。针对这一问题，学界围绕幼儿教师的法律定位进行了广泛研究。依据《教师法》第四十条规定"中小学教师，是指幼儿园、特殊教育机构、普通中小学、成人初等中等教育机构、职业中学以及其他教育机构的教师"，可以将学界关于中小学教师的法律定位等同于幼儿教师的法律定位。按此逻辑，目前学界关于幼儿教师法律定位的研究观点主要有：

(1) 国家公职人员说。该观点认为聘任制下公立学校教师岗位属于公职岗位，是享有专业自主权的国家公职人员，与学校之间构成公务契约关系，教师依据相关法律法规体系享有专业权利，履行法律义务。

(2) 教育公务员说。该观点基于基础教育事业的具体特点、发展要求和现实需求，从教师的职业道德与权益保障角度考量，认为将基础教育阶段的公立学校教师身份定位为国家教育公务员，是一种必然选择与现实需求。为此应该积极构建国家教育公务员制度，完善国家教育公务员职业的福利待遇、学习培训、法律救助、监督问责等配套政策。

(3) 公务雇员说。该观点提出我国基础教育教师与学校的法律关系应该逐渐转向适用于《劳动法》和《劳动合同法》，但幼儿教师的法律身份又不宜纯定为雇员，而是兼具公务员和雇员的身份特征，是故应将幼儿教师的法律身份定位为公务雇员，以便能够同时兼顾和充分体现其职业的公务性和专业性特征。基于专业性的幼儿教师与幼儿园间的聘用合同关系将主要适用《劳动法》和《劳动合同法》的调整，基于公务员身份的幼儿教师定位重在突出幼儿园教育的公益性，体现幼儿教育事业发展的国家义务，以保障教师的工资、福利待遇。

(4) 特殊劳动者兼特殊公务员说。该观点在对我国教师的劳动者身份和公务员身份进行了深度分析的基础上，提出了教师的法律身份应定为特殊劳动者兼特殊公务员，并提出应据此完善我国的立法与司法。

对以上观点进行综合分析能够得出如下结论：从办学性质看，当前学界关于教师法律地位的争议主要局限于公立学校教师的法律地位争议，对社会力量办学机构教师的法律地位关注较少。从幼儿教师角度看，当前关于幼儿教师法律定位的直接研究成果，主要局限于公立幼儿教师，对于社会力量举办的幼儿教师的法律定位，鲜有研究。

(二)幼儿教师法律定位的价值转向

教师的法律定位会影响教师与相关各方法律关系的法律属性、权利义务、福利待遇，不同的幼儿教师身份与教师地位决定了适用法律、资格任用、权利救济的方式差异。从产生依据分析，关于幼儿教师法律定位的研究始终围绕《中华人民共和国行政法》(以下简称《行政法》)和《劳动法》展开讨论。

"国家公职人员说"与"国家教育公务员说"，鲜明突出了公立幼儿园办学活动公益性质、国家责任的价值取向，其判断依据源自《行政法》《公务员法》等法律。在公立幼儿园与教师形成的聘任关系中，基于"国家公职人员说"与"国家教育公务员说"的法律定位，公立幼儿园与教师签订的聘任合同具有鲜明的行政合同属性，双方间的法律关系具有鲜明的行政性法律关系色彩。在这种法律关系中，合同双方虽基于协商一致、自主自愿原则，但实际上作为公立幼儿园负责人的园长具有一定的行政性权力，其与公立幼儿教师签订的聘任合同，在权利与义务的关系规约中，属于优势主体，具有更强的主动性、导向性与约束力；公立学校教师作为园长管理的对象，处于相对弱势地位。因此，这种具有行政合同性质的法律关系具有行政法律关系的某些特质，即在某些方面存在主体地位不平等、意思表达不对等、权利义务不一致等。

"公务雇员说"和"特殊公务员与特殊劳动者说"，既体现了公立幼儿园办学活动的公益性与国家责任，又体现了公立幼儿教师劳动者的身份性质，其判断依据源自《劳动法》等法律。在公立幼儿园与教师形成的聘任关系中，基于"公务雇员说"和"特殊公务员与特殊劳动者说"的法律定位，公立幼儿园与教师签订的聘任合同既具有鲜明的行政合同属性，又具有明确的民事合同属性。双方间的法律关系除具有鲜明的行政性法律关系色彩外，也具有民事性法律关系色彩。在这种法律关系中，合同双方形成了更为复杂的关系性质，除了具有行政法律关系的特质以外，合同双方在权利义务的规约中具有一定的平等性、自主性和自由性等性质。

"公务雇员说"和"特殊公务员与特殊劳动者说"的法律定位，反映了公立幼儿教师的法律定位从隶属性的行政法律关系属性转向平等性的民事法律关系属性的变化趋势，体现了近年来我国教育管理的价值取向基点与教育人事管理的制度改革方向从行政性向民事性、从隶属性向平权性转化的改革趋势。

三、幼儿教师法律定位的立法诉求

立法是学前教育健康持续发展的根本保证。加强学前教育事业发展，提升幼儿教师队伍建设质量，明确学前教育机构和教师的法律地位，厘清各自的权利义务关系，是新时代实现学前教育事业优先发展的重要突破口。

（一）分类管理，统一建构幼儿教师的法律定位

长期以来，我国教育事业管理的法律体系一直在完善当中。在当前我国的法律体系中，对公务员进行管理可以遵照《公务员法》，对企业员工的管理可以遵照《劳动法》和《劳动合同法》，但教师管理没有相应的法律规范可遵循，教师个人权益缺失相应法律保护。相对于公务员和企业职工，幼儿教师包括公立幼儿教师和民办幼儿教师，分属于事业单位和企业单位两种不同性质的教育机构。1995年发布的《国家教育委员会关于〈中华人民共和国教师法〉若干问题的实施意见》中，将《教师法》第二条中"教师"的范畴阐释为："教师"是指各级人民政府举办的幼儿园、普通小学等学校的教师。依据该条解释，教师范畴仅包括公立学校教师，社会力量办学机构教师不在该意见所指的教师范畴之内。因而，长久以来，我国公立幼儿教师与私立幼儿教师在法律定位上处于相互隔离的法制语境。

受我国幼儿教育办学体制和教师政策的影响，公立幼儿教师与民办幼儿教师在法律定位上存在明显差异，造成幼儿教师权益保障在公办幼儿园与民办幼儿园的整体落差，进而

导致幼儿教师市场供需关系的不平衡与不充分。公立幼儿园因受国家政策保障，待遇福利更好，社会地位更高，教师岗位人才招聘通常更具吸引力。民办幼儿园则始终处于教师离职率高，流动性强，留不住优秀人才的困境。现实中，本科层次毕业的学前师范生相对于专科与中专学历的学前师范生，工作期望值更高，离职率与转行率也更高。利益导向下的市场机制意味着民办幼儿教师队伍整体素质提高困难，此种情形与幼儿教育的优质性、公益性、公平性等价值追求完全相悖。

为有效解决这一问题，需要在现有法律框架与学前办学体制下根据幼教机构性质的不同，完善幼教分类管理制度，统一建构相关类别幼儿教师的法律定位。一是统一建构公办幼儿园教师与中小学教师的法律地位，使公办幼儿园教师与中小学教师在待遇、编制、进修培训、专业技术职务评聘方面同样的权利。二是统一建构公办幼儿园教师与民办幼儿教师的法律定位，使民办幼儿园教师真正享有专业技术人员的法律身份，将民办幼儿园教师资格和教师职务晋升全面纳入政府统一管理之中，保障民办幼儿教师的资格要求、专业标准、职务制度与公立幼儿教师的一致性，真正实现民办幼儿教师与公办幼儿教师的同等法律地位。三是统一建构营利性幼儿园与非营利性幼儿园教师的法律定位，保障非营利性幼儿园教师队伍的稳定与教师工作的积极性，允许营利性幼儿园教师的完全市场化和高工资待遇。

通过分类管理，统一建构，设立严格的幼儿教师准入资格，通过完善的培训和薪资制度吸引优秀的学前教育师资保障各类幼儿教师的权益，构筑我国幼儿教师队伍师资保障的法律界线。在体现各类幼儿园办学特性，尊重举办者的选择与权利的前提下加强法律规约，形成促进幼儿教师市场公平竞争、稳定流动、良性发展的用人环境。

（二）加快完善幼儿教师法律定位的内在精神统一与外在法律衔接

2014年，国务院出台《事业单位人事管理条例》(以下简称《条例》)，为教育人事改革从"固定用人"转向"合同用人"，从"身份制"转向"岗位制"提供了法理依据，由此迈进了我国事业单位改革运用法治手段推进人事管理的新时期。该《条例》的出台，标示着我国事业单位人事制度改革与企业劳动人事改革在市场化背景下为了激发人力资源积极性的价值趋同。这种趋同集中表现在事业单位与所聘人员签订的聘用合同的法律适用和聘用合同的争议处理上。

从法理上讲，《条例》规定的聘用合同与《劳动法》中规定的劳动合同都属于有名合同，二者除了不同之处以外，更为重要的是在人才聘用规定与人事争议处理方面出现了许多相同之处和互补之处。《条例》从立法精神与立法行动两个层面明确标示着我国事业单位人事管理制度改革的价值取向正在从《行政法》的行政合同性质转向《劳动法》的劳动合同性质。这种情形反映了我国人事管理制度与劳动关系制度正从以前的相互隔离转向相通与互补，充分显现了我国事业单位人事制度改革日渐转向市场化的趋势。《条例》标示的法制实践活动与彰显的立法价值取向，为当前完善学前教育领域的法制实践提供了有力而现实的参照与借鉴。

从理念转向看，幼儿教师的法律定位已经从"国家公职人员"与"国家教育公务员"的认识定位转向"公务雇员"和"特殊公务员与特殊劳动者"的认识定位。基于《条例》的立法精神与司法实践，遵循幼儿教师法律定位的认识转向逻辑，面向未来，幼儿教师的法律定位应当逐渐转向适用《劳动法》和《劳动合同法》进行调整的单位雇员定位。幼儿园与教师的聘任合同属性在实践中应当趋近劳动合同关系说，幼儿园与教师的法律关系应更多运用劳动合同进行规范。幼儿教师的身份待遇是学前教育事业发展的根本性、深层次的核心问题，需要明确规定。构建能够有效打破"身份制"的法律定位，实现以"行业管理"思想统一管理幼儿园教师队伍，协调学前教育的公益性与私益性，实现各类幼儿园机构中教师法律定位的内在精神统一与外在法律衔接。基于这样的法律定位，能够有效缩小公立幼儿教师与民办幼儿教师在法律定位中的性质差异，为幼儿教师营造公平、良好的聘任环境；能够有效促进我国幼儿教师在市场环境下的公平竞争，为我国幼儿教育事业有序、良性、稳定、公平发展营造良好的用人环境。

参考文献

[1] 陈鹏，高源. 我国学前教育立法的现实诉求与基本问题观照 [J]. 陕西师范大学学报：哲学社会科学版，2017,6:35-45.
[2] 曲正伟. 教师的"身份"与"身份认同 [J]. 中国教育学前沿，2008,3:34-38.
[3] 徐淑琴，郅庭瑾. 教师身份的伦理思考——基于中国教师身份发展过程的分析 [J]. 教育科学研究，2007,11:9-12.
[4] 龚钰淋. 行政法视野下的公立高校教师法律地位研究：以法律身份及法律关系为核心 [M]. 北京：中国政法大学出版社，2013.
[5] 郝淑华. 现阶段我国教师法律身份界定与权利保护探究 [J]. 辽宁教育研究，2007,2:38-40.
[6] 王工厂. 教师劳动权研究 [M]. 郑州：河南人民出版社，2014.
[7] 杨莉君. 学前教育政策法规概论 [M]. 长沙：湖南师范大学出版社，2008.
[8] 龚钰淋. 行政法视野下的公立高校教师法律地位研究：以法律身份及法律关系为核心 [M]. 北京：中国政法大学出版社，2013.
[9] 林雪卿，江湘，等. 幼儿园教师权益保护现状的调查分析——以厦门市为例 [J]. 集美大学学报（教育科学版），2012,13:6-11.
[10] 孟卫青. 我国公立中小学校教师法律地位的思考 [J]. 广州大学学报（社会科学版），2007,11:37-40.
[11] 张灵，宫君美. 中小学教师教育公务员身份探析 [J]. 教育探索，2009,12:132-134.
[12] 韩小雨，庞丽娟. 我国义务教育教师的国家教育公务员法律身份及其保障制度 [J]. 教育学报，2010,6:82-89.
[13] 夏茂林，张学敏. 关于义务教育教师法律身份的经济学思考——基于新制度经济学的分析视角 [J]. 教师教育研究，2013,3:27-30,36.
[14] 陈玺名，肖凤翔. 公务雇员：我国义务教育教师法律身份的合理定位 [J]. 上海教育科研，2009,6:39-42.
[15] 程武龙. 公立学校教师双重法律身份之定位及意义 [J]. 行政与法，2008,10:112-115.
[16] 陈鹏. 义务教育教师均衡配置的法理探源与法律重构 [J]. 陕西师范大学学报（哲学社会科学版），2010,1:160-164.

[17] 管华. 教育法治四十年：回顾与展望 [J]. 法学评论，2018,4:30-39.

[18] 劳凯声. 中国教育法制评论 [M]. 第10辑. 北京：教育科学出版社，2012:85-86.

[19] 管华，王君妍. 国外学前教育立法的启示 [J]. 陕西师范大学学报 (哲学社会科学版)，2017,6:60-66.

[20] 陈玺名，肖凤翔. 公立高校教师法律身份的变迁与思考——基于高校教师人事制度市场化改革视角 [J]. 现代教育管理，2010,4:60-63.

[21] 李文静. 聘任制度下我国公立高校与教师的法律关系 [J]. 成都师范学院学报，2008,11:8-11.

[22] 庞丽娟. 关于我国《学前教育法》立法重点的建议 [N]. 人民政协报，2012-6-6(C01).

[23] 梁慧娟. 完善我国非公办幼儿园教师政策的思考 [J]. 学前教育研究，2013,8:3-8.

自由与强制的限度——教育惩戒的伦理性思考

白雅娟[1]

教育与现代意义上的自由观念之间始终存在着一种内在的逻辑紧张关系。教育所具有的强制意味和自由观念之间的这种紧张困境被称为"教育的结构性问题"或"康德问题",即"总是要对孩子使用合法的约束性手段以便最终让其得到自由"。在教育实践的场域中,这个困境表现为师生之间的矛盾冲突。教师解决矛盾冲突的最常见的办法是惩戒。教育惩戒的合法和合理性由此受到关注。在自由观念的洗礼下,教育惩戒的合法性被否定,其合理性也摇摇欲坠。教育惩戒是否超越了儿童自由和权利的疆界?其合法性和合理性是否如自由主义所论述的是毫无道理的?由于教育活动是师生双重主体性的存在,教育活动是一种伦理活动,所以应该从伦理的角度去重新审度教育惩戒的合法性和合理性。

一、教育自由的伦理限度

教育是人对人的实践活动。与其他人对人的实践活动不同,教育是双重主体性存在的活动。在教育活动中,教育者的自主性发挥是以能够促进学生自主性发展为原则和前提的,而不是凌驾于或压制于学生的自主性。医生与病人、导购与顾客所构成的医疗实践和买卖实践也是人对人的实践活动,这些实践活动也具有一定的双重主体性。但是在医疗实践中,作为病人的主体性在医生的主体性面前很容易就消失或隐退,医生更重视病人生理性的存在。在买卖实践中,顾客的主体性和导购的主体性是利益协商的互惠互利关系,存在着某种程度的相互妥协、凌驾和压制。

与上述人对人的实践活动不同,教育的双重主体性意味着教育者的自主性与儿童的自主性并不是此消彼长的矛盾关系,而是在一个可容忍的范围内的相容关系。这种相容关系是在"可容忍范围内"才有可能实现的。"可容忍范围"就是教育者和儿童之间教育自由的伦理限度。儿童的自主性是在儿童所拥有的权利范围内行使,与儿童的自主能力相关,也与权利的自由道德原则相关。教育者的教育自由是在教师所拥有的权力范围内行使,与教师的教育能力相关,也与教师的职业道德原则相关。

在教师与学生的双主体性关系中,以教师为主导,意味着营造"可容忍范围"的相容关系的主体是教师。教师要积极营造和维护这种相容关系,前提是"可容忍范围",而儿童在一定程度上无法或不能提前探知"可容忍范围"的疆界,并表现为常常破坏这种平衡的情况,作为教师必然要通过一定的手段去维护这种平衡,以实现教育的目的。其中的手段就是教育惩戒,所以教育惩戒体现了教育自由的限度,而本质上教育自由的限度因其涉及

---

[1] 白雅娟,1980年1月生,女,汉族,山西沁源人,硕士,咸阳师范学院教育科学学院小学教育专业系主任,副教授,研究方向:教育原理。

人与人的关系，是一种伦理限度。教育惩戒就是这种伦理限度的一种体现。

二、教育强制的伦理限度

教育强制是在人类教育制度体系下对自然人向社会人过渡的过程加以控制的各种措施的总称。教育强制是出于对教育需要或欲望的满足。教育的需要可以分为两种：一是实在的教育需要和欲望，所谓实在的教育需要和欲望即指学生的成绩和进步，具有极强的显在性和短期性，是可以在较为短暂的时间内衡量和标记的；二是潜在的教育需要和欲望，所谓潜在的教育需要和欲望即指学生的发展，具有较大的隐匿性和长期性，难以在短时间内衡量和标定，表现为短时间不能显现或衡量发展的成果，也很难在较长的时间之中针对性地说学生发展的某一个结果是某一教育教学行为系列的成果。所以，在教育教学过程中，我们通常是以是否实现和实现多少实在的教育需要和欲望为标准衡量教育的成功与失败的，而实现和实现多少潜在的教育需要和欲望亦即促进学生的发展往往沦为潜在的教育价值标准，成为理论上的教育价值标准。

从以上的逻辑来说，教育强制的效用便有了两种衡量标准，一种是实在的价值标准，另一种是潜在的价值标准。教育惩戒作为教育强制的一种措施，如果以这两种价值标准出发来衡量，可以发出以下疑问：教育惩戒是否符合实在的价值标准，成为教师行使的应该；而教育惩戒是否不符合潜在的价值标准，成为不应该。这是具有争议的。这一问题建立在两种价值标准二元对立的基础上。事实上，实在的价值标准和潜在的价值标准之间是可以调和的。这种调和的思考直接指向一个问题：教育强制的伦理限度问题。

教育强制的伦理限度问题其实是两种教育价值标准的调和问题。当实在的价值标准与潜在的价值标准实现内生性一致的时候，教育强制的伦理限度才会被思考和关注，而教育惩戒的伦理限度也就自然被关注了。最近几年，无论是现实中还是理论界，教育惩戒被频繁关注，这些关注更多是对教育惩戒的批判和反思，区别于过去对这一概念和教育现象的漠视，原因固然很多，但很重要的一点是社会对教育的需求和欲望发生的转变，实在的教育欲望和需求正在要求更加契合潜在的教育欲望和需求，这种转变促成了两种教育价值标准的调和。

三、教育惩戒的伦理向度

教育惩戒是善吗？

善是客体满足主体需要，实现主体欲望，达成主体目的的效用性。这里的善不是道德意义的善，而是伦理意义上的善，没有涉及道德，而仅指其效用性。

教育惩戒假如是善的，那它是谁的善？它满足了谁的主体欲望和主体需要，达成了谁的主体目的，并对谁具有效用性，那它就是谁的善。教师作为教育惩戒的主体，教育惩戒满足了教师教育教学的需要和欲望。从这个意义上说，教育惩戒仅是教师的善。教育惩戒对学生是否是善呢？也就是去追问教育惩戒对学生的效用性问题。这是教育惩戒正当性的伦理性依据。

教育惩戒的正当性往往与施加教育惩戒的教师的意志是否合教育性相关，如果教师惩戒的意志是值得怀疑的，那么，教育惩戒对儿童发展的效用性也是值得怀疑的。

洛克说"要论证把惩罚这样的恶施加于任何人身上是正当的，有两个必要条件。首先，惩罚者被授权或者有权利去惩罚;其次,惩罚有助于直接实现某个更大的善。"

从伦理学理论来说,教育惩戒是手段善。所谓手段善,即教育惩戒的结果而非教育惩戒自身是人们所追求的善。教育惩戒自身是一种手段,这个手段的结果是人们追求的善,所以教育惩戒是手段善。

同时教育惩戒也是必要恶。所谓的"必要恶"即自身为恶而结果为善,或者结果与自身的恶相减净余额是善的东西。"所有惩罚都是损害,所有的惩罚本身都是恶。根据功利原理,如果它应当被允许,那只是因为它有可能排除某种更大的恶。"这种东西就其自身来说,完全是对需要和欲望的压抑、阻碍,因而是一种恶。但是,这种恶却能够防止更大的恶或求得更大的善,因而其结果的净余额是善,是必要的恶。教育惩戒就是这样的必要恶,其本身是恶,只有它能实现结果善才能合乎伦理。

通过以上的思路延伸下去,我们的问题"教育惩戒是应当和正当的吗?"就有了更好的思路去回答。

教育惩戒是应当的吗?所谓应当即行为的事实属性对主体需要欲望目的的效用性。从这个角度来看,教育惩戒只要满足教师的需要、欲望和目的,达到这一效用性,就是应当的。这种应当是从教育惩戒作为手段满足了教师的需要、欲望和目的的角度出发的,我们甚至没有考虑教育惩戒的结果是否是善的,教育惩戒的结果是以学生为主体的,而不是教师。所以我们应该继续去追问,教师的需要、欲望和目的是否与社会道德的需要、欲望和目的相冲突。即教育惩戒是正当的吗?正当是行为对社会道德的需要、欲望和目的的效用性。假如教育惩戒不正当,那么教育惩戒就不应当。因为它不能实现结果善,那它就彻底沦为了内在恶,即内在和结果皆恶的恶。

价值是主体的需要、欲望与目的的满足,是否意味着价值是相对的,因人因时因事而异呢?可以说价值既具有相对性,也具有绝对性。相对的价值是满足特殊需要,而绝对的价值是满足普遍或共同的需要。从教师的角度,假如教师运用教育惩戒是因为它能满足教师主体的教育教学需要,即特殊需要,而不是满足于学生的发展需要,即普遍的共同的需要,那么这样的教育惩戒就难以自证为善。教育惩戒之所以受到诟病,更多是被理解为一种特殊需要的满足,而没有看到教育惩戒所应当满足的普遍需要。

教育惩戒之所以成为一个问题,原因主要涉及道德层面和教育层面。从道德层面来说,惩戒是一种恶——惩戒产生痛苦或者不利后果,而这种结果是人为施加于学生的,被施加学生的个人意志往往不被考虑,教育惩戒的后果不能预知。教育惩戒似乎是教师故意作恶。从教育层面来说,教育惩戒不同于社会惩罚,社会惩罚的对象是成年人,而教育惩戒的对象是儿童,儿童乃是一特殊个体,其特殊性在于其未完成性和发展性。教育惩戒作为教育干预的一种手段,必是对儿童发展自由的一种压制和干涉。这种压制和干涉的正当性与施加教育惩戒的教师的意志是否合教育性相关,如果教师惩戒的意志是值得怀疑的,那么,教育惩戒对儿童发展的效用性也是值得怀疑的。总而言之,除了道德层面上的质疑之外,教育惩戒最大的质疑往往来自教育层面,而教育层面的质疑往往纠结在教育自由和教育强制的关系困惑中。

如何去在教育自由和教育强制的关系困惑中确证教育惩戒的合理性、正当性和合教育性?笔者认为确立教育惩戒的原则是解决的根本路径。

原则可以理解为一般性规范,是一种抽象的、一般的规则。其次,原则是一种价值判断，是具有广泛适用性、为大多数人接受的价值。

教育惩戒的原则是道德原则和教育原则，其为惩罚制度的建构提供指导。所谓道德原则，在此是指依据该原则行为，可以促进善或者这个原则具有内在正当性。可见，教育惩戒的基本原则就是教育惩戒的道德正当性。所谓教育原则，在此是指依据该原则行为，可以促进最大的善或者这原则具有最大的价值性。教育原则是教育惩戒的效用原则，即多大程度上从专业上成就教育惩戒的道德原则。道德原则是规定了教育惩戒的底线，教育原则则是教育惩戒的上线。

需要指出的是，原则与原则会发生冲突。比如，对自由原则的尊重程度的增加势必会减少对平等原则的尊重。在两个冲突原则之间作出取舍，需要遵循一个更高层次的原则，或者一个更为根本的理由。相互冲突的原则之间的权重问题不好解决。不同的历史时期，其整体社会的道德原则就是建立在各种指导具体实践的下位原则的相互博弈基础上的，在博弈的动荡时期，道德原则受下位原则的混乱，具有一定的摇摆性或模糊性。比如从改革开放到21世纪初，中国社会很多的下位原则就是在东西方文化的交汇动荡中，政府虽然在这种交汇动荡中为社会确立了最高的价值标准和道德原则，但是文化深层的暗流涌动，是需要经过长时间的规约和教化才能建立较为统一的价值标准和道德原则的。在这种社会态势中，整个社会的道德原则为了整合动荡，就需要向更高的方向上去找寻答案。这个更高的方向不是去除民族特点的所谓普世价值观，而是本民族的文化。这在一定程度上说明教育惩戒的伦理追求也应该在本民族文化的背景中去找寻。

教师和学生的双主体关系或存在本质上是一种人际关系，二者之间在自由与强制中所寻找的"可容忍范围"的相容关系本质上是具有伦理的人际关系。在这种人际关系中除了现实社会所倡导的道德原则外，更重要的是文化关系。教育惩戒本质上也是一种文化关系，我们必须把教育惩戒放置在更大的视野中去思考它的伦理性，即在中国文化背景的基础上去思考教育惩戒的伦理性。

总的来说，在教育惩戒实施过程中，目的的善和结果的善是其实施的伦理维度。这个伦理维度就是"良善"，它的实现是一个社会发展的最高境界，也是教育惩戒所追求的目标。教育惩戒目的和结果的良善的实现需要教育者与被教育者内心的道德规制，在道德层面上真正发挥教育惩戒的作用与价值，而非采取强制性措施予以维系。

参考文献

[1] John Locke. A Second Letter Concerning Toleration[M]. London; Thomas Davison, 1823, 6:112.

[2] 边沁. 道德与立法原理导论[M]. 时殷弘，译. 北京：商务印书馆，2000.

[3] 管华. 教育惩戒权的法理基础重述[J]. 华东师范大学学报(教育科学版)，2020,3:18-26.

[4] 檀传宝. 再论"教师德育专业化"[J]. 教育研究，2010, 10:48.

[5] 胡金木. 现代学校治理的制度之善[J]. 华东师范大学学报(教育科学版)，2018, 2: 54-59.

[6] 丁利利. 德性论视角下的教育惩戒探究[D]. 西安：西安工业大学，2017.

论教育交往意蕴下学生评语的原则[1]

张勇[2]

一、问题提出

评价存在于人的一切有目的的活动中，教育作为一种有目的的活动，自然地也包含着评价。根据教育评价机能，可以分为诊断性评价、形成性评价和总结性评价。作为教师对学生在特定阶段内学校学习生活表现的综合表述，每学期期末的学生学业评价单从以前的家长通知书到后来的"学生综合素质报告单"，其本质目的都是以书面形式呈现学生一学期的综合表现，让学生和家长及时了解有关情况，以便更好地规划以后的学习和成长。其中教师的评语是重要的内容板块。

教师的评语对于促进学生个体成长和形成家校教育合力的作用不言而喻。随着教育改革的深入和"以生为本"教育理念的践行，学生评语中千篇一律、模式套路、千人一面的评语得到了很大的改观。但从现实情况看，学生的评语依然存在尴尬的困境：一方面学生评语作为期末时教师必须要完成的任务，简单化、公式化、脸谱化、公文化等问题依然存在；另一方面，很多时候，学生对评语只是匆匆瞥上一眼就收拾起来，很多家长也感觉评语只是一种形式，学生及家长对于评语的不以为意，使评语并未发挥应有的积极教育作用。

近年来，每逢期末临近，许多教育微信平台必然会推出许多诸如"评语大全""评语精编"的所谓范例和模板，请班主任"收好，留着期末用"，这种脱离具体教育情境的评语定然缺乏生动的亲和力。还有一些班主任以藏头诗、文言体、姓名诗、方程式等充满创意的形式书写的评语更是迅速成为"网红"评语而获赞无数。这种对评语的创新性改变固然有值得肯定之处，但中国教育新闻网的一篇名为《"网红"期末评语，学生真的喜欢吗？》的微信推文调查显示：85.6%的学生表示只要在评语里能看到真实的自己就可以了，无论褒贬。这样的调查结果说明，学生评语形式的创意与改变固然可以带给学生新鲜感，但是如何更有效发挥评语的教育价值，真正改变学生评语的处境，教师写出"走心"的也让学生感觉"暖心"的评语，使评语真实产生教育影响，带给学生发展的教育契机，其撰写绝非仅是技术攻略的实践问题，而是对学生评语的教育理解问题。

二、学生评语的交往意蕴

"道无精细，人之所见有精细"，教育是一种培养人的活动，教育的起点、基础和最终指向都是人，他们对教育的理解与期望，并以之来关照他们当下的教育实践。现实中，许

---

[1] 基金项目：本文系陕西省教育科学"十三五"规划2020年度课题《小学名师工作室价值实现的实践问题研究》（编号SGH20Y1244）阶段性研究成果。
[2] 张勇，陕西咸阳师范学院教师，教育学硕士。研究方向：教师教育，教育原理。

多教师粗线条地对待学生评语，固然和教师期末工作繁忙有关系，但根本的原因则是教师们忽视了学生作为平等主体的思想情感需求，轻视了教师通过评语所发生的教育交往的价值与意蕴。

学生评语最终是以书面语言形式呈现并反馈于学生及家长的，但不能仅仅视为教师对学生行为表现单方面的文字鉴定和指示。从教育影响方式来说，学生评语本质上应是以学生学习生活为依据，借助于文字语言的师生间的沟通。其内容源自师生在学校生活中必然的互动、交流构成具有积极影响的教育交往。我们需要以教育交往的理念重新审视和思考学生评语。

从词源学分析，"交往"源自拉丁文，最初的意义是指人与人之间相互联系、理解和沟通。交往的具体含义可以概括为：它是人与人之间以符号或语言为媒介，以对话为主要形式所产生的包含精神交流的有价值取向的相互理解、思想共享、交互共生的行为。理论界围绕教育的本质，对"教育是什么"的追问一直没有停止。从交往的视角探讨教育与交往的关系，可以概括为四种不同的理解：教育之外的交往、为了教育的交往、作为教育内容的交往和教育本身即交往。当前，教育活动是一种发生在主体间的特殊的交往活动的教育理解已经得到普遍的理念认同。教育交往带给学生的是与教师以及其他学生通过互动、沟通、理解之后的教育影响，学生通过教育交往活动，实现了与生活、自我和他人的积极关系，确立自我、形成人格。

教育交往是人性化的教育，是以"人"的方式去理解、关心人的发展，促进人的交往品质和德行的健康成长，通过教育交往，教师与学生不仅有了基于共同的教育经历和体验所建构出的师生情感关系，而且借此教师对学生也能有深入的观察、分析和判断的时空。学生评语所涉及的学生思想品德、学习习惯、情感心理、行为修养以及自我认知等多方面的成长状况，离不开教师与学生全面的教育交往。没有交往，评语就失去了教育依据，评语作为教育的积极影响意义和价值就无法实现。

学生评语从形式上发生在师生的课堂之外，却是班主任老师在学校生活中通过教育交往逐步形成的对学生成长问题的认识判定及发展建议，但这种评价不是最终目的，而是提供给学生认识自己、发展自己的提示和建议，从而促使学生明确努力方向，产生实现自我价值意义的内驱力，最终促进学生健康成长。因此，学生评语不能只是作为师生学期学习阶段结束的标志而存在，不应仅是教育的一种工具途径或是"言简意赅"对学生品行判断和道德规劝的教育任务。从文字表述上，评语不是对学生做出简单的品行鉴定和行为指示，它应该是教师与学生全面教育交往和体验过程后的信息沟通、情感认同、思想交流，评语的字里行间包含着师生在学校生活中的教育交往内容的缩影。程红兵认为：评语其实就是换一种方式和学生交流，相比于口头语言的交流，它更有庄重的仪式感。

总之，学生评语作为学校教育生活中的固定环节，它是教育交往中的一个过程，应该考虑从教育交往的广度和深度体现教育的精彩与精致，从促进学生成长的角度，不仅帮助学生认清和超越现有生存状态和生活方式，更帮助他们找寻到可以走向更加美好生活的方向。

三、学生评语实现教育交往意蕴的原则

教育思想源自对教育实践的省思，是有目的的心智活动，正确的教育理念决定了教育

实践的方向。学生成长是教师职业价值实现的基础，对学生成长的教育影响体现在师生共同生活的教育交往细节中。学生评语要实现教育交往意蕴，需要遵循和突出尊重性、情感性和智慧性的原则。

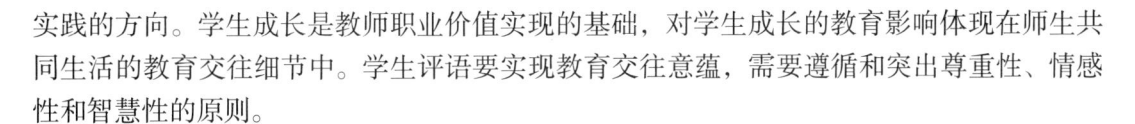

(一)学生评语要凸显尊重性

虽然从师生角色角度，教育交往存在着不对称性，但教育交往发生的首要特点是建立在平等性之上的尊重。所谓尊重，就是需要把虽然心智不成熟的学生同样视为平等的交流者和对话者，体现出一种真正意义上的精神平等与沟通，实现"师生之间心灵交往的和谐的境界"。教师对不同学生表现出的平等的关怀、倾听、宽容等精神关照都是尊重的体现。

教师在撰写学生评语时，应该打破教师的话语裁决权，不能居高临下地将孩子视为一块无生命的材料来加以任意裁断，应该对学生的精神需要和心理能力予以关注，让学生从教师的评语文字中不仅能够真切"看见"自己，还能够感觉到教师眼中有自己。教师应该自觉地想到你的评语文字内容、措辞用语是否准确反映了这名学生在具体情境中的真实样态，是否找寻到学生行为背后的影响因素，是否关注了学生阅读评语后会产生的具体感受，是否让学生感受到教师的真诚和信任，是否让学生从文字中读出了教师对自己的成长、进步和完善的期待。在对师范生进行"学生时代，你喜欢怎样的评语"的小型调查中，有学生说："我认为老师给每一个人的评语可以不是长篇大论，但一定是经过精心观察和深思熟虑后，得出的只属于这个学生一个人的评价语，而不是像作文模板一样，固定单一死板。"体现学生个性化的点评本身就是对学生的关注和尊重。"教师对学生的影响如果契合了学生的心理需要，那么教师的影响就会在学生的心理结构中呈现扩展的态势。"这种精神人格上的平等带来了积极的情绪，它可以激发学生的思维和创造潜力，从而有效地投入学习生活，并影响学生的精神成长历程。

(二)学生评语要蕴含情感性

"教育是人与人心灵上最微妙的接触"，学校生活是学生生命历程中的重要构成，要把教育看作生命与生命的交往与沟通过程，只有有了这种生命的沟通，才能深刻地实现对生命发展的影响。师生共处的教育空间不仅是物理空间，更是精神空间。师生要实现真正的互动，最好的"触发点"是情感的互动。在学生眼中，通常让他们难忘的不仅是知识因素，更多的是老师对其情感世界的触摸和参与。

"教育的过程是教育者与受教育者相互倾听与应答的过程。"学生评语不是教师的例行公事，评语文字面对的是一个灵动的生命个体，教师通过语言文字呈现给学生的不只是对他们学习表现的客观描述和问题揭示，更是一种寄托了关注、关心、鼓励、期盼的情感表达。教师首先需要给予评语一种"尊重生命"的情感和责任，在撰写学生评语时，不是把学生作为客体对象置之对面，而应以一种朋友间"促膝交谈"的心理状态投入其间，跟随笔尖，师生间的交往生活图景跃然纸上，这样写的文字才有温度，学生才可能感觉到精神的温暖。"感人心者莫乎情"，学生阅读评语时，实质上完成了一次师生间的精神交流。在这种交流中，学生感受到教师与他们同在共在，学生通过语言文字产生了被关注、尊重、认可和善待的积极情绪，积极情绪又有利于促使师生间良好关系的建立，老师对学生的教育热情感染、激励和吸引学生，学生将为此愿意伴随你前行。如此，评语的启发、激励、指引与点化作用才会自然而然发生。

（三）学生评语要体现智慧性

教育是以认知活动为基础，多种因素共同参与的过程，最终指向学生完满的精神世界。学生评语作为教育交往需要让学生感受到教师的尊重和情感，但作为一种教育手段，需要通过这种有教育意义的交往帮助学生明确影响自己发展的问题，从学生的现有基础出发，与学生共同确定更高的目标，而不仅只是文字的温暖、话语的抚慰。"在规范意义上，教育交往是对学生发展有益的、合适的、有价值的交往活动"，因此，学生评语需要教师有意识找寻在师生交往中更有效促进学生发展的教育资源和触发点，以适切的文字表达给学生，这是一种教育智慧的体现。范梅南认为：教育智慧从根本上讲是一种对孩子的深切关注。这种关注性的教育学理解是一种洞觉儿童内心世界的能力。这种教育智慧包含着教师对学生动静变化的敏锐感知，对学生问题症结的巧妙探寻，体现在教师能从看似平常的情境中发现教育意义，转化为对学生的教育契机，以一种灵活的、亲和的、让人感到温暖的可接受性的方式传递和影响学生，激发学生积极投入学校生活。教师通过评语文字成为学生发展的指向者、问题的提醒者和思想"摆渡人"，让学生得到更好的教育"成全"。

具有教育智慧的学生评语还应该是独特的，因为文字中体现了教师对全体学生中"每一个"的关注，在关注中不仅认识到学生的发展差异，而且尊重学生的差异，使每一个学生在原有基础上都得到发展，努力做到最好。同时有教育智慧的教师，也不会忽视评语书写时的文字态度和美观程度，因为这些本身也是一种教育影响资源，学生从书写中不仅可以看到你的教育态度，更能看见你对他们的态度。

"教育与人的关系是教育关系中最根本的关系"，学校教育活动与人的生存状态和生活方式密切相关，是作用于当下生活状态却影响未来可能生活的活动过程。好的教育应该是温暖的，又是审慎的，和许多教育生活的细节一样，评语中的只言片语却蕴含着教育影响的力量，需要教师精诚以待。

参考文献

[1] 刘铁芳. 比技术更重要的是观念 [M]. 北京：北京师范大学出版社，2017.

[2] 金生鈜. 小学教育哲学 [M]. 北京：高等教育出版社，2017.

[3] 姚炎昕. 教育即交往：一种教育基本理论范式的解读 [J]. 教育导刊，2013,12（上半月）：12-14.

[4] 刘铁芳. 比技术更重要的是观念 [M]. 北京：北京师范大学出版社，2017.

[5] 叶澜. 时代精神与新教育理想的构建——关于我国基础教育改革的跨世纪思考 [J]. 教育研究，1994,10:3-8.

[6] 李政涛. 倾听着的教育 [M]. 上海：华东师范大学出版社，2017.

[7] 马克斯·范梅南. 教育机智——教育智慧的意蕴 [M]. 李树英，译. 北京：教育科学出版社，2001.

[8] 石中英. 教育哲学 [M]. 北京：北京师范大学出版社，2014.

劳动的教育化与教育的劳动化

张晶晶[1]

2020年3月中共中央国务院发布《关于全面加强新时代大中小学劳动教育的意见》(以下简称《意见》),肯定了劳动教育的育人价值,将劳动教育提升到与其他育同等的高度,秉持横向有深化、纵向相衔接的理念,使其贯穿在全面发展教育体系当中。继该《意见》之后,2020年7月9日教育部印发《大中小学劳动教育指导纲要(试行)》的通知,进一步贯彻和落实了劳动教育的实施细则,为全面贯彻党的教育方针,更好实施劳动教育,加快构建德智体美劳全面培养的教育体系提供了发展路径。同时,有部分学者关于劳动教育的价值、如何实施劳动教育、如何构建劳动教育课程体系等方向做了相关研究,但大多学者仅对劳动教育的独特育人价值进行了剖析,忽视了劳动对教育的反作用。基于此,本研究从劳动教育的二重属性入手,全面客观地探析劳动教育的独特育人价值和综合育人价值,并在此基础上提出劳动与教育结合共生的实践策略,有助于我们更好地认识、理解和开展劳动教育。

一、劳动的教育化:彰显劳动教育的独特育人价值

人是一切社会关系的总和,其中最重要的是生产关系,在处理生产劳动关系中可以彰显人与人、社会和自然之间的合作、和谐、共生的关系。劳动学说是马克思主义的重要组成部分,也是其创建思想体系的基础和起点,认为劳动不仅具有创造人的本体论意义,还具有促进全面和谐发展和社会生产发展的时代意义。而教育作为社会系统的一部分,在受到社会生产力制约的同时也会反作用于社会生产力,是劳动力和知识再生产的重要手段,是科学知识转化为现实生产力的重要途径。因此马克思主义认为必须从本质上揭示出教育与生产劳动相结合的客观规律性,强调劳动是实现人的全面和谐发展的重要方法和途径,教育与生产劳动相结合是社会主义教育的根本原则,是培养人具有劳动价值观、劳动习惯、劳动精神、劳动能力、劳动品质的根本路径。然而随着科学技术的发展,劳动与教育之间又一次面临着分离的危机,导致人缺乏劳动价值观念、缺失劳动精神和劳动素养等,甚至会出现不尊重他人劳动成果、窃取他人劳动果实、忽视从事基层劳动工作者的现象。基于上述问题,我们必须重新审视当下劳动教育的实施现状,促进劳动的教育化,彰显劳动教育的独特育人价值。

(一)树立正确的劳动价值观

劳动价值观是人们对劳动价值的主观认识,是从抽象和宏观的角度看待劳动以及劳动

---

[1] 张晶晶,1996年10月生,女,汉族,陕西延安人,助教,课程与教学论方向。

价值。劳动价值观主要包括劳动观念和劳动态度两方面，实施劳动教育的目的之一在于帮助学生形成正确的劳动价值观，即树立正确的劳动观念和培养端正的劳动态度。树立正确的劳动观念是实施劳动教育的起点和归宿，只有从观念层面建构一个关于劳动的整体认知框架，才能在实际行动中将外在的刺激纳入已有的认知体系，与之相联系后进一步巩固和丰富已有的认知体系，进而再通过正确的劳动观念指导劳动行为。培养端正的劳动态度是实施劳动教育的关键环节，劳动态度主要指个体对于劳动活动、劳动行为等的主观心理意愿和外在行为表现，具体包括热爱劳动或讨厌劳动、愿意劳动或逃避劳动、主动劳动或被动劳动。由于目前很多学生对劳动持有不端正的态度，表现出不愿意劳动、逃避劳动任务、由家长代替劳动等现象，因此实施劳动教育需将培养学生端正的劳动态度作为主要任务之一。

（二）养成良好的劳动素养

劳动素养指劳动者通过日常劳动活动和专门的劳动教育所形成的与劳动相关的稳定的素质品质。主要包含知识、技能和习惯这三方面，首先是劳动者需要掌握劳动相关的理论知识和实践知识，分为特殊劳动活动的专门知识以及共同的通识知识，前者即为各自职业和岗位所需要的专业知识，后者即为所有劳动者都需具备的科学和文化知识。由此可知在实施劳动知识的教育时须分阶段、分场域进行，分阶段教育是指对于中小学阶段的学生来说掌握共同的普适性劳动知识是重点，能够满足日常生活学习所需即可，而高等教育阶段的学生在掌握通识知识的基础上还须学习特殊劳动活动所需的专门知识，为其步入相应的工作岗位奠定基础。分场域是指对于劳动理论知识的教育更多的是要在课堂场域中进行，而劳动实践知识的教育则更多的是要在具体的劳动场域中进行。其次是劳动者需要具备的劳动技能，劳动作为创造人、创造历史和使价值增值的活动，每一项劳动活动实施过程都有着严格的流程和具体的操作步骤，作为劳动者必须要掌握相应的技能和能力。最后是劳动习惯，劳动习惯是劳动者在知识和技能共同掌握且熟练的情况下，通过长期的劳动活动形成的一种稳定的行为方式，既包含内在的潜意识自觉，也包含外在的行为方式自律。知识、技能和习惯共同构成了劳动素养，知识和技能的熟练化促进了习惯的养成，习惯同时会反作用于知识和技能，促进二者的深化和巩固，三者相辅相成，缺一不可。

二、教育的劳动化：彰显劳动教育的综合育人价值

陶行知"教学做合一"的方法论是以"行是知之始，知是行之成"这种具有唯物主义因素的认识论为依据提出的，由此可知，他将行动、实践和做的地位提升到了认知的前端，用行动引领认知的发展，用行动丰富认知的内涵，用行动检验认知的真伪。这与本研究教育的劳动化的内涵一脉相承，旨在行动中能够让学生以第一视角的立场和主导者的身份去参与活动，不仅能够发挥学生的主观能动性，激发学生的学习兴趣，还能够促进师生、生生之间的合作互动等，增强了学生的归属感和集体认同感，而且也只有当学生亲自实践参与，才能对外在的行为产生真正的认同，并内化于自己认知中。在本研究中教育的劳动化是指"在劳动中教、通过劳动教、为了教而劳动"，这里的劳动可以是生产劳动，一种创造物质财富和精神财富的活动；可以是活动，是有目的有计划的一项社会活动；可以是实践，是人们能动地改造和探索现实世界一切客观物质的活动。教育的劳动化的内涵在于积极探

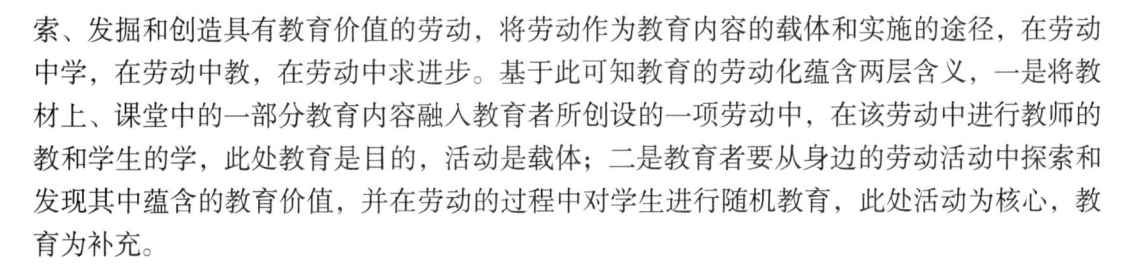

索、发掘和创造具有教育价值的劳动,将劳动作为教育内容的载体和实施的途径,在劳动中学,在劳动中教,在劳动中求进步。基于此可知教育的劳动化蕴含两层含义,一是将教材上、课堂中的一部分教育内容融入教育者所创设的一项劳动中,在该劳动中进行教师的教和学生的学,此处教育是目的,活动是载体;二是教育者要从身边的劳动活动中探索和发现其中蕴含的教育价值,并在劳动的过程中对学生进行随机教育,此处活动为核心,教育为补充。

(一)有效深入落实素质教育之举

我国的教育方针中指出要培养德智体美劳全面发展的人,实施的是关于人的身心全面和谐发展的教育,从内容上看可以分为关于心的教育和关于身的教育,关于心的教育包含德育、智育、美育,德育在于培养人高尚的道德品质、智育在于丰富人的知识体系、美育在于陶冶人的审美情操。关于身的教育即体育,在于增强人的体质。在《意见》中指出,"劳动教育是国民教育体系的重要内容,具有树德、增智、强体、育美的综合育人价值"。因此实施劳动教育不仅是培养时代新人的整体范畴之一,还是最终能实现前四育和谐发展的途径和手段,在智育方面,马克思主义强调"实践是检验真理的唯一标准",那么在实践活动、劳动教育中既可以检验已有知识的真伪,也可以通过直接经验的获得,丰富和巩固知识体系。在德育方面,"劳动化"的教育中渗透着处理人与自我、与他人、与社会、与自然的关系,在这个过程中便可以将抽象的德育内容融入进去,达到育德于行。美育主要是培养人发现美、欣赏美和创造美的能力,陶冶人的审美情操,美是对一个具体事物的具体形容,所以实施美育教育必须要有相应的载体为依托,否则空谈何为美是无法达到教育效果,而在具体的实践、劳动等活动中,外在事物美的产生和发展与内在审美情操的形成是一脉相承的。体育的主要任务在于提高身体素质,增强体质,那么在任何一项劳动活动中都能锻炼机体某方面的能力,例如身体协调能力、平衡力、动手能力等,促进身体各机能正常运转。因此劳动教育是一切教育的基础,在劳动教育具有综合育人的价值理念上,运用一切蕴含教育价值的劳动进行劳动化的教育。

(二)促进学生深度学习

阿罗的"干中学"模型把技术进步用累积总投资来表述,技术进步是知识的产物和学习的结果,而知识和学习又是经验的不断总结,经验又来自于行动,即知识来源于行动,在行动中进行知识的再生产,促进个人和技术的进步。基于此将教育劳动化可促进学生已有知识的内化和运用以及新知识的生成,为学生有效进行深度学习提供了路径保障。深度学习是指学生运用各种高阶思维去解决具有挑战性的任务,经历有意义的学习过程,将已有的认知与新的刺激相联系,促进对新知识的理解和运用,培养具有批判性和创造性的学习品质。从深度学习的内涵中可以看出要达到深度学习需要满足三方面的条件,一是在呈现教学内容时要将思维可视化,把间接的静态知识赋予到动态的行动中,展示知识产生和思维活动的过程;二是教学过程要有体验性和生成性,创设情景化的实践活动;三是学生要做到具身性学习,亲自参与到实践活动中,转化学习知识的视角,进行知识再生产培养创新思维,生成自我价值。由以上可知,要实现学生的深度学习需要将劳动活动作为客观知识的载体,使知识由静态转为动态,由抽象转为具体,拉近学生与知识之间的距离;在劳动活动中进行教授,通过劳动激发学生的学习兴趣,关注学生的情感体验;在劳动中进行学习，促进学生对客观知识的主观感知和内化，并架构自我认知体系，为新知识的再生产奠定基础。

（三）为终身学习奠定基础

陶行知先生创立生活教育理论是立足于时代，坚持实践第一的观点，着眼现代化建设而提出的蕴含现代科学观的终身教育理论。他指出："终身教育，培养求知欲，学习为生活，生活为学习。只要活着就要学习，一旦养成学习习惯个人就能终生进步不断。"终身教育对于每一个人来说都是永恒的话题，指出我们要学会学习、学会生活、学习做事、学会生存，这是作为一个社会人必须要具备的各项能力。在劳动或实践活动中存在着人与人、人与事、人与社会、人与自然和人与知识的互动，通过主体与客体的相互作用，相应地学习知识的能力、处理解决问题的能力、社会性交往的能力以及生存谋生的知识和技能被习得，共同作用于学生全面和谐发展，为终身学习、生活和生存奠定基础。

三、独立到共生：教育与劳动相结合的实践策略

列宁指出："没有年轻一代的教育和生产劳动的结合，未来社会的理想是不能想象的，无论是脱离生产劳动的教学和教育，或是没有同时进行教学和教育的生产劳动，都不能达到现代技术水平和科学知识现状所要求的高度。"

（一）转变教育观念：走向"以人为本"

新时代教育的核心理念是"立德树人"，将学生作为教育的出发点和落脚点，那么在新理念的引领下，教育与劳动的结合应当是牢牢把握以人为本，以学生为中心的教育观念，这是有效发挥教育价值，实现马克思主义倡导的人的自由、全面而充分发展的前提条件。同时，教育与劳动相结合中渗透着教育的具身性思维，这就要求在开展教育与劳动相结合时必须让学生在过程中有情感的体验，有技能的获得、有观念的形成，这也是当下素质教育和核心素养对于教育的诉求，培养出具有自主发展和社会参与的人，而这些核心素养均可在教育与劳动相结合的教育活动中获得。因此，转变教育观念，重塑师生在教育活动中的主体地位，把握以生为本的教育理念是有效实现教育与劳动相结合的理论基础。

（二）构建教育体系：贯穿教育全过程全方位

学校教育对人的发展起着主导作用，作为实施全人教育最核心的场所，学校必须把握整体教育观，将劳动教育与教育的劳动化贯穿在教育的全过程和全方位当中。首先，应系统地构建劳动教育必修课程体系，将劳动教育课程提升到与德育、智育、体育和美育相同的地位，真正做到劳动的教育化，充分彰显劳动教育对其四育的补充和升华的作用。其次，在该课程体系中，必须以明确的培养目标为引领、合理的教育内容为核心、专职的任课教师为关键。最后，建立相应科学的评价机制作为保障，共同构成完整系统的劳动教育必修课程体系，发挥好学校层面实施劳动教育的主要作用。

（三）形成教育合力：家庭、学校和社会三位一体

所谓校内外联动，主要指校企联动、校社联动和家校联动，家庭是基础、学校是主导、社会是支持。陶行知先生在生活教育理论中提出"社会即学校"的观点，强调学校是社会的一个缩影，现实社会中处处隐藏着教育内容和教育价值，在社会中生活和生存的同时也

可以进行学习和教育。在探索教育与生产劳动或实践活动相结合的途径时，必须要将社会这一集体环境纳入进来，在社会层面创设相应的劳动实践空间。在组织社会实践活动时，有两种不同的意蕴，一是劳动的教育化，即以培养实际的生产劳动或实践活动技能为主要目的，通过教育活动来实施劳动教育，例如，为培养学生实际栽培、种植等动手操作能力，组织在"植树节"外出进行植树活动，其中不仅有学生实际的活动过程，还有教师理论知识的讲解、正确操作方式的示范以及劳动成果的展示和点评，二者相辅相成。二是教育的"劳动化"，即以教育为主要目的，通过社会实践活动来实现教育目标，例如，为"学习雷锋好榜样"组织进社区宣讲雷锋精神、为培养爱国情怀组织参观革命纪念馆等。因此，创设必要的社会实践活动空间是实现教育与生产劳动、实践活动相结合的重要途径。

（四）建立保障机制：政策引领和评建并举

建立保障机制是保证任何一项教育实践落地生根的基础，在关于劳动教育实施方面，至少要包括政策引领和评建并举这两项保障机制。政策引领主要是从宏观的行政管理层面出发，做好关于顶层设计，以国家层面出台的政策为依据，各省市及学校制定更具有针对性的政策，以保证政策的适切性和可操作性。同时院校层面应当建立起相应的评价反馈制度，例如，定期抽查制度和每周的学生劳动周活动等，通过制度的运行保障劳动教育和教育的劳动化落实到位，真正发挥二者相辅相成的促进作用。

参考文献

[1] 国务院《关于全面加强新时代大中小学劳动教育的意见》[EB/OL]. (2020-3-20). [2020-9-15]. http://www.gov.cn/zhengce/2020-03/26/content_5495977.html.

[2] 班建武. "新"劳动教育的内涵特征与实践路径 [J]. 教育研究, 2019, 1:20-25.

[3] 徐明聪. 陶行知生活教育思想 [M]. 合肥：合肥工业大学出版社, 2009.

[4] 文新华. 论以新时代马克思主义劳动观为指导深入推进劳动教育 [J]. 中国高等教育, 2018, 21:10.

[5] 崔友兴. 基于核心素养培育的深度学习 [J]. 课程教材教法, 2019, 2:67.

教研员职业角色的现状及对策探析
——以 A 省市州级教研员为例

李双[1] 郭晖[2]

目前，国内关于教研员的定义各不相同，但是其定义又有一定的相似之处。卢立涛等人认为教研员，即教学研究人员，是特指在我国各级各地教研组织中任职的，专职承担教研工作的教学研究人员。崔允漷教授从服务课程改革的方面提出教研员是"专业的课程领导者"。卓平从服务教师发展而提出教研员是"教师专业发展的设计者、促进者和服务者"。市州级教研员是指在市一级教研机构中以中小学教学研究与教学指导为主要职责的工作人员。总之，对于教研员的定义集中于研究者、领导者、服务者等方面。

在新课程改革背景下教研员工作越来越趋于综合性和多元性，教研员工作涉及教育教学研究、课程实施研究、学科教学研究、考试评价研究、教师发展研究等领域，其"专家、勤杂、秘书、领导"的多重角色，使得众多教研员疲于应对繁杂的工作，常年忙忙碌碌。随着时代的发展，教研员的工作内容不断增加，而且综合性越来越突出，常规意义上的教学研究时间所占份额持续减少。那么，教研员就更应该明确在新课改的背景下的职业角色，切实履行自己的职责。

一、研究对象与研究方法

（一）研究对象

本研究的研究对象为甘肃省 14 个市州的 121 位专职教研员。发放问卷 121 份，回收问卷 113 份，其中，男教研员 77 名，占 68.1%，女教研员 36 名，占 31.9%。被试者均自愿参加本测试，采取集体测试当场收回问卷的方式收集数据，被试首先完成基本信息填写。

（二）研究方法

本文主要采用了文件分析法、问卷法、访谈法等手段收集相关研究资料，见表1。

---

[1] 李双，1994 年 10 月生，女，汉族，甘肃庆阳市人，硕士，助教，研究方向：教育管理。
[2] 郭晖，1994 年 11 月生，男，汉族，甘肃武山人，管理学硕士学位，助理讲师，研究方向：学校领导与管理。

表1 研究方法与研究资料

研究方法	资料来源	举例
文件分析法	教育部相关政策文件	《关于改进和加强教学研究室工作的若干意见》(原国家教委,1990);《基础教育课程改革纲要(试行)》
问卷法	甘肃省市州级教研员	教研员工作的现状
访谈法	甘肃省市州级教研员	过去一年您主要做了哪些工作

二、研究结果

(一) 教研员的工作时间分配

通过设置问题"您过去一年教研工作时间和其他工作所占的比重各占多少"让121位教研员依次填写,收回113份有效的数据,通过统计分析可以得出以下结论:

在113位教研员当中,认为其教研工作时间占所有工作时间50%以下的有63人,认为其教研工作时间占所有工作时间50%及以上的有50人,可以看到认为教研工作时间在50%以下的教研员占多数,这说明行政工作时间略多于教研工作时间。虽然在有关教研员的文件上并没有明确规定教研工作时间和行政工作时间各自的比重,但是有超过一半的教研员认为行政工作时间多于教研工作时间,那么是否教研员的工作也更倾向于行政工作呢?这值得反思与探究,见表2。

表2 不同教研工作时间的人数统计表

教研时间占比	50%以下	50%及以上	总计
总人数(人)	63	50	113
百分比(%)	56	44	100

(二) 教研员的职业角色分配

通过设置问题"您过去一年主要干了哪些工作"让121位教研员依次回答,通过整理,可以得出如下结论,见表3。

表3 甘肃省教研员过去一年主要的工作分类

工作分类		频次	工作分类		频次
一、学习与研究	政治理论	0	二、指导与培养	讲座	6
	教育教学理论	5		教材教法培训	2
	论文写作	1		组织学科教研	10
二、指导与培养	听评课	33		指导教师教学	10
	召开教学研讨会	5		组织教研活动	10

续表

工作分类		频次	工作分类		频次
二、指导与培养	组织送教下乡	4	五、课程建设	编写乡土教材	0
	教学视导	4		编写教研刊物	2
	参加教研活动	2		编写教研杂志	1
	与教师座谈	2	六、教学服务	信息服务	0
	组织教师培训	15		答疑解惑	0
三、教研与教改	课题研究	17		建立学科教学与信息资料库	0
	课题管理	10			
	课题评审	6		通过对教育方针、政策的研究为教学的管理与决策提供服务	2
	课题培训	1			
	组织新课程改革培训	2			
	新课改的立项与申报	1	七、操作与示范	兼职或上示范课	0
四、管理与评价	教学常规管理	2		去贫困地区支教（送教下乡）	5
	组织教师教学技能大赛	18			
	中高考教学质量分析	12	八、了解教师状况	了解本学科教师的教师队伍状况、培养骨干、树立典型	3
	优质课评选	5			
	教师论文评选	6			
	先进教学案例评选	6	九、其他工作	行政工作	21
				杂事、杂务	3
	组织学生竞赛	2		党务工作	3
				扶贫	4

根据江西省乐平市教研所对教研员职业角色的分类，将教研员具体的职业角色分为学习与研究、指导与培养、教研与教改、管理与评价、课程建设、教学服务、操作与示范、了解教师状况八个方面。通过121位教研员所填写的内容，笔者将其归类，明确得出教研员的工作重点所在。由表3可以看出，出现词频最多的是指导与培养，共出现了103次，指导与培养中出现频次最多的是听评课，共出现了33次。管理与评价出现的词频排在第二位，共出现了51次，其中出现最多的是组织教师教学技能大赛，出现最少的是组织学生竞赛，共出现2次。教研与教改出现了37次，其中课题研究出现了17次，课题培训与新课改的立项与申报仅出现了一次。其他工作出现的频次为31次，也占了不小比重。而课程建设、教学服务、操作与示范、了解教师状况各个模块都集中在个位数。

三、教研员职业角色的问题表征

(一) 教研员对学习与研究的重视不足

通过整理问卷，教研员提到的有关学习与研究的词频一共才出现了6次，主要集中在学习教育教学理论，说明只有很少一部分教研员重视对理论的学习。

没有研究能力的教研员难以服众。由于教研员长期脱离教学岗位，在指导教师的过程中，如果只停留在经验层面，没有研究成分在里面的话，很难以让教师有明显的改变，从而也不能让教师心服口服。此外，研究也是教研员适应新课程改革的一项重要使命。新课程改革无疑非常强调"研"的重要作用，比如，"教师成为研究者"作为新课改理念被提到了新的高度，校本教研也是在新课改中提出并着力普及推广的科研理念之一，在基层科研改革浪潮面前，教研员要想引领中小学教学发展，引领教师专业发展，必须提升自身研究能力并重塑研究职能。因此，教研员应该从思想上认识到研究的重要性。教研员只有对教材教法、课程目标、课堂教学规律等进行一定的有效研究，教研员才能对教师的专业发展有一定的指导作用或引领作用，所以说，教研员要充当好研究角色，潜心开展课程与教学研究。

(二) 教研员在课程建设方面薄弱

在课程建设方面，其词频一共只出现了3次，这正好说明了教研员目前对课程建设的缺乏，这是教研员需要尽快加强的部分。此外，新课程改革越来越强调地方课程、校本课程的开发与建设。校本教研可以使中小学教师不断走向卓越。教研员要鼓励中小学主题性学习和推进整体性校本教研，增强本校的组织学习能力、系统反思能力、主体谋划能力和愿景建设能力，提高分享担当和团队意识，使学习和研究成为学校发展的关键词与推动力。可见课程建设对于当地的教育发展至关重要，但现实中正如某些学者所言，地方课程规划和设计是个非常艰巨的任务，需要一定的教育教学理论修养、学科专业深厚的功底和一定的资质等，我国目前的教研队伍整体水平离这个要求还有一段距离。

(三) 教研员的工作角色集中于行政领域

不难发现，出现词频最多的工作主要集中在听评课、组织教学技能大赛、组织教师培训等方面，而这几项工作恰巧是新课改对教研员工作的基本要求，也是教研员最基本的日常工作，也是考核教研员工作的主要内容。但是对于脱离行政命令的操作与示范、课程建设、了解教师状况，教研员的关注度则明显不强。由于时间等客观因素的限制，教研员对于教师的指导不能仅限面对面的指导，更要注重网络教研，教研员通过教研网站可以把一些经验分享在教研网站，供教师交流学习。

(四) 教研员缺乏操作与示范

将问卷整理分析，几乎很少有教研员提到兼职或上示范课。有人很形象地总结了教研员的工作场景，面对几十、几百位教师讲解教材、大纲心中不免得意；习惯了听教师讲课，然后是评课、指点江山；习惯了在办公室伏案，勾画理想的课堂、理想的教学，但对实践的指导程度如何，心里其实并没有谱。这种"只研不教""指令式"的教研对基层教师的教学指导效果与质量提升是可想而知的。教研员从来不上一节课的状况是不行的，要想更好地指导教师,在教师有疑惑的时候,教研员应该走上讲台亲自示范。

(五)教研员对教师缺乏了解

在所有材料中,寻找有关教研员了解教师的关键词,几乎很少找到,只有三位教研员提到了了解本学科教师状况,培养骨干教师,这是远远不够的。正如刘旭东教授所说,有些教研员不了解一线教师的真实需求,缺乏行动能力,既不善于和一线教师沟通,更不善于运用恰当的方式方法把自己的想法有效地传达出去影响教师,时常处于自说自话的状态。此外,在传统的教研中,教研员往往是以领导者的身份出现的,并没有和教师处在同一个层级上,这就造成教师在心理上多多少少有些畏惧,不敢把自己的想法完全在教研活动中分享出来。在新课程改革过程中,由于碰到很多新问题,因此,必须构建教研员与教师的共同参与、共同体验、相互合作、相互发展的教学模式。只有教研员和教师的关系处于同一个层级上,教研员才能有效地了解教师。

所以教研员要善于和教师沟通,改变教研员是教师领导的观念,教研员和教师应该是合作者的关系,通过平等对话的关系,教研员和教师才能更好地解决新课程改革中的一些问题。

四、完善教研员职业角色的对策

(一)重视教育研究,拓宽增长知识渠道

随着大数据和人工智能的出现,老师和学生们可以更容易地获取信息、掌握资料,如果教研员不注重知识的学习,特别是网络上更新变化的知识,那么教研员就不能很好地指导教师与学生,那么就会失去在教师心目中的威信,所以,学习与研究是教研员最应该重视的基本工作。同时,新课改更强调教研员对教育理论的研究。要努力从已有的研究成果中汲取营养,提升自己对教育的基本认识,更要注重不断通过思想与行动的交互来有意识地积累、建构自身的理论。一些基本的研究方法是教研员要了解和掌握的,例如,行动研究、质性研究、个案研究、扎根理论等。

此外,教研员进行教学研究不能仅限于对一些理论知识的学习,在听评课的过程中进行研究,更应该加强与大学的教授的联系,将研究中遇到的问题及时与教授进行沟通。教研员还可以将遇到的问题集中,请有关教授对教研员和骨干教师举办讲座,然后教研员将学到的东西再通过讲座讲授给各个学区的教师。这样,不仅教研员解决了研究中的问题,教师们也得到了指导。

(二)以"互联网+教育"带动课程建设

目前,我国的教研队伍整体水平离课程建设者还有一段距离,但是个别教研员是能够胜任课程建设者的,如何让个别的教研员带动更多的教研员成为课程建设者?那么就要树立典型的优秀教研员,把他们在课程建设方面的成就通过互联网推广起来。例如河南省的做法,提升高校信息化发展水平,以教学质量提升工程为抓手,立项建设一批精品在线开放课程,加强在线开放课程建设应用与管理。鼓励各地加大典型案例培育力度,加强对信息化试点工作指导,结合自身优势,在信息化应用上闯出新路子。打造一批示范典型,形成以点串线、以线连片、以片带面的示范创建格局。通过网络的作用,将优秀教研员的在

线课程推广开来，让更多的教研员利用空闲时间去学习。此外，对在课程建设方面有成就的教研员予以适当的奖励，这样也可以对其他教研员有一定的激励作用。

新课程改革强调教师行为的转变，课程要更贴近学生的生活，因此，传统的由教师给学生灌输知识已经过时了，教师要转变观念就需要教研员的引领。正如某些学者提出的，教研员要由国家课程和教学大纲的诠释者而成为课程和教学理论的研究者，要由共性化课程的规范者而成为个性化课程的催生者。因此，教研员不仅要改变教师的观念，更要引导其开发地方课程、校本课程。

（三）主动了解教师，有针对性地进行指导

随着教研员工作更趋向多元化，教研员的工作时间则更加分散，除了教研工作，教研员还不得不参与到部分行政工作中。教研员虽然是从一线优秀的教师当中选拔出来的，但是由于长期脱离教学岗位，教研员在指导教师的过程中，难免会从自身的经验出发，而脱离教师实际的教学需求，所以教研员首先应该了解教师的教学实际需要。

本研究认为不管以何种方式对教师进行指导，都不能仅停留在表面上的指导，更不能因为行政原因而指导教师，这样的指导是肤浅的，没有实质进展的。那么要想更好地指导教师，首先就要了解教师，教研员因为工作时间有限，有大量的工作要完成，那么要如何了解教师呢？那就是讲究效率。教研员可以听评课或者在一些教研活动的过程中，通过和学生聊天了解要指导的教师，由于教师和学生相处时间更长，对教师更加了解，教研员可以从学生那里了解到一些与教师面对面交谈中得不到的信息，这对于教研员选择合适的方法指导教师是很有帮助的。新课程强调学生的主体性与差异性，教师也是人，教师也是有差异的，所以对不同的教师采取不同的指导方法，是非常必要的。

（四）去行政化，均衡教研员职业角色

通过文本分析发现，教研员过去一年的工作主要是听评课、教育行政工作、组织教师教学技能大赛、课题研究、中高考教学质量分析和组织教师培训，而这些工作大都是集中在行政命令下的，而对于课程建设、教学服务、操作与示范、了解教师状况则关注度不够。在113位教研员当中，有21位认为其过去一年的工作主要是行政工作。目前我国的教研室多属于教育局直接管辖，教研室也是事业单位，所以教研员从事一定的行政工作也无可厚非，但是行政工作数量一定不能影响教研工作的开展。有个别教研员提到过去一年被借调到州政府大厅值班，几乎没有干与教研有关的工作。这种现象值得反思。教研员是为教育行政提供发展和改革依据的，但教研员本身不应成为行政管理人员。教研员是教育教学研究人员，只有教育科研与行政的脱离，教研员才会真正有利于教师专业发展。因此，教研员还是要把主要的精力放在教育研究上，在干好教育行政工作的同时，弥补自己理论知识的短板，促进自身知识的全面发展。

（五）主动走上讲台，进行操作与示范

指导教师是教研员职业角色中必不可少的一个环节。要想让教师从心里尊敬教研员，接受其指导，教研员走上讲台是必不可少的。

有学者提出，教研员要做到"常下水""会游泳""善总结"，"常下水"即敢于"操刀"拿起粉笔和教科书，走上讲台。"会游泳"即不但要上课，还要上好课，拿得出手。此外，教

研员还要善总结教学过程中一些经验，主动分享给老师，例如建立学科教学与信息资料库，建立教学经验网站，让教师利用空闲的时间学习。

只有教研员明确了教研员的职业角色，才能在工作中均衡每一项工作所占时间，才能使工作更有效率。此外，通过明确自身在哪些方面有所欠缺，及时反思总结，弥补缺陷，才能更好地指导教师。

参考文献

[1] 卢立涛，沈茜，梁威. 职业生命的"美丽蜕变"：从一线教师到优秀教研员——兼论教研员实践性知识的生成过程 [J]. 教师教育研究，2016,28(3):73-79.

[2] 崔允漷. 论教研室的定位与教研员的专业发展 [J]. 上海教育科研，2009,8:4-8.

[3] 卓平. 教研员在教师专业发展中的作用 [J]. 人民教育，2003,19:34-35.

[4] 刘海燕. 教研员的角色定位与发展期待 [J]. 教育理论与实践，2012,32(14):27-29.

[5] 魏宏聚. 课程范式转型与教研员角色重塑 [J]. 中国教育学刊，2010,3:47-49.

[6] 李正富. 论教研员在促进教师专业发展中的角色与作用 [J]. 福建教育学院学报，2013,14(2):15-17.

[7] 刘丹. 校本教研如何才能更有效 [J]. 人民教育，2018,Z3:119-121.

[8] 翟立安. 教研员担当"专业的课程领导者"？——与崔允漷教授商榷 [J]. 上海教育科研，2010,2:52-53.

[9] 刘旭东，花文凤. 迈向承认：教研员的行动旨归 [J]. 西北师大学报（社会科学版），2017,54(4):76-81.

[10] 何文明. 论教研员在校本教研中的角色转换和指导策略 [J]. 上海教育科研，2012,5:61-63.

[11] 潘涌. 论新课程与教研员职业角色的创新 [J]. 全球教育展望，2003,32(1):5-7.

[12] 殷志坚. 论教研员对教师专业发展的影响 [J]. 教育理论与实践，2008,28(S2):46-47.

[13] 张道明. 一线教师需要什么样的教研员 [J]. 教育科学论坛，2016,5:39.

幼儿园蒙台梭利教育模式应用现状研究
——基于 A 市 T 幼儿园的调查[1]

董琪[2]

什么是最好的教育？众说纷纭，其中蒙台梭利教育法（简称蒙氏教育法）被美国学者珍尼特·沃斯和新西兰学者戈登·德莱顿在《学习的革命》一书中称为"世界上最好的教育思想"和"世界上一流的幼儿教育"，以蒙台梭利教育思想为指导思想的幼儿园在很多国家都可以找到，自 20 世纪 90 年代以来，蒙氏教育法在我国迅速流行起来。虽然蒙台梭利教育是具备一套积极的理念和完整的实践方法的教育模式，但是，随着实际教学应用蒙氏教育的过程中出现的一些问题，许多人开始质疑这种教育，比如，有人说这种教育方法最初是针对特殊儿童（有智力障碍的儿童）设计的，不应该被用来教育正常儿童；也有人说蒙氏教育对儿童的社会交往能力关注不够是致命的缺陷等。质疑声导致对蒙氏教育法的盲目推崇者不断减少，关注度也退去了不少。

然而，至今还在坚持采用"蒙氏教育"的一些幼儿园和家长，则更多的是出于对其教育理念和操作方法的认同，只要不生搬硬套，直接植入，而是结合本土幼教现实特点，扬长避短，一定可以促进幼教的改革和发展。

一、T 幼儿园运用蒙氏教育的现状

A 市 T 幼儿园创建于 1999 年，是该省最早开展蒙氏教育研究机构之一。幼儿园占地面积 4226.8 平方米，房屋建筑面积 5704.3 平方米。现有教职员工 69 人（行政领导 6 名、教师 48 名、保健人员 2 名、保安 2 名、厨师 5 名、司机 1 名、后勤人员 5 名。教师持证合格率 100%），幼儿 500 名（分为 4 个大班，13 个混龄班）。

（一）推行和落实蒙氏混龄教学，强调幼儿社会交往能力

蒙氏教育中非常有特色的就是采取对幼儿进行混龄编班教育，即把不同年龄阶段的儿童聚集在一起进行教学活动的一种教育形式。混龄班的开设可以使不同年龄的儿童相互沟通交流、相互理解、学会关心他人，培养他们的社会适应能力和与人相处的能力。在混龄班中，以大带小，以强带弱的现象比比皆是，尤其是在现在大多数幼儿都生长在独生子女家庭，大多数幼儿都没有兄弟姐妹的情况下，混龄编班有效地弥补了幼儿对兄弟姐妹认知与心理需求。并且在混龄班中所出现的各个年龄段不同层次的知识经验的碰撞与交流，更有利于幼儿自身知识经验的学习与积累。

---

[1] 基金项目：幼儿园蒙台梭利教育模式应用现状研究，项目编号：SK2019023。
[2] 董琪，1970 年 10 月生，女，汉族，陕西西安人，硕士，讲师，研究方向：学前教育学，心理学。

T幼儿园将混龄小班个性化教育落实彻底。为了适应我国素质教育基本国情，幼儿园将中小托（中组 4~5 岁、小组 3~4 岁、托组 2~3 岁）三个年龄段的幼儿编排为一个混龄小班，并结合年龄发展阶段将其分为中组、小组、托组，在一日生活常规中根据组别实施不同层次的教育。针对 5~6 岁幼儿独立开设蒙氏大班，对此年龄段幼儿进行蒙氏教育的同时加入我国传统文化教育。实施的过程中幼儿园教师了解和掌握每一位孩子的家庭状况、心理状况以及性格特点等，然后按年龄和能力分成不同的组进行分层次的教育，正确地引导年龄偏大的孩子与年龄偏小的孩子之间的交流。此外幼儿园特别重视及时地与家长进行沟通，消除家长对于蒙氏混龄教育的偏见，用一些成功的教育实例让家长切实地感受到混龄教育的益处。

（二）积极开展多元化和多层次的教学实践活动

幼儿园教师依据蒙台梭利教育法的精髓，根据孩子的实际情况进行教学活动和内容的全方位设计，使教学实践活动更加丰富化、多元化和多层次。幼儿园要求教师在进行幼儿教育的过程中，要根据幼儿个体差异、不同发展阶段、外部环境等设置合适的课程和实践内容，对幼儿进行正确的引导和示范，以培养其动手实践能力和创造力。此外，在引进蒙台梭利教育法的基础上还要根据本土化和民族化进行一定的创新和改革，将中华传统文化中的精髓部分融入教学实践，在蒙氏教育的基础上探索出更适合孩子的教育理念和教育方式。

T幼儿园根据幼儿成长发展需要，为幼儿开设了内容丰富的社会实践课程，如寻找春天、理发店、牙科医院、水果超市、汽车修理厂等课程，并规定幼儿园各班应按常规每两周组织一次。根据幼儿素质教育要求，积极开展主题活动（一个月换一个主题），日常生活教育等。在组织教育教学的形式上个别指导和集体教学有一个有效的融合，凸显了T幼儿园蒙氏教育的独特之处。

1. 特色的个别指导

蒙氏教育主张为幼儿提供丰富的教材与教具。教具是孩子工作的材料，孩子通过"工作"，从自我重复操作练习中，构建完善的人格。T幼儿园在幼儿的一日活动中就安排了一个小时的时间，让孩子自主"工作"。在此期间，教师会提前先向幼儿告知"规则"，之后幼儿可以自主选择工作区与教具，自主"工作"。此时的教师不会对幼儿多加干涉，完全让幼儿自主探索学习。只有在幼儿违反事先声明的"规则"时，教师会加以干涉，或者是幼儿"工作"遇到困难，很难再进行下去的时候，教师才会出现去对幼儿进行一定的指导，发挥个别指导的针对性教育的作用。

2. 特殊的集体教学

集体教学是一种很普遍的教学组织形式。而T幼儿园所采用的集体教学与传统的集体教学有其共通之处，但也包含着其独特的魅力。一般情况下，集体教学会在主题课、幼儿早期阅读、整合课、蒙氏数学课与蒙氏日训课等课程中会使用到。传统的集体教学是将孩子聚集在教室，由老师站着为孩子灌输知识。而该园的集体教学活动是在老师与幼儿处于同一视线水平下，老师与孩子平等地进行交流学习的过程。例如在日训课这样操作性比较强的课程中，教师会在幼儿面前进行现场示范，此处的示范可不是普通意义的示范，而是慢动作演示。教师先独立完整的示范数遍,再由幼儿模仿老师的动作,再到幼儿独立操作。这种循序渐进的现场演示的教学方式对于幼儿掌握操作性技能非常有效。

3. 真正落实"规则"意识和蒙氏教具每日操作

在T幼儿园,每个小朋友都知道要遵守"规则",教师管理幼儿时只需要说明幼儿此时的行为不符合哪条规则,幼儿便会立即意识到自己的行为是否正确,并在教师的指导下改正。

T幼儿园3~6岁儿童行为规则:①粗野、粗俗的行为不可以。②别人的东西不可以拿,自己的东西归自己所有,并有权利自由支配。③从哪里拿的东西请归位到哪里。(请归位)④谁先拿到谁使用,后来者请等待。(请等待)⑤不可以打扰别人。⑥做错事要道歉,并且学会要求他人道歉。⑦学会说"不"。

在幼儿心中构建"规则"的同时根据幼儿不同年龄段发展,在班级放置不同的蒙氏教具,每天设置至少两个环节让幼儿进行"工作",幼儿选择教具时教师以观察者的身份观察记录幼儿的"工作"表现并适时地介入指导,让幼儿在做中学、学会思考。

4. 注重培养高素质专业化的教师队伍

为了促进蒙台梭利教育法在中国幼儿教育中的有效实施,幼儿园定期派送教师进行蒙台梭利教师培训,近年来幼儿园老教师基本都具有蒙氏教师培训经历及相关等级认定。并定期的邀请一些蒙氏教育的专家和名师来幼儿园举办讲座及指导交流,进一步地开阔教师们的视野,使他们不断地学习和更新知识。

(三)重视幼儿园基础建设和家园沟通,积极推广蒙氏教育思想

幼儿园特别重视及时地与家长进行沟通,消除家长对于蒙氏混龄教育的偏见,用幼儿园现实成功的教育实例让家长切实地感受到混龄教育的益处。幼儿园将自己定位为一座花园别墅式的儿童之家,给幼儿营造家的感受,每个教室都独立设有餐厅、主活动区、阅读区、美工区、建构区、卫生间、休息室,独立的分区可以让幼儿有更大的思考探索空间,在这些自由的空间中培养幼儿建构安静、规则、自律、自信、独立、自由的思想。通过家长反馈,家长对于幼儿园的认可度是比较高的,据2019年入园实习生做的家长满意度调查结果显示90%及以上的家长对蒙氏教育评价在比较好及以上。

二、T幼儿园蒙氏教育存在的问题

(一)蒙氏教育成本过高

一是蒙氏教育主张为幼儿提供丰富多样的教具,以供幼儿自主探索学习,但蒙氏教具的价格大多都是非常昂贵的,二是蒙氏教育从业人员为了提升专业性,职后培训必不可少。幼儿园的经费来源比较单一,面临较大的资金缺口,故而只能收取较为昂贵的学费来作为填补。

(二)蒙氏教育与传统教学差异较大,教师专业性有待提高

蒙氏教育所提倡的以幼儿为本位的学习方式,成人为的是给幼儿打造一个以他们为中心,让他们可以独立"做自己"的"儿童世界"。主张采用"不教"的教育,反传统以教师

为中心的填鸭式教育，主张为孩子提供良好的学习环境，亮丽丰富的教具，让儿童自己主动去接触、研究，从而形成自己的智慧。但蒙氏幼儿园大部分的老师并没有接受过蒙氏教育专业正规的培训，没有相关经验，缺乏对蒙氏教育法的理解和认识，这就大大降低了蒙台梭利教育法实施的效果。

(三) 幼儿消极入园

受资金、效益等原因影响，幼儿园为每个班的幼儿所提供的学教具基本就是很固定的几种，在数目与更新的频次上都不能满足蒙氏教育对于为幼儿提供丰富多样的教具的要求。这不但使幼儿园为幼儿所开辟的专门的工作时间与教师的个别指导的优势未能完全发挥到极致，而且很容易出现一些幼儿在入园一段时间后很难再对教具提起兴趣。甚至，有些班级配备的设备损坏之后，影响正常使用，却还在摆放，形同虚设，影响幼儿教育目标的完成，造成幼儿消极入园。

(四) 家长的接受度偏低

蒙氏教育在国内的普及度不高，也存在幼儿园使用提高收费标准的方式来显示蒙氏的专业性、先进性与特殊性。因而在提及蒙氏教育学校时，人们普遍都会与"昂贵"这样的字眼相连接，使一些家长在心理上难以接受蒙氏教育，从而就不会试图去了解了。

再者，蒙氏的教学方式也容易让家长产生误解，在传统的教学中，教育的内容与进度都是由教师掌控的，是以成人为本位的教育，一些家长会认为蒙氏幼儿园不会为孩子教什么，任由孩子自由发展，从而影响孩子的前途。

三、T幼儿园促进蒙氏教育发展的举措

(一) 多方筹措资金与创新教育，降低教育成本

1. 积极获取政府政策支持

按照非义务教育成本分担的要求，建立起与管理体制相适应的生均拨款、收费、资助一体化的学前教育经费投入机制，保障幼儿园正常运转和稳定发展的需要。宣传、执行公益性捐赠税前扣除等相关政策，鼓励社会和个人捐资办园的投入。

2. 结合自身教育实践，自创教具

在原有蒙氏教具的基础上，教师根据教学实际，创造性去自制教具，大大增加了幼儿园教具的数量、类型和更新速度，不但缓解了幼儿园资金压力，而且也保持了幼儿对于教具的新奇感与探究的激情。

(二) 以科研为抓手，促进幼师专业化发展

幼儿园围绕蒙氏教育引进课题，以教学培训的形式，请南京师范大学专家到园开展研究，带动教师逐步了解和学会科研的基本方法，让教师有机会与专家学者对话，通过互动，不断提升教师对蒙氏教育理念和方法的理解和掌握。

幼儿园秉持一边研究探索、一边推广应用的精神，将行之有效的经验及时推广，激发幼儿教师不断提升专业素养。

（三）坚持蒙氏教育的本土化发展

幼儿园在具体实施蒙氏教育的过程中，根据本土文化和民族特色进行创新和改革，将富有中国元素的传统文化，如毛笔字、绕口令、武术、民族歌曲等融入教学内容中，强化了对中华民族传统文化的教育和传承。

（四）提升家长对蒙氏教育科学性的认知

幼儿园重视与家长的交流，坚持把蒙氏教育思想中的科学理念讲解给家长，使之首先从心理上接受蒙氏教育理念；其次幼儿园通过家长开放日、家长会和家访等家园共育的方式，使家长参与到蒙氏教育的日常教学，使之能够从实践入手深刻理解蒙氏教育思想的内涵，从而理解幼儿园的教学管理工作，并配合好幼儿园做好育儿工作。与此同时，幼儿园中的蒙氏课程中的日训课等课程内容，除了在幼儿园中开展，也将这部分课程介绍给家长，让幼儿在家中练习，如此既可以达到家园共育的目的，也增进了亲子关系。

蒙氏教育的方法和理念为幼儿教育带来了不同的意义和价值，在引进和借鉴蒙台梭利教育法时，T幼儿园注重本土的民族性和时代性，结合着幼儿教育的自身特点和实际情况不断进行适当的、合理的调整，优化和创新幼儿教育的教育模式和方法，那么孩子们一定能够在健康环境下快乐地学习和成长。

参考文献

[1] 沃斯，德莱顿. 学习的革命 [M]. 顾瑞莱，等译. 上海：上海三联书店，1998.
[2] 马晓春. 蒙台梭利教学法在幼儿园中的运用例析 [J]. 基础教育研究，2017,7:36.

儿童民间游戏的当代教育价值[1]

钟丽娟[2]

针对教育内卷严重的社会现象，2021年7月24日，中共中央办公厅、国务院办公厅印发了《关于进一步减轻义务教育阶段学生作业负担和校外培训负担的意见》(以下简称为"双减"政策)，并发出通知，要求各地区各部门结合实际认真贯彻落实。其中，就"提升学校课后服务水平，满足学生多样化需求"进行了着重强调：保证课后服务时间、提高课后服务质量、拓展课后服务渠道。充分利用社会资源，开展丰富多彩的科普、文体、艺术、劳动、阅读、兴趣小组及社团活动。民间游戏是我国民间历代流传下来的游戏，是珍贵的文化遗产，它内容丰富，形式多样，为"双减"政策真正落地，促进学生德、智、体、美、劳全面发展，丰富学生校园生活提供了成熟且富有民族特色的途径和载体，具有重要教育价值。

一、民间游戏与儿童德育

民间游戏能够培养儿童"德行"并促进儿童的民族认同感与多民族文化理解。《大学》有云："君子先慎乎德。"德之根本方载物，"德"是一个人的灵魂，教育的首要任务应该是塑造高尚的灵魂。陶行知先生曾说"没有生活做中心的教育是死教育"。可见，一个高尚灵魂的塑造离不开生活的点点滴滴，道德源自生活，生活是道德教育的原场地，离开了生活谈道德只能是走向虚空。所以儿童的道德教育必须基于儿童的真实生活，民间游戏与儿童的生活紧密相连，它源于生活，并在人们的长期生活中形成和发展，体现了社会的道德观和行为观，具有重要的德育价值。

在古史文献中，我们先贤学者们对于民间游戏的道德教化作用就有着明确的记载。如司马光在其所编著的《投壶新格》中写道："夫投壶细事，游戏之类……可以治心，可以修身……"再如，班固曾在《弈旨》中写道："局必方正，象地则也。道必正直，神明德也。棋有白黑，阴阳分也。骈罗列布，效天文也。四象既陈，行之在人，盖王政也。"冯永刚的《道德启蒙教育：成人你准备好了吗》中提到：孩子不仅可以在游戏中得到快乐，还能习得团结合作、和睦相处、公平正义等一些道德准则和行为规范，并能改变不良行为，增强意志力和耐受力。同时，乌丙安、郭泮溪先生也从不同角度阐述了民间游戏中所蕴含的道德因子。可见，民间游戏中蕴含着我们中国社会乃至人类学的伦理纲常，教育大家们早已肯定了游戏对儿童道德品质形成的重要性。另外，王守仁指出："大抵童子之情，乐嬉游而惮拘检，如草木之始萌芽，舒畅之则条达，摧挠之则衰萎。今教童子，必使其趋向鼓舞，中

---

[1] 基金项目：陕西省教育科学"十三五"规划项目（SGH17H206），咸阳师范学院校级教改项目（2019Y07）。
[2] 钟丽娟，1985年生，女，汉族，山东聊城人，硕士，咸阳师范学院教育科学学院讲师，研究方向为艺术教育。

心喜悦，则其进自不能已。"民间游戏能够在儿童的玩乐中渗透道德观念，并能指导其行为进行实践。首先，民间游戏的快乐式体验属性决定了它在道德教育的渗透方面远远强于说教式的传统教育，更容易被儿童所接受并产生认同感。儿童在丰富多彩的民间游戏体验、挑战、反思中学习游戏规则与技巧，并通过其认知指导其在游戏中的道德实践活动，使他们在无形中感受到游戏中所蕴含的精神实质和人生感悟。其次，一些具有突出民族文化特征的传统游戏，如舞狮舞龙、拔河赛舟等民间游戏，蕴含着浪漫的人物传说和悠久的历史故事。参与此类游戏并了解游戏背后的民间传说，不仅有助于儿童了解中华民族自强不息、团结奋进的精神，促使其民族认同感形成，还可以让儿童在玩游戏的过程中获得团队协作意识和能力。此外，让儿童了解具有鲜明文化特征的少数民族传统民间游戏，如朝鲜族的顶瓮竞走、白族的跳花盆、傣族的掷糠包等，也可以帮助其理解与尊重不同民族文化，促进民族文化的交流与融合。

在民间游戏的交流合作中，儿童无声无息地感受并继承着游戏所带来的尊重与理解、团结与合作、坚强与忍耐、谦逊与礼让等品质，深刻认识到仁、爱、礼、至、信等中华优秀传统文化中的哲学内涵，使德育润物细无声地影响着参与游戏的每一个儿童，引导并归正着他们的德行。

二、民间游戏与儿童智育

民间游戏可以启迪儿童心智。游戏对于儿童智力的开发是不言而喻的，陈鹤琴先生认为：游戏具有发展身体、培养高尚道德、能使脑筋敏锐、为休息之良丹四方面的价值。民间游戏的寓教于乐使儿童在攀爬跑跳的同时积极地思考问题，无形中刺激他们的大脑，使其智力得到开发。

首先，民间游戏可以促使儿童认知世界，促进语言能力的发展。如问答歌游戏"什么尖尖尖上天"：什么尖尖尖上天？宝塔尖尖尖上天。什么尖尖在水边？菱角尖尖在水边。什么尖尖街上卖？粽子尖尖街上卖。花针儿尖尖姑娘前。什么圆圆圆上天？太阳圆圆圆上天。什么圆圆在水边？荷叶圆圆在水边。什么圆圆街上卖？烧饼圆圆街上卖。什么圆圆姑娘前？镜子圆圆姑娘前。在朗朗上口的民谣歌唱中，提高了儿童的语言表达能力，又丰富了其认知能力和想象力。其次，民间游戏可以锻炼儿童的思维能力，比如，九连环的游戏，需要儿童认真观察九个环的组合结构并精确判断解环步骤，使他们在玩耍的同时观察力、专注力、空间想象力和形象思维力都得到锻炼。

此外，在如今这个知识泛滥、充满挑战的时代，互联网大数据使知识变得唾手可得，知识的传播已经向智慧的传递悄悄改变。德智体美劳的"智"在新时代的条件下正逐渐转变为智慧。智慧是生命所具有的基于生理和心理器官的一种高级创造思维能力，包含对自然与人文的感知、记忆、理解、分析、判断、升华等所有能力，是形而上的存在，它与智力不同，是表达智力器官的综合终极功能。在生活中则表现为认识和解决问题的综合能力。现代人不缺知识，但是缺少一种将知识转变的思维方式，缺少生活的智慧，生命的智慧。民间游戏是几千年流传下来的劳动人民智慧的结晶，无论是绕口令、问答歌、七巧板还是捉迷藏等游戏，都体现了人民大众的生存方式，是他们生活中的智慧表达，这些生活智慧不断在行为实践中升华，由此构成了民众生活的基本类型，民间游戏中的一系列惯制逐渐成为文化传统，丰富并影响着民众的生活，儿童们在体验游戏的同时尽情地享受知识、感受生活和游戏背后的故事。如初春时节，人们会在空旷的麦场将五颜六色、形态各异的风筝飞上天空，我们俗称为"放风筝"。由于古时风筝是由纸制作而成，又称为"纸鸢"。据介绍，放风筝不仅是新年期间的游艺活动，体现着喜庆吉祥求福长寿的美好愿望，也是民众观察气象、观测大地是否回暖、预测春耕时日的重要风向标。甚至在古史记载中，风筝曾是战争时通讯和侦探的重要工具，并能带上火药用作战争进攻的武器。《韩非子·外储说左》中记载："墨子为木鸢，三年而成，蜚一日而败。"《鸿书》中记载：鲁班也曾制作过木鸢，曰："公输班制木鸢以窥宋城。"就连"四面楚歌"的历史典故也都是由风筝带来的。

三、民间游戏与儿童体育

蔡丰明先生在其所著《游戏史》一书中，将民间游戏划分为：①角力游戏：角抵、相扑、拔河和斗禽。②竞技游戏：投射、球戏、秋千和毽子。③斗智游戏：围棋、象棋、七巧板和九连环。④猜射游戏：射覆、藏钩、谜语和酒令。⑤博戏游戏：骰子、骨牌和纸牌。由此可见，民间游戏中有一大部分是肢体运动的游戏，可以满足儿童身体各个器官的发展需要，儿童在进行游戏时需要听说看、跑爬跳，无形中增强了自身的生理机能，锻炼了其反应能力和耐受力。如民间游戏《编花篮》：三个以上儿童围成一个圈参与游戏，所有参与成员都将自己的右腿往后抬，搭在后面儿童弯着的腿窝处，等大家右腿都归位后，就开始用左腿沿着圆圈顺时针方向跳，边跳边唱"编，编，编花篮，编个花篮上南山，南山开满红牡丹，朵朵花儿开得艳，二八二五六、二八二五七……"不仅激发了儿童的语言能力，还能使儿童在跑跳中身体的平衡和协调能力得到发展。再如跳绳需要身体的协调，丢沙包需要心理预判与手脚协调能力等。儿童在这种长期反复的跑跳、躲闪中，身体器官得到锻炼外，其反应能力、平衡能力以及灵活性都会有所提高，并使身体变得更强壮。

民间游戏不仅可以健全儿童的体更能增强儿童的魄。2012年伦敦奥组委的一个负责人曾在记者的提问"体育如何激励一代人"中这样回答："体育首先教会孩子们如何在规则的约束下赢，接下来教会孩子们如何体面并且有尊严的输。"输与赢本身就是一个辩证统一的存在关系，但是在当今的社会中，输了似乎就会落入深渊，赢了则会光芒万丈，我们害怕输，以至于畏首畏尾，不敢创新，这是高速发展的社会大环境给人造成的心理压力。民间游戏就像母亲一样给人一种包容，在输与赢的社会里，游戏本身所带来的快乐和放松似乎占据了上风，儿童们在玩游戏的时候对输赢的认识显然超过了成年人，而伟大的创造和创新不就是在这种玩笑和异想天开的游戏中诞生的吗？所以民间游戏的体育价值比我们想象的更加复杂和伟大。它不仅是让孩子们跑个八百米锻炼一下身体、拍个皮球锻炼一下孩子的灵敏度和协调性那么简单，它能增强儿童的体魄，改变一代人的观念，磨炼一个民族的意志，完善人类的基因。白岩松曾在一次演讲中提到：体育的重点不在于体，在于育。我想，民间游戏带给儿童的恰恰就是新时代"体"与"育"的精神组合。

四、民间游戏与儿童美育

"艺术是关乎生命的审美教育，美是有力量的，没有美育的教育也是不完整的教育。"几千年前，孔子就提出"兴于诗，立于礼，成于乐"，强调审美教育对于人格培养的作用。蔡元培先生曾大声疾呼："美育是最重要、最基础的人生观教育。"乔布斯也曾直言，苹果与其他计算机公司最大的区别，在于追求科技的同时，始终保持对艺术和美的追求。在物资供应日益丰沛、精神问题愈显突出的现代社会，审美能力将发挥越来越重要甚至是不可替代的作用。

随着中国国力的增强，国际地位的提升，我们的民族企业和民族品牌逐渐崛起，中国传统艺术、民间艺术正在成为一种时尚和潮流重新回归到大众的视野，被年轻一代人所接受和认可，一股"国潮风"正在悄悄吹进当今社会。民间游戏中包含着广泛的音乐、美术等艺术审美形式，能够提升儿童的审美情趣。艺术类民间游戏主要指借助歌唱、舞蹈、绘画、手工制作等艺术形式引导儿童感受美、表现美和创造美的游戏活动。就拿皮影戏来说，皮影戏又被称为影子戏，是一种以兽皮或纸板做成的人物剪影，在灯光照射下用隔亮布进行表演的民间戏剧，是集音乐、表演、绘画、工艺于一身的古老的民间艺术形式。皮影人物是皮影戏的主体，其造型与戏剧人物一样，生、旦、净、丑角色齐全。雕刻精美绝伦，色彩巧夺天工，制成的皮影高度10~55厘米不等。皮影人的四肢和头部是分别雕成的，用线连缀而成，以便表演时活动自如。一个皮影人，要用五根竹棍操纵，艺人手指灵活，常常玩得观众眼花缭乱。唱腔是皮影戏的精髓，流畅的平调、华丽的花调、凄哀的悲调不一而足。故事情节就如今天的电影动画一样，可讲述神话故事，也可演绎传奇人生，因此深受观众喜爱，尤其是儿童百看不厌。再有福建的提线木偶戏，也是同样神奇的艺术形式，它是从上空提线操纵或借缚在控制器上的细线而操纵的木偶形体。木偶造型别具风格，吟唱故事生动有趣。在日常生活中，儿童可以自制道具，并通过对不同道具操作进行表演，满足游戏所带来的愉悦体验的同时，也感受到了道具的造型美与材质美，戏曲的韵律美和节奏美，潜移默化地受到审美教育的影响。

五、民间游戏与儿童劳动教育

著名心理学家冯特说："游戏是劳动的产儿，没有一种形式的游戏不是以某种严肃的工作为原型的。"可见游戏与劳动之间不可分割的关系，即劳动产生游戏，游戏优化劳动过程。人们为了使枯燥辛苦的劳动不再感到厌烦，便采取了游戏的形式，或歌唱，或舞蹈，或装饰。使劳动变得轻松愉悦。我们可以从民间游戏"拍大麦"中感受到人们劳动时的浓浓欢喜：一箩麦，两箩麦，三箩开始打大麦，噼噼啪，噼噼啪。大麦打得多，送你一大箩。大麦打得响，送你一头羊。儿童在颂唱、互动此类游戏时一方面可以了解到大麦的收割过程，另一方面可以感受劳动所带来的收获与满足。

在科技高速发展的今天，人们的大多数体力劳动将由机器代替，机器要成为真正的机器，人要成为真正的人，这就要求人要从事更伟大的创造性劳动。而民间游戏所包含的创造因子极为丰富，能够激发儿童天赋和释放儿童天性。比如山东民间语言游戏"一园蔬菜成了精"：出了城门往正东，一园青菜绿葱葱。最近几天没人问，他们个个成了精。绿头萝卜称大王，红头萝卜当娘娘。隔壁莲藕急了眼，一封战书打进园。豆芽菜跪倒来报信，胡萝卜挂帅去出征。两边兄弟来叫阵，大呼小叫争输赢。小葱端起银杆枪，一个劲儿向前冲。茄子一挺大肚皮，小葱撞个倒栽葱。韭菜使出两刃锋，呼啦呼啦上了阵。黄瓜甩起扫堂腿，踢得韭菜往回奔。莲藕斗得劲头儿足，胡萝卜急得搬救兵。歪嘴葫芦放大炮，轰隆隆隆三声响。打得大蒜裂了瓣，打得黄瓜上下青。打得辣椒满身红，打得茄子一身紫。打得豆腐尿黄水，打得凉粉战兢兢。藕王一看抵不过，一头钻进烂泥坑。出了城门往正东，一园青菜绿葱葱。儿童在诙谐有趣的民谣中可以产生无穷的想象并感受到劳动的重要性。

民间游戏是广大劳动人民在生产生活中逐渐形成和发展的，对弘扬劳动精神，引导儿童崇尚劳动、尊重劳动，懂得劳动最光荣、劳动最崇高、劳动最伟大、劳动最美丽的道理起着弥足珍贵的作用。

六、结语

民间游戏是人类智慧的结晶，是人们在长期的社会实践中的经验总结，是经过时间大浪冲刷和筛选过的艺术遗产，代表着独特自由生产生活方式的文化符号，是一个民族生命力的彰显。在"鸡娃式"现象加剧的今天，民间游戏无疑成为贯彻"双减"政策的优质资源，既能达到减负的目的，又能完美融合当代教育方针中培养儿童德智体美劳全面发展的社会主义建设者和接班人的要求，使儿童的生活体验焕然一新。民间游戏是儿童快乐的源泉，对儿童的全面发展起着举足轻重的作用，具有重要的当代教育价值。

参考文献

[1] 朱淑君. 民间游戏 [M]. 安阳：海燕出版社，1997.

[2] 欧阳询，巧艺部. 艺文类聚 [M]. 上海：上海古籍出版社，1982.

[3] 冯永刚. 道德启蒙教育：成人你准备好了吗 [J]. 思想理论教育（新德育），2005,11:4-7.

[4] 周玉蘅. 学前教育史 [M]. 上海：复旦大学出版社，2009.

[5] 陶孟和. 社会与教育 [M]. 北京：商务印书馆，1922.

[6] 蔡丰明. 游戏史 [M]. 上海：上海文艺出版社，1997.

[7] 刘娟. 花样民游——幼儿园民间传统游戏的创新与指导 [M]. 北京：北京师范大学出版社，2019.

[8] 周翔. 一园青菜成了精 [M]. 济南：明天出版社出版，2008.

第二篇　学生成长

父母教养方式对青少年成就动机的影响
——生命史策略的中介作用[1]

安龙[2] 丁峻[3] 徐波[4]

一、文献综述

科技竞争说到底是人才竞争，个体在未来的社会竞争中能否取得成功与其成就动机密切相关。生态系统学家 Bronfenbrenner 认为，青少年的发展是家庭和同伴这一生态微系统交互作用的结果，在家庭中父母的教养方式对青少年身心发展的影响是全方位的，这种累计效应会随着时间的累计而慢慢体现出来：温暖和谐的家庭氛围、亲密信任的亲子关系一般都会孕育出充满自信、创造力和竞争力的个体。与此同时，生命史策略理论为研究个体成长和发展提供全新的视角。该理论与依恋理论类似，从资源有限、环境适应的角度出发，认为早期生存条件的优劣程度差异会使个体产生截然不同的内部工作模式，进而影响其今后的生命发展轨迹。因此，从生命史策略这一进化心理学视角来探索父母教养方式与成就动机之间的关系仍具有较强的理论和现实意义。

（一）教养方式与成就动机

教养方式是指父母在家庭中由于自身的性格特征、职业倾向、文化程度、自身修养及传统观念等因素，导致其在教导孩子过程中经常使用的方式与方法。父母在家庭教育中所表现出来的行为倾向、情感态度以及价值观都会对孩子今后的成长产生重要的影响。如果孩子在家里能够感受到父母的关怀与支持，那么他们在学校里也愿意积极进取，用优异的成绩回报父母的恩情；即使孩子在学校受挫，回到家里得到父母的谅解，今后在求学道路上依然能表现出坚忍不拔的毅力和决心。可以推测，家庭教养方式的差异会对青少年的成就动机产生重要的影响。已有的相关国内外研究也支持了这一推测：Diaconu 等人（2016）的研究表明，无论是自主型还是拒斥型教养方式，只要与适当的成就目标取向相联系，均会对孩子学业成就动机产生积极的促进作用。Ginsburg 的研究也有类似发现，父母情感温暖维度与孩子的内在学习动机有明显相关，且这类孩子的情绪调节能力也很高。国内研究方面，李琨煜等人（2012）发现，父母在情感上给予更多的支持，孩子的思维灵活性就会提

---

[1] 基金项目：2019 年度国家社科基金重大项目"审美主客体相互作用的中介范式及心脑机制研究"（19ZDA043），咸阳师范学院 2019 年度专项科研项目"生命史策略视角下教师成长动因研究"（XSYK19006），咸阳师范学院 2016 年度"青年骨干教师"培养计划（XSYGG201619）。
[2] 安龙，1984 年 2 月生，男，汉族，陕西咸阳人，硕士，讲师，研究方向为教育心理、教师教育。
[3] 丁峻，1958 年 1 月生，男，宁夏中宁人，学士，研究员，研究方向为艺术心理学、神经美学。
[4] 徐波，1981 年 12 月生，男，汉族，陕西安康人，硕士，讲师，主要研究方向为教师教育和课程与教学论。

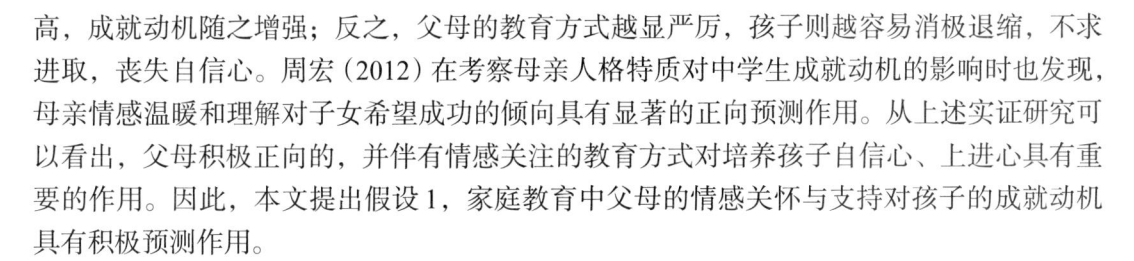

高,成就动机随之增强;反之,父母的教育方式越显严厉,孩子则越容易消极退缩,不求进取,丧失自信心。周宏(2012)在考察母亲人格特质对中学生成就动机的影响时也发现,母亲情感温暖和理解对子女希望成功的倾向具有显著的正向预测作用。从上述实证研究可以看出,父母积极正向的,并伴有情感关注的教育方式对培养孩子自信心、上进心具有重要的作用。因此,本文提出假设1,家庭教育中父母的情感关怀与支持对孩子的成就动机具有积极预测作用。

(二)生命史策略的中介作用

生命史策略理论是Belsky等人自20世纪90年代初提出并逐步完善的最具代表性的进化心理学理论之一。生命史策略是指早期社会生活经验为个体后天成长提供了生存线索,由于资源紧缺以及获取资源能力的有限性,个体为更好地适应环境会形成一套的资源分配发展策略。该理论一经提出就得到学术界高度重视,一方面,学者们对生命史理论的核心概念和体系范畴进行广泛的探讨,如快策略与慢策略、权衡与适应等。研究者们认为,个体在生存和繁殖的权衡中会产生快策略或者慢策略:成长于恶劣环境的个体对未来预期具有不确定性,因此倾向于短期策略,更早地性成熟,拥有更多的子女和较少的亲代投资,称为快策略;慢策略恰恰相反,成长于富裕环境的个体对未来有较好的预期,更加看重生活的质量,因此较晚结婚,注重子女教育。另一方面,学者们也在积极探索生命史策略形成的内在作用机制及影响因素,如动机控制策略、公正信念的影响等。在作用机制研究领域内也不乏大量应用性研究,例如探讨生命史策略与亲社会行为、道德行为、腐败行为等之间的关系。

在诸多应用性研究当中,以成年人为对象、以社会心理为内容的研究居多,而将生命史策略与教育方式相联系,以青少年成长为主题的研究并不多见。当然,国内学者王燕等人(2018)的研究值得关注,他们发现原生家庭中母亲的教育态度对成年女儿的生命史策略类型会产生重要影响。具体而言,民主型的家庭利于产生慢策略;专制性家庭则容易培养快策略。国外研究发现,母亲敏感性和父母权威型教养方式均与慢策略的形成有较高的相关性;其中,母亲敏感性和母亲权威型教养方式能对青少年生命史策略的形成产生独立影响。Heckhausen等人(2010)在其毕生发展理论中强调,控制感是人类的基本需求之一,当个体以未来收益最大化为目标时,就会产生延迟满足倾向,并伴随高水平的成就动机。这一理论设定与生命史策略中的慢策略机制不谋而合,慢策略个体不计较一时的得失,他们对未来充满期望,相信通过自身的努力肯定能取得满意的结果。Haase等人(2012)的研究佐证了这一观点,慢策略与高水平动机存在显著相关,且慢策略对个体的身心健康和生活事件均产生积极影响。从上述分析可知,童年期的生存环境可以对个体的生命史策略形成产生预测作用,而生命史策略又会对个体成就动机产生重要影响,此为本文假设2。

综上所述,本文基于生命史策略的理论框架,以父母教育方式为自变量,以生命史策略为中介变量,以成就动机为因变量,考察生命史策略在父母教育方式和青少年成就动机之间是否存在中介作用,为家庭教育及青少年成长研究增添理论研究素材。

二、研究方法

(一) 被试

在陕西西安、咸阳、渭南以及浙江杭州、宁波和绍兴等地共选取 13 所小学的 2350 名学生进行问卷调查,问卷采取班级整体发放并回收的形式进行。除去填写不认真、信息不完整问卷 69 份,人口学变量缺失问卷 81 份,共获得有效问卷 2200 份,有效回收率为 93.62%。其中男生 1040 人,女生 1160 人,平均年龄(11.5 ± 1.47)岁。

(二) 研究工具

1. 生命史策略量表(Mini-K)

生命史策略采用 Mini-K 量表(Figueredo et al., 2006)。Mini-K 量表包含个人特质、同家人关系、同异性关系、同朋友关系、同亲戚关系、社会活动六个维度,共 20 题。由于本次调查对象为小学生,因而删除了"同家人关系"维度中的一道不合适的题目(我和自己的孩子有着密切温暖的亲子关系)。由于原量表为英文版,为了保证该量表在本次研究中的结构、内容效度以及信度指标,本研究采取如下操作:首先本文第一、第二作者将量表进行了中文翻译,之后邀请某教育部直属师范大学外国语学院教授做了英文回译工作,最后聘请两名心理学教授根据测量目的和内容反复斟酌测试题的内涵及表述形式,从而保证了该量表的内容效度;问卷回收后,采用 AMOS 25.0 对量表进行验证性因素分析,结果发现拟合性良好($\chi^2/df=1.138$, $P<0.05$, $NFI=0.976$, $CFI=0.997$, $RMSEA=0.026$),说明量表具有良好的结构效度。量表总得分越高,表明慢策略趋势越明显,该量表总体 α 系数为 0.891。

2. 简式教养方式问卷 (S-EMBU-C)

父母教养方式采用蒋奖等人(2010)修订的简式教养方式问卷(S-EMBU-C),问卷采用 4 点评分制,1 表示"从不",4 表示"总是",包含拒绝、情感温暖和过度保护三个维度,共 21 题,其中情感温暖属于积极教养方式,拒绝和过度保护属于消极教养方式。该量表总体 α 系数为 0.803。

3. 成就动机量表(AMS)

成就动机量表是 1970 年由挪威 Oslo 大学心理学家 T.Gjesme 和 R.Nygard 编制的,经我国学者叶仁敏等人(1992)译制并修订。该量表分为两个维度:追求成功(Ms)与避免失败(Mf),每个维度 15 道题目,量表共有 30 道题目。量表采用 4 点记分,1 表示"非常不符合",4 表示"非常符合"。成就动机的得分由追求成功得分减去避免失败的得分构成。得分越高,成就动机越强。量表总体 α 系数是 0.812,具有良好的信效度。

三、结果

(一) 共同方法偏差检验

采用 Harman 单因子检验考察共同方法偏差的影响。对所有测验的题目进行探索性因素分析,在未旋转情况下得到特征根大于 1 的因子共有 29 个,其中首因子的解释率为

13.12%，小于 40% 的临界标准，因此本研究不存在共同方法偏差的影响。

（二）描述统计与相关分析

研究发现，生命史策略与成就动机、积极教养方式呈显著正相关，与消极教养方式呈显著负相关；成就动机与积极教养方式有显著正相关，与消极教养方式的相关系数不显著；积极和消极教养方式之间存在显著负相关（表1）。

表 1 各变量间相关关系结果

变量	$M \pm SD$	1	2	3	4
生命史策略	4.55 ± 1014	—	—	—	—
成就动机	0.39 ± 0.76	0.373**	—	—	—
积极教养方式	2.81 ± 0.69	0.569**	0.269**	—	—
消极教养方式	1.86 ± 0.41	−0.173*	−0.07	−0.142*	—

注：* 表示 $p < 0.05$，** 表示 $p < 0.01$。

（三）生命史策略在教养方式和成就动机之间的中介作用

由上述的相关分析可见，消极教养方式与成就动机相关不显著，因此不再考察生命史策略在消极教养方式和成就动机之间的中介作用。

采用 Hayes（2013）开发的 SPSS 宏程序 PROCESS 2.16（model 4）检验生命史策略在积极教养方式和成就动机之间的中介作用。结果如表 2 所示，模型 1 中，在控制性别的情况下积极教养方式对成就动机具有显著的正向预测作用；模型 2 中，积极教养方式对生命史策略亦有显著的正向预测作用；模型 3 中，当积极教养方式和生命史测量同时进入方程后，教养方式对成就动机的预测作用不再显著，而生命史测量的预测作用却十分显著，这说明生命史测量在积极教养方式和成就动机之间起完全中介作用。

表 2 生命史策略在积极教养方式和成就动机之间的中介效应检验

预测变量	模型1(因变量：成就动机) β	t	95%CI	模型2(因变量：生命史) β	t	95%CI	模型3(因变量：成就动机) β	t	95%CI
性别	−0.11	−0.81	[−0.36,0.16]	0.07	0.61	[−0.16,0.29]	−0.13	−1.02	[−0.38,0.12]
教养方式（积极）	0.27	3.99***	[0.14,0.41]	0.57	9.87***	[0.46,0.68]	0.08	1.04	[−0.07,1.24]
生命史	—	—	—				0.33	4.17***	[0.17,0.49]
R^2	0.08			0.33			0.15		
F	8.29**			48.9***			11.75***		

注：95% 置信区间源于 5000 个 Bootstrap 样本；* 表示 $p < 0.05$，** 表示 $p < 0.01$，*** 表示 $p < 0.001$。

四、分析讨论

(一) 父母教养方式与青少年成就动机

本研究发现,青少年成就动机与积极的教养方式存在显著正相关,与消极教养方式有显著负相关。这一结果与李琨煜(2012)和周宏(2012)的研究结果一致,即父母情感温暖与孩子高成就动机密切相关。张德等人(2001)在探讨成就动机的培养问题时谈到,高成就动机男孩的母亲普遍具有两个特点,一是从小就注重对孩子独立性的培养;二是对孩子在学习和生活上取得的点滴进步都予以情感上奖励。尤其是独立性的培养,主要取决于家长对孩子的情感支持,父母的理解、关心和温暖会使孩子情绪振奋,这种愉悦的心境不仅能够促进学习活动,更能提高学习动机。相反,如果一个孩子生活在"爹不亲、娘不爱"的环境中,有苦说不出,就会产生抑郁苦闷的情绪状态,这种状态不仅能降低孩子的思维能力,也能消磨心智,降低成就动机。

(二) 父母教养方式与生命史策略

本研究相关分析结果表明,生命史策略与积极教养方式有显著正相关,与消极教养方式则存在显著负相关;中介效应的模型2中,积极教养方式对生命史策略具有正向预测作用。换言之,父母积极教养方式对个体慢策略的形成有重要影响。

关于生命史策略的形成机制,历来是研究者们所钟爱的话题。国内外学者在讨论策略形成的影响因素均聚焦到"恶劣性(harshness)"和"不可预知性(unpredictability)"这两个词上。恶劣的、不可预知的环境会使个体注重当下需求的满足(快策略),这是个体适应环境的表现。然而,当人们都在关注物质资料对生命史策略形成的影响时,往往却忽视了精神层面的需求。有时候精神上的贫瘠,才是导致各种心理疾病和行为偏差的根源。孙时进(2014)在讨论金钱和物欲的关系时曾指出,改革开放解决了广大人民的温饱问题,但心理上的贫穷和不安全感并未消失,这种心理创伤才使得有些人在金钱面前迈不开步子,最终掉进贪污腐败的深渊。由此可见,在物质生活水平大幅提高的今天,为了使孩子形成积极向上、具有竞争力的个性品质,还要多给予情感方面的关心与爱护,使孩子敢于创新,勇于担当,不要为一朝一夕的成败所困扰,要有所为有所不为,确立远大的目标并乐于为之奋斗。

(三) 生命史策略在父母教养方式与成就动机之间的中介作用

本研究的中介效应结果表明,积极的父母教养方式可以显著地预测青少年的成就动机,并且生命史策略在上述关系中起完全中介作用。这一结果既验证了假设1和假设2,也与社会人格领域的研究具有惊人相似性:复旦大学陈斌斌的系列研究表明,慢生命史策略在童年期环境不确定性和成年大五人格之间起中介作用,在环境不确定性与拖延症之间也存在中介效应。可见,无论是内在人格特质还是外化行为表现,环境的塑造作用均受到生命史策略的影响。成就动机作为青少年成长发展的重要因素之一,它既是人格结构的重要组成成分,也是外在行为表现的稳定的内在驱动力。父母的积极教养方式,给予孩子更多的情感关怀、理解与帮助,会使孩子形成积极的内在工作模式,他们对未来充满自信和期望,愿意舍弃暂时的利益,并相信通过自己的努力可以收获更大的回报。社会经济地位、居住条件等客观条件可能是无法改变的既成事实,但这并不能成为无法培养具有上进心、创造力和求知欲的有为青年的借口。寒门之所以能出才子，除了与寒门子弟自身的努力和与命运作斗争的品质分不开之外，还得益于父母身体力行的谆谆教诲，父母的言行、品德和信念在寒门子弟与命运抗争的路上起到了不可估量的作用。

五、结语

生命史策略与积极教养方式和成就动机有显著正相关，与消极教养方式存在显著负相关；成就动机与积极教养方式有显著正相关，与消极教养方式相关不显著。

积极教养方式不仅能够对成就动机产生直接作用，还能通过生命史策略产生间接影响。具体而言，高情感关怀的教养方式可以培养出慢生命史策略倾向的个体，这类个体的成就动机水平也较高。

参考文献

[1] Bronfenbrenner, U. Ecology of the family as a context for human development: Research perspectives[J]. Developmental Psychology, 1986, 22(6):723-742.

[2] Diaconu-Gherasim L R , Măirean C. Perception of parenting styles and academic achievement: The mediating role of goal orientations[J]. Learning and Individual Differences, 2016:S1041608016300954.

[3] Ginsburg G S, Bronstein P. Family factors related to children's intrinsic/extrinsic motivational orientation and academic performance[J]. Child development, 1993, 64(5): 1461-1474.

[4] 李琨煜，张瑾，朱金富. 高中生父母教养方式及其对成就动机的影响 [J]. 新乡医学院学报，2012,29(11):843-844,847.

[5] 周宏. 母亲人格特征及教养方式对中学生成就动机的影响 [J]. 中国健康心理学杂志，2012,20(9):1384-1386.

[6] Belsky J, Steinberg L, Draper P. Childhood experience, interpersonal development, and reproductive strategy: An evolutionary theory of socialization[J]. Child development, 1991, 62(4): 647-670.

[7] Belsky J. Childhood experiences and reproductive strategies[J]. Oxford handbook of evolutionary psychology, 2007: 237-254.

[8] 管健，周一骑. 生命史的快策略与慢策略：理解心理与行为差异的新路径 [J]. 西北师大学报（社会科学版），2016,53(6):115-121.

[9] 王燕，林镇超，侯博文，等. 生命史权衡的内在机制：动机控制策略的中介作用 [J]. 心理学报，2017,49(6):783-793.

[10] 孟素卿，王冬晓，白宝玉，等. 公正世界信念对生命史策略的影响：有调节的中介模型 [J]. 中国临床心理学杂志，2019,27(3):566-570.

[11] 王燕，陈斌斌，李维亚，等. 进化心理学视角下母亲教养行为的代际传承性研究 [J]. 心理科学，2018,41(3):608-614.

[12] Dunkel C S, Mathes E W, Kesselring S N, Decker M L, Kelts D J. Parenting influence on the development of life history strategy[J]. Evolution and Human Behavior, 2015, 36(5):374-

378.

[13] Heckhausen J, Wrosch C, Schulz R. A motivational theory of life-span development[J]. Psychological Review, 2010, 117(1):32-60.

[14] Haase C M, Poulin M J, Heckhausen J. Happiness as a Motivator: Positive Affect Predicts Primary Control Striving for Career and Educational Goals[J]. Personality and Social Psychology Bulletin, 2012, 38(8):1093-1104.

[15] Figueredo A J, Vásquez G, Brumbach B H, Schneider S M R, Sefcek J A, Tal I R, Hill D, Wenner C J, Jacobs W J. Consilience and life history theory: from genes to brain to reproductive strategy[J]. Developmental Review, 2006, 26(2): 243-275.

[16] 蒋奖, 鲁峥嵘, 蒋苾菁, 等. 简式父母教养方式问卷中文版的初步修订[J]. 心理发展与教育, 2010,26(1):94-99.

[17] 叶仁敏, KuntA.Hagtvet. 成就动机的测量与分析[J]. 心理发展与教育, 1992(2):14-16.

[18] Hayes AF. Introduction to mediation, moderation, and conditional process analysis: A regression-based approach[M]. New York: Guilford Press, 2013.

[19] 张德, 赫文彦. 关于成就动机的几个问题[J]. 心理科学, 2001(1):94-95.

[20] 孙时进. 物欲或拜金：心理学视角的解读[J]. 江苏行政学院学报, 2014(6):57-60.

[21] Chen B B, Shi Z, Sun S. Life history strategy as a mediator between childhood environmental unpredictability and adulthood personality[J]. Personality and Individual Differences, 2017, 111:215-219.

[22] Chen B B, Qu W X. Life history strategies and procrastination: The role of environmental unpredictability[J]. Personality and Individual Differences, 2017,117:23-29.

儿童语素意识的发展特点研究

李玲（心理系）

语言是人类思维的载体，语言学习是个体发展的重要任务，其中读写能力的获得是个体发展的必备条件。越来越多的研究发现语素意识对汉语儿童的阅读有重要作用。同时，对汉语阅读障碍儿童的研究也证实了语素意识在阅读中的重要作用，认为语素缺陷有可能是造成阅读困难的主要原因。

目前学术界对语素意识进行测量的方法和标准并不统一，这与研究者对语素意识的理解和研究的对象不同有关。Wang（2006）在以往研究的基础上提出，将语素意识的测量方法分为"识别""区分""解释"和"操作"四种主要形式。"识别"是指考察儿童能否指出合成词中的构成语素；"区分"是指考查儿童能否从语音或语义相近的词汇中区分出不同的语素；"解释"通常用来考查儿童能否运用复合或派生等构词规则对合成词进行正确分析；"操作"主要用于考察儿童能否根据特定的语境线索并借助自己已有的构词规则产生正确的词汇形式。YU-MIN KU RICHARD 和 C.ANDERSON 认为语素意识测验分为"辨别""区分"和"选择解释"三种主要形式，"辨别"用来测验儿童对于成对词语间语素关系的认识；"区分"用来考查儿童对一个词汇的部分在不同复杂词语中不同含义的理解；"选择解释"考查儿童对复合和派生语素知识的应用。

本研究结合前人的研究，将语素意识测验分为四个测验：识别语素测验、辨别语素测验、区分语素测验和选择解释测验。识别语素测验要求被试判断由不同语素构成的一组合成词的形式是否正确，如"马"和"狗"组成的"马狗"。辨别语素测验要求被试判断在两组含有相同语素的词语中，相同部分的意义是否相同，如"信封"和"信任"。在区分语素测验中，给被试呈现三个词语，词语中含有一个同形语素，但其中一个和另外两个意思不同，是不同的语素，要求被试找出这个不同的语素，如"亲切""亲近"和"亲自"。在选择解释测验中，被试会看到一些目标词，要求被试用复合和派生语素知识对这些目标词的意思选择一个合适的解释，如"射手"，被试为了选择合适的解释，必须知道"手"是一个词缀格式，表示有某种技能或能力的人。

一、实验目的

主要探讨学前儿童和小学儿童语素意识的发展特点，为儿童早期语言学习和教育提供有用的价值。

（一）被试选择

随机选取某幼儿园中班和大班各四个班的幼儿，某小学一、二、三年级各一个班的学生。其中幼儿园中班118人，平均年龄为55.8个月（$SD=4.52$）；幼儿园大班116人，平均年龄为66.9个月（SD=3.84）。其中小学一年级50人，平均年龄为80.6个月（SD=4.90）；二年级48人，平均年龄为93.4个月（SD=6.25）；三年级50人，平均年龄为104.9个月（SD=4.54）。具体情况见表1。

表1 研究对象一般资料统计结果

班级	被试性别 男（人）	被试性别 女（人）	合计（人）	平均年龄（月）（SD）
幼儿园中班	73	45	118	55.8(4.52)
幼儿园大班	66	50	116	66.9(3.84)
小学一年级	25	25	50	80.6(4.90)
小学二年级	26	22	48	93.4(6.25)
小学三年级	27	23	50	104.9(4.54)

（二）实验材料和实验程序

1. 识别语素测验

材料为40个汉字，所选汉字均为生活中常见的，两个汉字为一组，共20个项目，总分20分。要求儿童判断一组的两个字是否能组成一对有意义的词语，如"马"和"狗"，"跳"和"水"。主试要记录被试的反应，包括对、错反应及不反应的情况。由于幼儿园儿童的识字量有限，所以由主试读给被试听，被试进行反应，但主试不做过多的解释。

2. 辨别语素测验

采用同音语素分辨来考察儿童的语素辨别意识，要求儿童判断一组的两个词语中相同音节的意思是否相同，如"信封"和"信任"，共20个项目，总分20分。这个测验对幼儿园儿童来说难度太大，所以要求幼儿园的被试尽量完成。

3. 区分语素测验

为了考察儿童是否理解一个相同的字在不同的复杂词语中有不同的含义。测验包括20个项目，总分20分。每组包含三个词语，这三个词语都包含一个相同的字，其中有两个词语的相同部分有相同的含义，要求被试判断出相同部分有不同含义的那个词语。如"亲切""亲近"和"亲自"，这三个词语中都包括"亲"字，但是"亲切"和"亲近"的"亲"字的含义相同，而"亲自"的"亲"字与它们的含义不同，被试就要指出来。

4. 选择解释测验

为了考察儿童是否将他们对复合和派生语素的知识应用到去选择对派生和复合词语的解释。测验包括10个项目，总分10分。每个项目有一个词语，在词语后面有四个解释，被试的任务是在四个选项中对每一个词语选择一个合适的解释。如射手：A举起手把箭射出去，B一个很会射箭的人，C射到很远的地方，D手被箭射伤了。为了选择对射手的合适的解释，儿童必须知道手是一个词缀，表示有某种技能或能力的人。

5. 实验程序

在测验之前统一对所有主试进行培训，两个主试一组互相练习，直到每个主试完全掌握施测方法为止。对幼儿园年级的被试施行个别施测，由主试读给被试听，被试做出反应，主试记录下被试的反应，包括对、错反应和不反应的情况；对小学年级的被试以班级为团体进行施测，主试将各个测验的指导语和词汇大声朗读出来给被试听，但不做过多的解释，被试直接在测验材料上进行反应。

二、结果与分析

（一）各年级儿童语素发展的特点

为了探讨各年级儿童在语素意识上的发展特点，采用 spss 软件对各年级儿童各个语素意识的相关测验成绩进行方差分析，各年级儿童在四项语素测验上得分的平均数（正确率）和标准差见表2。

表2 各年级四项测验得分的平均数（正确率）和标准差

测验	年级				
	幼儿中班	幼儿大班	一年级	二年级	三年级
识别语素	0.75(0.15) n=118	0.77(0.12) n=116	0.84(0.08) n=50	0.86(0.08) n=48	0.96(0.06) n=50
辨别语素	0.19(0.27) n=70	0.48(0.18) n=93	0.56(0.12) n=50	0.57(0.09) n=48	0.72(0.09) n=50
区分语素	—	—	0.60(0.12) n=50	0.68(0.20) n=48	0.85(0.08) n=50
选择解释	—	—	0.37(0.17) n=50	0.26(0.16) n=48	0.60(0.20) n=50

通过对表2各年级儿童在各个语素测验中进行的正确率的分析发现，除了选择解释测验中，一年级的成绩比二年级的成绩高之外，其他三个测验的成绩均是随着年级的增长而增高。对幼儿园的被试来说，识别语素测验的得分比辨别语素测验的得分高。对于小学儿童来说，识别语素测验的得分最高，区分语素测验得分次之，辨别语素测验得分稍次，选择解释测验得分最低。

以年级为自变量，各个语素测验的得分为因变量，经单因素方差分析发现，各项测验的年级主效应均显著，结果见表3，从表中可以发现，所有的 F 值均大于35，所有的 p 值均小于0.001。这说明总体上语素意识的发展随着年级的增长而增高。

表3 各年级四项测验得分的单因素方差分析

测验	平方和	自由度	均方	F值
识别语素	1.90	4	0.48	35.15**
辨别语素	9.47	4	2.37	78.29**
区分语素	1.64	2	0.82	41.94**
选择解释	2.98	2	1.49	48.95**

注：* 表示 $p < 0.001$。

（二）各年级儿童语素发展的比较研究

为了对各年级儿童语素意识的发展特点进行更进一步的比较，分别对识别语素测验、辨别语素测验、区分语素测验、选择解释测验在年级自变量上进行事后多重比较，所得具体结果可以发现。

从总体趋势上看，儿童在识别语素测验上的正确率不断提高，也就是说，儿童识别语素的数量在不断增加，儿童的识别语素能力在不断提高。从年级水平上看，识别语素正确率随年级的增长有不断增高的趋势。除幼儿园中班与大班之间、小学一年级与二年级之间的差异不显著外，其他各年级之间的差异均达到显著性水平（$p < 0.001$）。这说明对于幼儿园的儿童来说，识别语素方面的差异不明显，对于小学一二年级的儿童来说，识别语素方面的差异不明显。

从总体趋势上看，儿童辨别语素能力与识别语素能力表现出同样的趋势，正确率在不断增加，辨别语素能力在不断提高。从年级水平上看，辨别语素正确率随年级的增长有不断增高的趋势。除小学一年级与二年级之间的差异不显著外，其他各年级之间的差异均达到显著性水平（$p < 0.05$）。这说明对于小学一二年级的儿童来说，辨别语素方面的差异不明显。

从总体趋势上看，儿童区分语素的正确率也在增加，区分语素能力在不断提高。从年级水平上看，儿童区分语素正确率随年级的增长有不断增高的趋势。除小学一年级与二年级之间的差异边缘显著（$p = 0.053$）外，其他各年级之间的差异均达到显著性水平（$p < 0.001$）。

小学二年级在选择解释测验中得分的正确率最低，显著低于小学一年级和三年级的水平（$p < 0.01$）；小学三年级在选择正确率上得分最高，显著高于小学一年级和二年级的水平（$p < 0.001$）。这说明三年级儿童的选择解释能力最高，对复合和派生语素的应用水平最高。一年级儿童比二年级儿童的选择解释能力高，是因为一年级儿童在选择解释过程中存在猜测，而二年级儿童还没有完全掌握复合和派生语素，语素的选择解释能力还没有完全获得，对语素的选择解释能力比一年级和三年级儿童差。

（三）各年级儿童语素意识的发展趋势研究

对四个语素测验进行主成分分析，然后计算出第一个主成分分数作为学生语素意识的一个总体指标。第一个主成分是四个不同测验的最佳线性组合，能够在最大程度上解释测验之间的最大变异。应用主成分分数作为语素意识的总体指标能够最小化个体测验的额外因素的影响，例如特殊的任务要求，特别项目的异质性以及成绩地板或天花板效应。因此，第一个主成分分数作为由数据所提供的语素意识的纯指标。

由第一主成分解释的总体变异占55.5%。识别语素测验、辨别语素测验、区分语素测验和选择解释测验在第一主成分上的负荷量分别为0.711、0.782、0.765和0.719。说明第一主成分大约反映了各个测验的平均水平信息，能较好地在总体上代表各个测验，意义比较明朗。

对第一主成分的分数进行方差分析发现了显著的年级效应（$F = 111.11$，$p < 0.001$），儿童语素意识的得分随年级的增长有不断增高的趋势。事后多重比较发现，除一、二年级之间的差异不显著外，其他各个年级之间的差异均达到显著性水平（$p < 0.001$），这表明年

龄稍大的儿童更能意识到支配语素复杂词汇构成的基本原则。

三、讨论与结论

由方差分析的结果可以看出，总体上，儿童的语素意识随着年级的增长而提高，这与 Carlisle、Wang、郝美玲的研究结果相一致。Carlisle 和 Wang 研究的是儿童英语语素意识的发展，郝美玲研究的是上学后儿童的同音语素意识的发展，都显示了同样的结果。Ku 和 Anderson 以二、四、六年级的我国和美国的儿童为被试，通过语素意识、词汇量和阅读理解测验来研究儿童的词结构。其中，语素判断的任务是需要儿童判断两个词语中，第二个词是否由第一个词演变而来，结果表明，不管是英语儿童还是汉语儿童，儿童的语素意识都随年龄的增长而提高。这是因为英语和汉语虽然属于不同的文字系统，在语言和书写系统中有很大的差异，但是它们都是组合结构，在字形和语义上的对应规则有着相似性，这两种语言文字都具有共同的语素结构，所以对两种语言儿童的研究有着较一致的结果。这也说明本研究支持了普遍的结论。

为了探讨儿童在语素意识各方面的发展，本研究对四个语素的得分进行了方差分析和事后多重比较研究，从结果中可以发现，对于所有的儿童来说，都是识别语素测验的得分最高，测验材料中所选的词语都是高频词，从这些词中分解出来的语素，都是儿童在日常的生活学习中可以通过听觉或视觉形式接触到的，且8岁以前的儿童已经开始认识符号、声音、意义的关联性。所以当需要儿童判断时，加工过程通达心理词典的速度就很快，需要的时间就短，而且正确率高。从方差分析的结果中可以发现，幼儿园中班的儿童在识别语素测验中的正确率已经达到了75%，说明儿童在学前时期语素意识已经萌芽，且语素意识在幼儿园中班之前即幼儿园小班时已经开始发展，学前儿童已经具备基本的语素意识，这与 Berko 经典的"wug"实验结果相一致。Berko 的研究结果发现，学前儿童已经具有基本的曲折语素意识，而且儿童能够将曲折变化规则运用在某些新词上，还发现儿童曲折语素意识随年龄的增长而提高，表现出显著的年龄差异。许多研究也得出了类似的结论。

辨别语素测验的得分比识别语素测验的得分低，因为在辨别语素测验中，采用同音语素分辨任务，儿童要完成该任务，需要进行一系列的复杂的加工过程。如遇到一对词语"信封"和"信任"时，儿童首先要对语素进行分解，从心理词典中提取"信封"的"信"的语素意义，然后提取"信任"的"信"的语素意义，然后将心理词典中这两个"信"的意义进行比较，最后做出判断，这个认知过程需要的时间长，而且儿童心理词典中对于材料中词语的解释也不一定正确，对于语素意义的判断的正确率就会受到影响，成绩就会较差。小学一二年级儿童的得分差异不大，二三年级儿童的得分差异显著，说明这个时期儿童的进步比较大，二到三年级这一段时间是儿童辨别语素能力发展的重要时期。

区分语素测验的得分比辨别语素测验的得分高，在区分语素测验中，每个项目所给的词语是三个，儿童在对词语进行分解提取语素意义时，有两个语素的意义是一样的，这两个意义就能够互相得到加强，而意义不同的那一次语素就会显现出来，所以正确率就会高。小学一年级儿童的正确率已经达到了60%，说明儿童在小学一年级时已经具备了对复合词中的语素进行分解的能力，心理词典中的表征的语素已经达到了一定的水平。三个年级儿童的区分语素能力存在差异性，说明区分语素能力表现出年级差异，小学阶段是儿童区分语素能力发展的重要时期。

选择解释测验的得分最低,在材料中有一些派生词汇和复合词汇,需要儿童运用对语素的派生和复合规则的理解和使用,儿童的派生和复合语素意识较少,这个任务的完成需要儿童更复杂的认知加工过程,除了对语素意义的提取,还需要对词根和词缀的分析,最后达到对词语意义的理解,然后与题目中所给的四个选项进行对比,最后选择相匹配的意义,所以测验得分的正确率最低。小学三年级儿童测验得分显著高于一二年级,说明三年级是儿童选择解释语素能力发展的重要时期。而二年级儿童的得分比一年级儿童的得分低的原因,一个可能的解释是一年级儿童在选择解释过程中存在猜测,他们还没有掌握复合和派生语素,但是在测验过程中只是凭自己的猜测能力,而二年级儿童已经掌握了一部分复合和派生语素,但还没有完全掌握,在测验中语素的选择解释能力比一年级和三年级儿童表现得要差。对母语为英语的儿童的研究结果表明,学前时期的儿童尚未发展派生语素意义,小学四五年级才是儿童派生语素意识发展的关键时期,一直到高中阶段,他们的派生语素意识仍然得到不断丰富和发展。一些对母语为英语的儿童的研究结果表明,学前儿童基本不具备复合语素意识,Ku 和 Anderson 的研究表明,小学二至六年级儿童的复合语素意识随年龄增长而增长,表现出显著的年龄差异。

在了解了儿童在四个测验各自的发展特点之后,为了进一步对四个语素测验进行更有效的分析,则进一步进行了主成分分析。结果表明,语素意识作为第一个主成分,大致反映了各个测验的平均水平,可以在总体上较好地代表各个测验,且意义比较明确。对语素意识进行的方差分析,显示了显著的年级效应,说明语素意识随着年级的增长而不断提高,年龄较大的儿童对于语素复杂的词汇的构成原则也有了更好的意识和支配。进一步的事后多重比较发现,二三年级之间的差异非常显著,说明小学阶段是儿童语素意识发展的重要时期,这与隋雪、马立波等人的研究结果相一致,他们认为小学阶段儿童的心理发展方向产生了变化,由学前期的不分化到逐渐分化,在学前时期刚开始学习语文时,儿童只记住了单个的字或词,其对于语素的表征是不分化的;随着小学时期阅读和学习的逐渐深入,有关字或词的各种意义逐渐分化,并且在儿童的心理词典中也形成了比较清晰的表征,相关的字、词之间也形成了丰富的网络连接,字的音形义之间的激活逐渐可以达到自动化,因此在对语素的认知加工上的质量就有了显著的提高。

综上所述,本研究结果显示,儿童在学前时期已经开始发展语素意识;儿童在识别语素测验中得分最高,识别语素意识发展得最早,在幼儿园小班时已经可以识别语素;辨别语素能力比识别语素能力发展得晚,且小学二三年级是辨别语素能力发展的关键时期;三个年级的区分语素能力存在差异性,区分语素能力随年级的增长而提高,小学阶段是儿童区分能力发展的关键时期;三年级儿童选择解释语素能力显著高于一二年级,三年级是儿童选择解释能力发展的关键时期,小学一、二、三年级儿童的派生语素意识和复合语素意识发展尚不完善,高年级儿童比低年级儿童能更好地掌握派生词语和复合词语的语素构成规则。语素意识随年级的增长而不断提高,学前儿童已经具备了基本的语素意识,小学阶段是儿童语素意识发展的重要时期,应该从学前时期就加强对儿童语素意识的培养和训练。

参考文献

[1] 常云. 语素意识在不同语言系统间的作用研究 [J]. 内蒙古社会科学(汉语版), 2008, 29,

6:158-160.

[2] 吴思娜. 语素意识在儿童阅读中的作用 [J]. 心理与行为研究, 2005, 1:35-38.

[3] 张磊. 儿童早期语素意识的发展及其对阅读能力的影响 [J]. 幼儿教育 (教育科学), 2009, 3:42-47.

[4] Yu-Min Ku, Richard C. Anderson. Development of morphological awareness in Chinese and English[J]. Reading and Writing: An Interdisciplinary, 2003, 16:399-422.

[5] 郝美玲, 张伟. 语素意识在留学生汉字学习中的作用 [J]. 汉语学习, 2006,2(1):60-65.

[6] 隋雪, 马立波, 王彦. 汉语发展性阅读障碍儿童语素理解研究 [J]. 中国特殊教育, 2009, 5:93-95.

中小学研学旅行学习方式探析[1]

周田鑫[2]

2016年11月,教育部发布《教育部等11部门关于推进中小学生研学旅行的意见》(以下简称《意见》)中指出"中小学生研学旅行是由教育部门和学校有计划地组织安排,通过集体旅行、集中食宿方式开展的研究性学习和旅行体验相结合的校外教育活动,是学校教育和校外教育衔接的创新形式,是教育教学的重要内容,是综合育人的有效途径"。并进一步提出,当前我国已进入全面建成小康社会的决胜阶段,研学旅行正处在大有可为的发展机遇期,各地要把研学旅行摆在更加重要的位置,推动研学旅行健康快速发展。《意见》一经提出各地均积极探索开展研学旅行,学生们走出校园、走到更为广阔的天地。然而,研学旅行教育效果却有失偏颇,部分学者指出研学旅行变成研学旅游,出现了只"游"不"学"现象。在笔者的实地考察中也发现了研学旅行教育质量不高的问题。因此,有必要对研学旅行中现行的学习方式进行考察、分析,以修正或提出更为适宜的研学旅行学习方式,从而提高研学旅行质量。

一、研学旅行中现行的学习方式

2018年10月至2019年6月,笔者以研学辅导员身份先后参加了10余次中小学研学旅行活动。在参与的研学旅行活动中,因研学旅行主题、目的地、承办组织等不同,研学旅行的学习方式也不尽相同,但大致可归纳为"旅游观光式""学科教学式""主题活动式"三种。其中以"旅游观光式"为主要形式。

(一)"旅游观光式"学习

"旅游观光式"学习,是指在研学旅行中,主要通过学生对景点的观光游览来获取知识的一种学习方式。其学习的主要负责方为旅行社;教师为导游(也称为研学辅导员,主要由旅行社专兼职导游及旅游专业、教育专业、体育或其他专业的本、专科大学生组成);学习内容为行程所含景点,以历史文化主题(如陕西历史博物馆、碑林、兵马俑、楼观台)、红色文化主题(如延安革命纪念馆、宝塔山、南泥湾、杨家岭、枣园、习仲勋纪念馆、习仲勋陵园)、工业科技主题(陕西自然博物馆、阎良飞机研发基地)等居多;学习方式为观光游览,听导游、讲解员讲,自己观看;学习成果为感想、游记或研学手册的完善,学习反思与评价为简单打分。

---

[1] 基金项目:咸阳师范学院2021年度专项科研项目"咸阳市义务教育阶段研学旅行实施研究"(XSYK21014)。
[2] 周田鑫,1996年2月生,女,汉族,陕西西安人,硕士,助教,研究方向为课程与教学论。

(二)"学科教学式"学习

"学科教学式"学习,是指在研学旅行中,主要通过教师对学科知识的讲授来获取知识的一种学习方式。其学习的主要负责方为学校;教师为学校教师(多为语文、地理、历史或职业教育专业等任课教师);学习的内容为课本相关知识;学习的方式为教师按原先设计好的教学流程带领学生参观、实地讲解;学习的成果为对知识的理解与巩固;学习的反思与评价在教师的带领或评价下进行。

(三)"主题活动式"学习

"主题活动式"学习,是指在研学旅行中,主要通过学生对各种活动的完成来获取知识的一种学习方式。其学习的主要负责方为研学基地(营地、观光园),因为只有营地和观光园有充足的场地和人员供集体活动的开展。教师为基地工作人员(专门的研学辅导员、营地或观光园工作人员);学习内容为基地工作人员的讲解和各种活动;学习方式为活动的参与完成;学习的成果为学会技能或制作的作品;学习反思与评价为学生、同伴或同行老师对学生作品的评论。

二、研学旅行现行学习方式评析

研学旅行是研究性学习和旅行体验相结合的一种校外教育活动,倡导学生在旅行所及的真实环境、真实生活中主动探索、自主发现、自我建构,是一种建构主义学习理论视角下的新型学习形式。因此,选用建构主义学习理论强调的"一个中心"和"四个要素"进行评述。

(一)从"一个中心"评析

"一个中心"即建构主义学习理论强调以学生为中心。建构主义知识观认为,知识不是一种外在于人身体的客观存在物,可以从一个人直接传递给另一个人,它是因人而异的,是靠人主动去吸收的,学习者自身不启动学习力量,知识是无法传递的,要以学习者为主体。"学科教学式"的学习方式很显然是没有以学生为中心的,学生去研学旅行只不过是换了一个更大或者真实情景的场域中学习,是课堂教学的移位,教师还是学习的主体,学生是学习的客体,教师主导学习的内容、学习的环节、学习的结果,学生还是被动地接受,不过会比图片和文字的学习多了真实场景的感知,更能加深印象;"旅游观光式"和"主题活动式"看似学生是主动的,可以自由地参观、自主地活动,但是他们参观和活动的东西是被计划好的,是流水线的,如"旅游观光式"的研学旅行,学生行程已被安排得很满,学生去哪儿、待多久、听什么讲解都是被计划好的,没有自己自由的探索时间;"主题活动式"看似比前两者都要好,学生自主地体验、亲自动手、亲身实践,更加靠近建构主义学习理论所支持的学习,但本质是一样的,学生并没有自由自主,学生要做的花馍样式已经被固定好,学生要做的扎染步骤已经被设计好,学生要磨的豆子和水的比例已经被告知,学生只是到不同的活动场所中走过场。三种学习方式都只是扩大了学生的学习空间,解放学生的手脚,但并没有解放学生的大脑,不同程度上限制了学生的心智自由发挥,没有做到真正地以学生为中心。

(二)从"情境要素"评析

基于建构主义的学习理论强调教师要积极为学生提供一个探究和发现问题的真实情境。

引导学生提出问题或自己创设驱动型的问题,这些问题就像抛锚原理的一个个锚带领着学生去探索去研究,去收集资料、去分析资料、去解决问题。建构主义研究者认为如果没有情境,思维便是不会发生的。反观"旅游观光式""学科教学式""主题活动式"三个学习方式及其示例,我们会发现"旅游观光式"的学习方式之所以变成了旅游或者受访教师口中所谓的散心均是因为在整个行程中学生没有带着目的、带着研究问题去旅行,而是简单地走走停停,听听看看,没有问题的驱动,只游不学;"学科教学式"学习倒没有导致只游不学,有一定的学习目的、学习任务,但会走向另一个极端,那便是只学不游,虽有问题,但不一定全是学生自己提出的问题、学生感兴趣的问题,也是没有完全驱动孩子的探索兴趣;"主题观光式"学习看似好像具有驱动性,有不同的活动,但是同样这些活动是被设计的、有限制的,不是学生自主自发展开的、内驱的。因此,现行的三种学习方式在学习的源头都没有提供一个供学生探究、学生感兴趣的问题,都没有做到建构主义学习理论所强调的情境和问题创设。

(三)从"协作会话"评析

基于建构主义的学习理论认为协作和交流是非常必要的。皮亚杰的三山实验告诉我们每个人只能看到自己视角的那一面,而在与他人的协作和交流过程中,集思广益,从多个经验与视角去分析、看待、解决问题,我们往往会产生更为全面的认知和更好地解决问题的答案。"旅游观光式"的学习,学习形式大多是研学辅导员或者导游讲、学生集体听,学生与学生间的交流和协作环节是比较少的,或者说正式的学习交流或者问题探究是比较少的;"学科教学式"的学习同样,多为教师一个主体对学生多个客体的一对多学习方式,缺少学生与学生小组间的交流与讨论;"主题活动式"较前两者好,主题式活动,因活动的需求将学生组建或学生自行组建成小组,多了学生交流与协作的机会,但这种组建形式多为形式上的耦合并非意义上的联结,学生多因为人数、方便批量操作进行活动的完成而组建,并非因为共同的探究兴趣和各自不同的才能而聚合在一起。因此,现行的三种学习方式均缺少形式上学生的合作与交流,更缺乏意义上学生真正的合作与探究。

(四)从"意义建构"评析

基于建构主义的学习理论最核心的部分为知识的再建构,知识的再建构不是知识的输入而是知识的解构与重构的意义建构,意义建构不是简单的知识学习,是事物的性质、规律以及事物之间内在联系的建构。也就是说学习不仅是学习知识、技术,更重要的是学习知识、技术背后的思维,且这种思维不是学生对教育者思维的再现,而是自己思维的形成。"旅游观光式"的学习停留在知识的记忆、感知而没有进行更深一步的研究、探讨,学生的学习停留在讲解词和一些封闭问题的问答上,如宝塔山又名什么,枣园曾住过哪五位领袖,延安革命时期大致分为哪三段,是较为肤浅的学习,学习内容较表面、学习形式较随意,不能形成思维的认知;"学科教学式"学习,教师对学习进行了一定的组织,学习知识较为深刻、学习组织较为结构化,但缺乏学生自己的探究,学生的学习结果是教师思维的再现,而缺少学生思维的建构;"主题活动式"学习,主题活动式看似有活动的设计、学生自己动手的探究,但是各种活动也被程序化设计,很少有学生的自主自发行为,活动虽然丰富但十分肤浅,学生照着做的概率多,自己想象创造的时间少,且因为活动安排得多,每个活动平均下来进行的时间就比较少,学生像赶场子一样,匆匆忙忙地做完这一个然后忙着去做下一个，有时候应接不暇、顾此失彼，活动还没开始就已经结束，或者刚有想法就要换地方了，没有充足的时间供学生自主去探究、深层次的思考。因此，现行的三种方式不同程度地缺少知识的再建构，没有学习、被动学习或者浅层次的只动手不动脑的学习。

三、研学旅行中项目化学习的价值

总结而言，研学旅行中现行的三种学习方式，一没有完全以学生为中心，"旅游观光式"的学习方式给学生过多自由，"学科教学式"的学习方式使学生被动限制，"主题活动式"的学习方式只解放学生手脚没解放学生头脑；二没有情境创设、问题驱动，"旅游观光式"的学习方式学生漫无目的、没有研究问题，"学科教学式"的学习方式学生没有内在目的、多为教师设计的研究问题，"主题活动式"的学习方式有活动任务，没有深层次的研究目的和问题；三缺乏学生间意义的协作与交流，"旅游观光式"的学习为集体的浏览体验，少有学生间正式的交流，"学科教学式"教师与学生间的学习交流较多，学生间的合作学习较少，"主题活动时式"的学习学生与学生间的交流协作多，但大多是为了共同完成任务，形式结合并非意义耦合；四缺乏知识的再建构、深度学习，"旅游观光式"的学习为表层的感知和经验，"学科教学式"的学习多为教师设计的学习，"主题活动式"学习是浅层次的学习。"旅游观光式"的学习只游不学，"学科教学式"的学习只学不游，"主题活动式"的学习只玩不学，研学旅行是深度的学习研究性学习和旅行体验相结合的新型学习方式，要既游又学、既玩又学，需要和期待更好的学习方式出现。

项目化学习有利于提升研学旅行中学生的主体地位，让学生成为学习探究的主体、成为学习的发起者、组织者、设计者、践行者、负责者、呈现者、评价者、反思与主动迁移者；有利于驱动研学旅行中学生的研究探索，让学生有感兴趣并深度研究的问题，进行研究的实践，并非无组织、无结构的知识灌输、具体知识点的学习和动手活动的完成；有利于加深研学旅行中学生的学习深度，锻炼孩子问题解决、创见、决策、调研、实验等高阶认知思维并非简单地记录、记忆、重复、整理；增强研学旅行中学生的合作交流，提升孩子人际交往能力、积累人际交往技巧、学会与人合作、互利共赢；有利于促进研学旅行中学生的展示评价，提高孩子的动手能力、自我展示与表达，提升孩子的评价与迁移能力。因此，项目化学习应该为研学旅行活动的学习方式。

四、研学旅行中项目化学习的实施

据项目化学习开展流程及研学旅行实施实践，构建研学旅行开展"三阶七步论"，如图1所示。

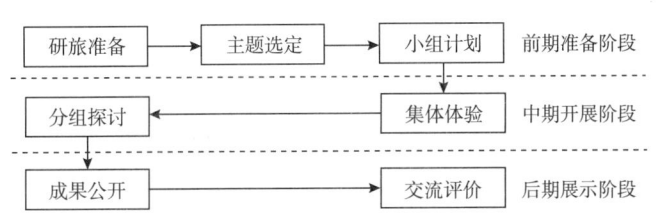

图1 研学旅行中项目化学习开展的"三阶七步论"

三阶段为研学旅行前、研学旅行中、研学旅行后，对应为前期准备阶段、中期开展阶段、后期展示阶段，三个阶段是缺一不可的。现行的研学旅行活动，多注重研学旅行中，行前、行后尚未兼顾。学者余国志很形象地描述了这一现象，行前静静悄悄、行中轰轰烈烈、行后冷冷清清。

行前是准备阶段，包括研旅准备、主题选定、小组计划三个部分，研旅准备有知识的准备、技能的准备、生活的准备、安全的准备。让学生对即将学习探索的主题有一定的感知并获得完成项目的基础技能，做好必要准备，为正式探索奠定基础。主题的选定及项目的预定，在学生根据兴趣与经验选择或提出自己想要学习探索的主题，充分调动学生的积极性，让学生带着兴趣与问题去旅行，以有效避免漫无目的地走马观花。小组计划、主题选定后，行前教师还需和学生一起制订详细的研究计划和分工，以计划为指南，在教师不能逐一兼顾的开放场域中保证学习的进行。行前环节是十分重要的。

行中是关键部分，是项目化学习的正式开展，在以往的集体体验基础之上加入小组探讨部分，小组探讨给了学生自己自由探索的时间和空间，在集体体验完毕之后学生可以根据自己感兴趣的方面或研究主题进一步以小组为单位深入研究和探讨，寻找答案。避免不思维、无思考，集体体验广泛全面、小组探究精准深刻，让学生形成更加完全和深刻的经验体验。

行后环节也是不可缺少的，是项目化学习另一本质特征。基于问题的学习、探究式学习其结果都可以是开放的，而项目化学习其结果是要有项目、出成果的，用成果来检验学习、总结学习、进行反思和提升，对学生的动手能力、创新创造能力、合作协作能力均有一定的提升，是科学研究工作的预演、是工作中解决问题的预演，以提高学生的综合能力。交流评价亦是不能缺少，以标准、以评价为目标导向，指引目标完成，且作为参照反思和总结。许多研学旅行活动的行后环节草草了之，然而行前、行中或许都是为行后成果的产出做铺垫工作的，行后的成果展示、交流评价才是学习的反映和提升，是不能省去的。

五、结语

三阶段七步流程，形成一个很好的闭环，以学生为主体、强调知识的建构、合作学习、成果展示、多元评价，是研学旅行活动很好的抓手。许多学者也都窥探到了项目化学习的优势。夏雪梅博士写到教育太复杂了，没有任何一种学习方式和课程的组织形态是完美的，是放之四海而皆准的，任何学习方式都有它的边界和适用性，项目化学习是在此过程中，到目前为止，我们认为最好的载体之一。将项目化学习引入研学旅行，是提升研学旅行的质量，解决研学旅行只游不学的理论和实践验证道路。

参考文献

[1] 教育部等11部门.《关于推进中小学生研学旅行意见》[DB/OL]. http://www.moe.gov.cn/jyb_xwfb/gzdt_gzdt/s5987/201612/t20161219_292360.html.
[2] 陈向明. 质的研究方法与社会科学研究 [M]. 北京：教育科学出版社，2000.
[3] 夏雪梅. 项目化学习设计：学习素养视角下的国际与本土实践 [M]. 北京：教育科学出版社，2018.
[4] 朱传世. 研学旅行设计 [M]. 北京：中国发展出版社，2019.
[5] 余国志. 研学实战方法论 [M]. 北京：中国旅游出版社，2020.

大班集体教学活动中幼儿学习品质发展的现状研究——以 X 幼儿园为例[1]

南姣鹏[2]

学习品质一词最早由美国国家教育目标委员会在 20 世纪 90 年代提出，并将其作为学前儿童入学准备的重要维度。从此，各国也陆续开始关注学习品质。2009 年，素来重视儿童早期教育的澳大利亚教育部颁布了《澳大利亚早期学习指南》(*The Early Years Learning Framework for Australia*)，在文件中指出要发展儿童诸如自信、坚持、创造性、合作、承诺等学习品质。2012 年我国教育部颁布的《3~6 岁儿童学习与发展指南》(以下简称《指南》)中的说明部分明确提出要"重视幼儿的学习品质"，并且指出"要充分尊重和保护幼儿的好奇心和学习兴趣，帮助幼儿逐步养成积极主动、认真专注、不怕困难、敢于探究和尝试、乐于想象和创造等良好学习品质"。幼儿的学习品质对于其将来的生活和学习都会产生很大的影响，因此要重视对于幼儿学习品质的培养。

一、大班集体教学活动中幼儿学习品质研究结果分析

(一) 大班幼儿的学习品质整体分析

因为学习品质的特性是稳定和持续的，所以研究者在研究时的观察和评估的次数都在两次或两次以上。图 1 为 32 名幼儿在大班集体教学中的学习品质多次得分的平均值。

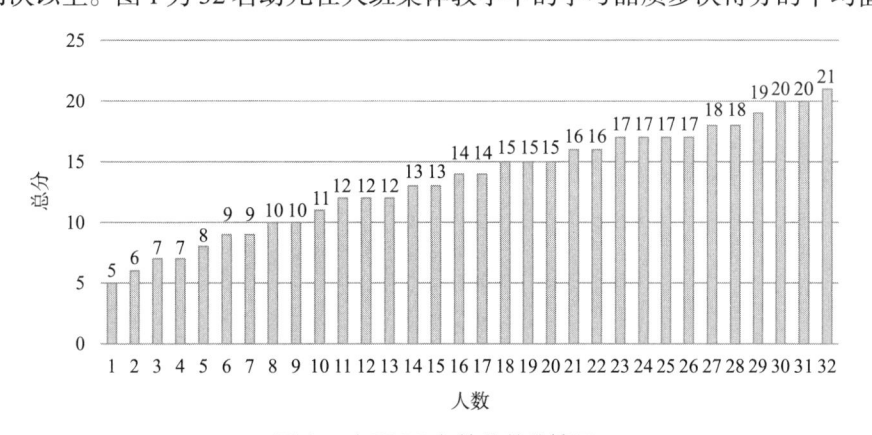

图 1　大班 32 名幼儿总分情况

---

[1] 基金项目：本文系咸阳师范学院教育科学学院院级科研项目"大学与幼儿园伙伴合作促进教师专业发展的研究"(JKKY202104) 阶段性研究成果。
[2] 南姣鹏，1987 年 7 月生，女，汉族，山西芮城人，硕士，咸阳师范学院讲师，研究方向：学前教育。

通过观察上表我们可以了解到，学习品质的总分为25分，15分为合格，其中15名幼儿的学习品质得分在15分及以上，评分及格的15名幼儿中有3名在20分及以上，处于优秀水平；在15~19分的幼儿有12名，属于良好水平；10~14分的幼儿中有5名是中等水平的。在这些幼儿中，有17名幼儿的学习品质水平低于15分，占总数的53%，超过了总数的一半。由此我们可以发现本班32名幼儿的学习品质发展水平有待提升。而大班是幼小衔接的关键时期，在大班阶段，如何提高学习品质是非常重要的，需要教师有针对性地采取相应方法策略去培养该班幼儿的学习品质。

（二）教师对集体教学活动中幼儿学习品质的了解程度分析

由图2我们可以了解到，在本研究访谈的教师中，对集体教学活动中幼儿学习品质完全不了解的教师占总人数的15%，在访谈前，这一少部分教师没有对学习品质有专门的了解和思考；有23%的大班教师对于学习品质的认知很清晰，知道学习品质的具体内容以及如何在集体教学活动中去培养幼儿的学习品质；占比最多的为62%，这一部分教师对于学习品质只大概了解，但是存在不深入的问题。

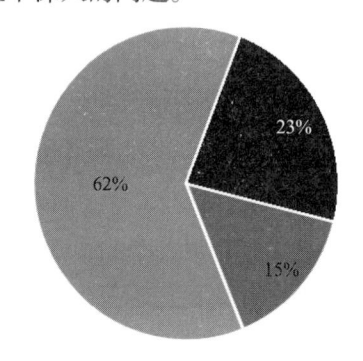

图2 大班教师对学习品质的了解程度情况

裴老师：学习品质我在书上看到过。以前很少系统地了解过学习品质，现在正在进一步了解中。并且在开展集体教学活动的时候，并没有意识在活动中刻意地培养。在我看来，幼儿能集中注意养成良好的学习习惯，理解反思总结正确的学习方法，保持好奇心端正学习态度就算是有好的学习品质了。

邓老师：学习品质，具体这个我也不太了解。应该就是幼儿具有一些良好的行为习惯和优秀的品格。我认为幼儿应该诚实，这是一个幼儿最基本的品质。在幼儿园里，幼儿无法避免与其他人进行交流沟通，所以幼儿应该具有自信和懂得分享，这样能够让幼儿更好地与人相处。还有像坚持、独立等良好的品质，对于幼儿都很重要，这些品质使幼儿不断地成长，对幼儿今后的生活学习都有深远的影响，因此学习品质的重要性不言而喻。

郑老师：在我看来幼儿学习品质是幼儿在学习的过程中自身的行为习惯和思想上一个总的变化，行为习惯上的变化贯穿一日生活，如之前不能好好地听其他小朋友讲话到可以认真倾听、不喜欢和其他小朋友分享玩具到乐于分享等；在思想上的变化比如说意识到睡午觉的重要性、开始懂得吃饭不能挑食等，总之行为习惯和思想意识是有共同性的，两者都往好的方面发展，就会有利于培养幼儿良好的学习品质。

通过访谈可以发现，大部分的教师对于学习品质是有了解的，并且随着对《指南》的不断学习，幼儿教师们也表现出了对幼儿学习品质的关注，但是仍有一部分幼儿教师对于幼儿的学习品质培养不太重视，当提起这个名词时，只能大概说出学习品质大概包括什么，但对于具体有哪些维度，没有更进一步的了解。

（三）集体教学活动中大班幼儿学习品质的各维度现状分析

1. 大班幼儿在集体教学活动中好奇心与兴趣品质的维度现状

儿童都是十分好奇并且对周围事物充满兴趣的，不过在5岁以前，他们只是对新鲜的东西感兴趣，他们也经常会问成年人，但是大多数时候，他们的问题都集中在"这是什么"。5岁以上的孩子，他们更喜欢刨根问底，问"为什么"。问题的范围也很广泛，上至天文下至地理，天地万物都可能包含其中。这也标志着幼儿的好奇心和兴趣开始有了进一步的发展。在他们觉得困惑时，不仅会向成人寻求帮助得到问题的答案，同时会试着通过自己的实验去探索，这就是为什么大班幼儿非常喜欢拆玩具、搞破坏，表现出他们寻求答案的主动性和积极性的提高。根据表1的数字分析我们可以了解到，大班幼儿好奇心与兴趣品质的平均分为3.67分，得分为1分的幼儿仅占13.3%，只有13.3%的幼儿对周围的事物不会产生什么兴趣，也没有兴致参加和尝试活动；而得分为5分的占46.9%，说明有将近一半的幼儿对周围的事物能产生强烈的好奇心和兴趣，很有兴致探究新事物；剩下还有39.8%的幼儿偶尔会有探究的欲望或者能在老师的引导下进行探究和动手操作。整体来看，大班幼儿的好奇心与兴趣学习品质发展得比较好，大都有探究事物的想法和行为。笔者将通过以下几个观察案例对该班幼儿的好奇心与兴趣学习品质展开具体分析。

表1　好奇心与兴趣品质得分情况统计表

分值	1分	3分	5分	合计
人次（人）	17	51	60	128
百分比（%）	13.3	39.8	46.9	100

案例1

在科学领域《恐龙的世界》中，教师的导入方式为视频展示，视频的视觉冲击让大部分幼儿都表现出了强烈的好奇心和兴趣。在看完视频后教师提问：看完这个视频后你们对恐龙有什么了解呢？小朋友们开始说出自己的想法"我知道恐龙有尾巴""我知道吃草的恐龙比吃肉的恐龙大""有的在陆地上生活，有的是飞行恐龙"。在老师向幼儿们讲解关于恐龙的知识时，大多数孩子都很认真地听着，甚至还会问一些奇怪的问题。当老师询问孩子们所知道的恐龙的时候，一些孩子能说出一大串的名字。

大班幼儿的身心发展规律状况决定了他们好奇、好问的特点。当幼儿能够专心地聆听老师的话并且提问也是与主题相关时，说明幼儿对该主题的兴趣十分高涨，有探究的欲望，但是当幼儿眼神飘忽不定无法集中到主题上或者提一些与主题毫不相关的问题时，说明幼儿的积极性不高，教师要及时引导，也不能忽略幼儿提的问题，应该用恰当的语言和方式做出回应。

案例2

在折纸活动"我是巧巧手"中，老师分发了正方形的卡纸并进行了讲解与示范后，幼儿就也跟着开始折了起来。有的可能记不清老师刚讲过的步骤，就跑到大屏幕前去看，还有的会找老师寻求帮助，而H小朋友的心思却不在折纸上，而是漫无目的地用手抠桌子，纸放在一旁也没有和其他小朋友交流的欲望。老师询问过后得知H小朋友认为折纸是一件没意思的事，自己不想参与。

幼儿的兴趣是最好的老师。在活动中，材料的多样性和丰富性是非常重要的。在上述案例中我们可以看出，老师在组织活动时局限于一个主题或一种单一的材料，部分幼儿提不起兴趣。应以幼儿为活动的主体，多准备一些相关材料以此来激发幼儿的兴趣，使幼儿的好奇心与兴趣学习品质能得到发展。

2. 大班幼儿在集体教学活动中主动性品质的维度现状

根据对表2的分析我们可以得出，大班幼儿的主动性品质平均分为3.29分，占比最高的为44.5%，说明有不到一半的幼儿参加集体活动时需要在老师的指导和帮助下完成集体活动中相应的任务；得分为1分的幼儿占20.3%，对于集体活动的态度相对来说比较消极，需要在老师的提示下才能参与到集体活动当中；有35.2%的幼儿得分为5分，能积极地参与集体活动并且乐在其中，不需要老师的指导也能顺利地完成集体活动中的任务。整体而言，大部分幼儿都能在老师的激励下参与活动，在活动中通过老师的帮助和指导完成活动任务。笔者将通过以下几个观察案例对该班幼儿的主动性品质进行具体展开分析。

表2 主动性品质得分情况统计表

分值	1分	3分	5分	合计
人次（人）	26	57	45	128
百分比（%）	20.3	44.5	35.2	100

案例3

在开展绘画活动"我心目中的房子"时，老师说大家可以自由选择绘画材料来画出自己喜欢的房子，老师将纸分发好后，带领幼儿到材料区挑选自己想使用的材料。幼儿Z在材料区前徘徊许久都没有拿东西，老师问他是否想好了自己要画什么样子的房子，幼儿Z并没有回答，只是静静地站在一旁看别人拿到自己想要的东西又离开，最后他什么也没拿回到了座位上。幼儿挑选完材料后老师开始讲规则，并且让小朋友们想一想自己想画什么样的房子，在确定好之后就可以动笔画了。这时候Z幼儿好像也开始了思考，老师便走过去再一次询问他的想法想带他去挑选材料，Z幼儿不知所措地告诉老师自己还没有想好。老师就引导他想一想生活中或者看过的绘本故事上面见到的房子的样子，告诉他可以根据那些再画一个自己喜欢的房子。Z幼儿终于眉目舒展开，"那我要画一个蘑菇房子！"接着跟随老师去挑选了材料。

从案例中我们可以了解到，Z幼儿一开始对于这个活动是毫无想法的，他只能看着自己的同伴进行绘画活动。主动性不高的原因一开始可能是对他来说这个活动的难度有点高，他不知道如何参与其中，只能扮演一个旁观者的角色。这个时候老师的作用就显得尤为重要，通过对幼儿的观察和了解进行及时引导、帮助与支持，激发幼儿参与活动的热情与自信心，使幼儿能够产生任务意识，从而可以促进幼儿主动性学习品质的发展。

案例4

在数学游戏"匹配蛋壳"活动中，A幼儿一开始只是将蛋壳排成一排摆在地上看，之后他突然发现蛋壳原来是有颜色的对应，而且数字和物体间的对应个数也不同。玩了一会儿后他将"七面红旗"和数字"7"组成了一个完整的鸡蛋。之后又拿出标着9的蛋壳，搜寻了一会儿，将与数字对应的蛋壳放在了一起。最后他又将其他的几个数字和有着相应个数的物体的蛋壳相匹配，完成了游戏。

从案例中我们可以了解到，A幼儿的自主性程度非常高，教师自始至终都没有介入游戏活动，A幼儿自己能够摸索游戏的玩法，积极地投入活动中，并且对于匹配蛋壳这件事感兴趣，乐在其中，说明A幼儿的主动性学习品质水平较高。

3. 大班幼儿在集体教学活动中坚持性和注意力品质的维度现状

根据对表3的分析我们可以得出，大班幼儿的坚持性与注意力品质的平均分为3.10分，得分为5分的幼儿人数占总人数的38.3%，说明这部分幼儿在参与活动或者完成任务时能全身心地投入其中，不会受外界的刺激或影响，也不用在老师的帮助下去集中注意力做事；28.9%的幼儿得分为3分，坚持与注意力品质表现得一般，说明这部分幼儿有时会被外界无关刺激影响，但在老师的及时引导和提醒后注意力能重新回到任务上；32.8%的幼儿坚持与注意学习品质水平较低，经常不能专注于某项活动或任务，很容易受到不相干的外部刺激，并需要老师再三叮嘱。由此表明，大部分的幼儿坚持性不够以及专注力不强，很容易就受到外界的干扰，需要教师不断地进行提醒与引导。笔者将通过以下几个观察案例对该班幼儿的坚持与注意品质进行具体展开分析。

表3 坚持性与注意力品质得分情况统计表

分值	1分	3分	5分	合计
人次（人）	42	37	49	128
百分比（%）	32.8	28.9	38.3	100

案例5

在开展社会性游戏活动"我的职业"中，P幼儿担任的是医生，有一个"病人"来到了医院，P幼儿就拿出听诊器为他看病。P幼儿戴上听诊器，用听诊器一会儿在病人心脏上听听，一会儿在后背上听听，有模有样地为病人看病，看完病后又为病人开了药，病人拿着药走了。P幼儿看见病人走了，又没有别的病人来，就在地上摆弄别的材料。玩了一会儿还是没有别的病人来，P幼儿就离开了自己所在的岗位。他看到理发店区非常热闹，就也跟着想去剪头发，剪了一会儿他又被饭店吸引，又去了饭店。他对服务员说："我饿了，给我来一碗蛋炒饭吧。"他接过服务员给的蛋炒饭后，听到旁边的其他幼儿说面包很香，水饺也很好吃，就又跑到服务员面前大声喊道："再给我来一盘水饺和两片面包。"不一会儿手里就拿了一堆吃的,还开心地在饭店和其他小朋友聊起天来,全然忘记了自己的医生岗位。

从案例中我们可以了解到,P幼儿的坚持和注意学习品质较差,当医生、去剪头发或者在饭店,都很容易被其他的事情吸引,不能很好地坚持做一件事,在单独一个人没有同伴的时候就更容易分神。他的岗位是医生,可是他只在医院照看了一个病人,当看到医院没有病人来,而隔壁理发店又非常热闹,这就让P幼儿无法专注地在自己的岗位上活动,这就需要教师的提醒与引导,使幼儿的注意力能回到自己的任务上。

案例6

在体育活动"花样篮球"中,小朋友们都对这个项目非常感兴趣,积极地参与其中。D幼儿对这个项目不太擅长,于是他就先从简单的原地拍球开始。他先连续地在原地拍了几下,没有中断,然后看看旁边的空地,手上拍着球而脚步慢慢向右边移动,继续拍。紧接着他又提高了一些难度,开始练习高低拍球。首先他从拍球的起点出发,很认真地进行高低拍球,当走到低的障碍物时,他没有立即反应过来,导致拍篮球的速度乱了,球从他手中脱落滚到了旁边的草地上。这时D幼儿抱着篮球坐在了草地上,眼睛在看其他幼儿的拍球方法,然后又站了起来,重新抱着球走到了起点处。这次他似乎改变了策略,拍球的速度快了起来,在他到了低杆子底下时,就半蹲下拍;走到高杆子面前时,将球又拍得很高,最后成功抵达了终点。

从案例中我们不难发现,D幼儿的坚持与注意学习品质水平较高。在遇到困难时,他并没有停止对更高难度拍篮球的练习,而是用自己的方式向其他做得好的幼儿进行观察学习,从而使自己的拍篮球水平有所提高。

4. 大班幼儿在集体教学活动中想象力和创造力品质的维度现状

根据对表4的分析我们可以得出,大班幼儿的想象力和创造力的学习品质平均分为3.44分,并且得分为1分的幼儿人数占总人数的18%,这表明只有少部分幼儿的想象力和创造力的水平较低,在解决问题时使用的方法缺乏创造性和新颖性;得分为3分的幼儿人数占总人数的42.2%,想象力和创造力水平较一般,可以较灵活地运用材料,在教师的帮助下可以有一些新想法出现;得分为5分的幼儿占总人数的39.8%,说明这一部分的幼儿具有较高水平的想象力和创造力。由此表明,大班幼儿的想象力和创造力学习品质处于中上等水平,大部分幼儿在参与活动时的想象力和创造力水平较高。笔者将通过以下的观察案例对该班幼儿的想象力和创造力品质进行具体展开分析。

表4 想象力和创造力品质得分情况

分值	1分	3分	5分	合计
人次(人)	23	54	51	128
百分比(%)	18.0	42.2	39.8	100

案例7

在进行美术活动"太阳公公"时,教师们首先播放了一个视频,让小朋友仔细地观察太阳是什么样子的，同时指导小朋友们展开了思考，当太阳公公心情有所变化时，那么他的样子会产生变化吗？紧接着让小朋友们按照自己的认识和猜想开始绘画。在老师的指导下，孩子们发挥想象，画出了很多独特的太阳形状。有的孩子将太阳公公的脸部画成了三角形，有的画成了长方形，还有很多孩子也为太阳公公加上了眉毛和胡须。不过关于颜色的选用，大家也都不约而同地选用了橙色甚至是粉红系，只有 B 幼儿比较独特，他选择了蓝色作为太阳的颜色，其他的小朋友看到后都哈哈大笑了起来。于是老师就让 B 幼儿拿着自己的画上台解释一下自己这样涂色的原因。B 幼儿一脸严肃地说："因为我的爸爸是一名交警，夏天的时候爸爸在外面指挥交通，太热了，我想把太阳变成蓝色的，就可以让爸爸凉快一点了。"

从案例中我们可以发现，幼儿具有非常广阔的想象力和创造力，教师也要为幼儿创造宽松愉悦的氛围以便让幼儿能用自己独特的方式方法来表达自己的想法。B 幼儿能够利用自己的想象力和创造力，不被常规束缚，根据自己在生活中得到的经验，又将生活中所看到的事物进行改编创造，最后将自己的想法付诸自己的画作上。除此之外，用语言表达出自己的思考，说明 B 幼儿的想象力和创造力品质水平较高。

5. 大班幼儿在集体教学活动中反思和解释品质的维度现状

幼儿的反思与解释品质是大家可能会忽略的一个点，尤其是反思能力，教师可能会认为幼儿并没有具备这个能力或者是这个行为不易被发现，但并不能否认反思能力也是需要教师和家长重视和培养的。解释能力可能更为直观一些，教师能够引导幼儿解释自己的某一行为，为什么会有这样的行为。教师在活动中提问幼儿时，使幼儿能够在解释中反思，在反思中解释。根据对表 5 的分析我们可以了解到，大班幼儿的反思与解释学习品质平均分为 3.06 分，得分为 5 分的幼儿人数占总人数的 38.28%，这部分的幼儿能够清楚地表达出自己的行动或思维过程；有 26.56% 的幼儿反思与解释品质水平一般，能用语言简单地表达出自己的大致思维过程；而得分为 1 分的幼儿占 35.16%，说明这部分幼儿很难解释自己的想法和行为。由此表明，大班幼儿的反思和解释学习品质处于中等水平。笔者将通过以下的观察案例对该班幼儿的想象力和创造力品质进行具体展开分析。

表5 反思与解释品质得分情况

分值	1分	3分	5分	合计
人次（人）	45	34	49	128
百分比（%）	35.16	26.56	38.28	100

案例8

在数学活动"排排坐"中，老师先拿出蓝色和白色的海洋球以及小黄鸭玩具，摆成白色海洋球、蓝色海洋球、小黄鸭；（　）、蓝色海洋球、小黄鸭；白色海洋球、（　）、小黄鸭；白色海洋球、蓝色海洋球、（　）的规律，目的是让幼儿能够理解 ABC 的排列规律。当老师请小朋友们说出空白处的答案时，几乎所有的小朋友都能说对，但当老师请幼儿解释原因时，他们又说不出所以然。G 幼儿抢答说因为这是按规律排列的，所以是蓝色、白色和黄色。

从案例中我们可以了解到，对于幼儿来说可能说出问题的答案很简单，但是他们很难解释为什么答案是这样得出来的。而 G 幼儿的反思与解释品质水平较高，没有被语言表达和思维水平限制住，能较清楚地表达出自己的思维过程。

案例 9

在语言活动"美丽的祖国"中，教师带领幼儿完整感知和朗读诗歌后，对诗歌进行创编。在接下来的环节教师请幼儿说一说自己心目中最喜欢的地方是哪里，并说出原因。Q 幼儿举手说道："我最喜欢的地方是成都，我跟爸爸妈妈坐飞机去的，我们去看了大熊猫，吃了好多好吃的。"当老师请 F 幼儿回答时，她沉默了一会儿说自己最喜欢的地方是山东，当问及她原因时，F 幼儿无法解释自己的答案。

从案例中我们可以了解到，Q 幼儿的反思与解释水平较高，可以将自己经历的事和去过的地方相对完整详细地陈述出来；而 F 幼儿无法清楚地描述自己的想法和经验，反思与解释能力较差。

二、大班集体教学活动中幼儿学习品质存在的问题及原因分析

（一）幼儿学习品质水平各维度发展的差异

儿童的气质类型和性别是不一样的，所以他们的学习品质发展水平或者思维水平也各有区别。在本研究中，大班幼儿的学习品质各维度发展不平衡，好奇心和兴趣品质最好，紧接着依次为想象力和创造力、主动性、坚持性和注意力，反思和解释发展得较慢。各种学习品质存在的问题表现在以下方面：

1. 好奇心和兴趣不重

好奇心和兴趣主要表现在集体教学活动中部分幼儿对周围事情提不起兴趣，经常性发呆也不愿与同伴沟通合作。当老师进行询问时，也闭口不言。但是大部分幼儿对于新鲜事物的热情都很高涨。

2. 主动性不高

主动性是幼儿在面对任务活动时所表现出来的积极程度或是否对自己将要做的事有计划意识。主要表现在集体教学活动中部分幼儿不能自己主动积极地参与或者发起活动；在活动中老师提问时也不愿回答问题，常常被动地模仿或跟随他人。

3. 坚持性和注意力不够

坚持性和注意力主要表现在幼儿在集体教学活动中经常会出现思绪飘忽不定、坐不住或与周围幼儿说话的现象。幼儿常常在听课过程中很难坚持，做游戏有时也难以坚持做完，尤其是在科学领域和语言领域，幼儿在遇到困难和发现问题时很难继续完成任务，在老师讲述故事时部分幼儿不能坚持听完。

4. 想象力和创造力不足

想象力和创造力主要表现在集体教学活动中部分幼儿很难用发散性思维大胆想象。尤其表现在艺术领域，当开展绘画活动时，有一部分幼儿无法结合自己的生活体验去创作，只能在纸上画圈圈或一些无意义的符号，思维被条条框框所束缚。

5. 反思和解释能力不强

反思这个行为相对来说较为内隐，不易察觉，但解释可以直观地观察到。该品质得分低的原因可能是幼儿并没有很好地习得这方面的学习品质，在参与活动时幼儿过分地依赖老师或家长来解决问题，而自己不愿加以思考。对于自己所经历的事情，部分幼儿很难完整地复述出来。

(二) 教师组织集体活动时培养幼儿学习品质的能力有待提高

作为集体教学活动的组织者，教师组织活动水平的能力会直接影响到幼儿参与活动的积极性和学习品质水平的提升。通过案例分析和对教师的访谈可以了解到幼儿教师对于集体教学活动的协调组织能力较弱。原因如下：

1. 教师对活动目标的理解不全面

在教师开展活动之前首先要考虑的就是活动目标，活动围绕着目标来进行。但有些教师经常会在活动中迷失，忽视了目标的完整性。而教师的目标贯穿不全面容易导致幼儿的学习品质出现失衡的现象。

例如在语言领域"馒头哪里来"中，教师对于技能目标学习儿歌太过于注重，以至于遗漏了情感目标"教育幼儿尊重农民伯伯的辛勤劳动，珍惜粮食"的穿插。

2. 教师对活动内容的选择把握不准确

教师根据大班幼儿的年龄、个性特征，为其选择或安排活动的教材和内容。但是，有些老师不能按照孩子现有的知识体验和兴趣来进行教学，对教学的内容理解不到位，刻意追求教学形式的完整性而忽视了教学目的的达成和教学内容的适宜性，导致无法充分调动幼儿参与的积极性与兴趣，也就不能很好地促进幼儿的发展。

例如在科学领域"恐龙的世界"活动中，幼儿表现出极大的兴趣，课堂氛围很好，因为相比在动物园就能看到的猴子、狮子而言，恐龙并不存在于我们的生活中，对幼儿来说更具有神秘感，所以在此活动中幼儿的专注力、好奇心和兴趣等学习品质水平都比较高。而在语言领域"流浪猫哈里"中，由于大部分幼儿对于猫比较熟悉，生活中也随处可见，导致在刚开始便对活动主题缺少热情，接下来的活动内容也无法引起幼儿的兴趣，在该活动中幼儿整体的学习品质水平不高。

因此教师在选择内容时应进行多方面考虑，在传授知识的同时也能培养幼儿的学习品质。

3. 教师对活动方法的选择不恰当

在集体教学活动中，大部分是教师面向全体幼儿进行并且引导幼儿共同参与的，这就可能会产生教师无法很好地关注到全体幼儿的特点和兴趣的问题，此时需要教师将集体教学、小组教学和个别教学结合起来，考虑到每一位幼儿的需要。

在音乐活动"快乐的小兔"中,教师采用的是先游戏后教学的方法。在游戏中,教师只是单纯地让幼儿做兔子跳、蹦动作,幼儿没有进行自己的创编活动,部分幼儿也没有参与其中,并且由于幼儿在游戏中消耗的体力过多,在后面的歌曲教学环节幼儿出现无精打采的情况,教学效果大打折扣。

因此教师如果没有将多种教学方式和组织形式灵活运用,就无法使活动更加生动有趣,也不能有效提高幼儿在集体教学活动中的学习品质。

4. 教师在活动评价时的语言不适宜

当教师在评价幼儿的作品或者答案时,往往都会采用单一的方式或语言来评价幼儿。评价的内容笼统且没有针对性,如"你做得真棒、很不错、真厉害"等语言,并不能让幼儿清楚地了解到自己是哪些地方做得好或哪里做得不好,无法有效支持幼儿学习。长此以往,幼儿就会对这些无意义的评价产生免疫,评价的效果就会大打折扣,幼儿的学习品质也难以提升。

(三)教师开展活动时主导性过强

虽然大班幼儿的各方面能力都有所提高和发展,但他们仍处于幼儿阶段,认知水平、思维能力等方面的发展还是不够完善,所以教师经常被要求去对幼儿进行帮助,但笔者经过访谈得知,由于幼儿人数过多且时间有限,教师分身乏术,并且在短时间内教师的帮助并不能看到很显著的效果。为了保证集体教学的进度,教师往往会采用包办型处理幼儿的问题。当教师进行包办型的帮助方式时,虽然可以让幼儿又尽快地进行下一项活动,但幼儿对问题并没有真正理解或得到实际性的解决,长此以往,幼儿在活动的主体性地位难以得到保证,会失去探究的欲望,在遇到新的问题时不会去想如何解决而是越来越依赖教师的帮助。这也就不利于幼儿学习品质的发展。

例如,为了准备父亲节礼物,在手工活动"好爸爸"中,教师决定让幼儿为爸爸做奖杯"爸爸真棒奖杯"。刚开始教师为幼儿示范做法,让幼儿自己动手为爸爸制作。但由于课程时间过短,部分幼儿的自主性差,很多幼儿无法在规定时间做完手工。为了不耽误下个活动,教师便开始"帮"幼儿制作。虽然最后每个幼儿都完成了自己的父亲节礼物,但很多都是在老师的帮助下完成的。

在集体活动中,幼儿才是活动的主人,教师过于主导不利于幼儿学习品质的培养。随着这种行为的增加,幼儿的主动性品质会缺失,面对任务或者活动时,不愿自己思考,一味地依赖教师的帮助和提示;同时坚持性和注意力水平也很难得到提高。遇到困难时不会自己主动解决,很容易放弃,会产生"我做不完老师也会帮我做"的消极想法。

三、在集体教学活动中培养幼儿学习品质的策略

(一)科学设置集体教学活动内容,激发幼儿学习兴趣

有意义的学习内容是教师促进幼儿不断发展的桥梁,也是教学活动有效开展的重要依据。假如教师在内容的选择上不适合儿童的发展,就会导致幼儿的知识获取过于表面化和肤浅化,因此,教师要结合儿童的人格特征、身体和心理发展的程度,结合现有的知识和经验来安排和实施这门课程,以便帮助幼儿建立完整的知识体系,感受到新旧知识经验之

间的逻辑性。除此之外，要立足于幼儿感兴趣的活动内容，将幼儿的探究欲望和热情很好地激发出来，知识也会自然而然地内化于心。

(二)教师发挥协调作用，促进幼儿全面发展

学习品质包括五个维度，从前文的研究中可以了解到大班幼儿学习品质的各维度发展存在着不均衡的现象，因此在集体教学活动中培养幼儿的学习品质时，首先，教师可以根据幼儿在参与集体活动时的学习品质差异表现，去引导和帮助幼儿发扬自己擅长的维度，补足学习品质较差的维度。其次，教师应认识到学习品质之间的关联性并积极地将相关学习品质融合到同一个活动中，促进其共同发展，如坚持性和注意力与主动性、好奇心和兴趣、想象力与创造力，而对于不能在一个活动中同时培养的学习品质，可以单独组织活动去有针对性地培养。总之，需要教师在集体教学活动中充分发挥协调作用，注重培养幼儿的学习品质均衡全面发展。

1. 正确反馈，保护幼儿的好奇心和兴趣

兴趣是最好的老师。幼儿总是有很多千奇百怪的想法和问题，当他们向教师寻求帮助时，教师应耐心解答，不能随意搪塞或敷衍。在活动中幼儿主动表现出兴趣时，可以选择课下或在不影响整体活动的情况下进行反馈，但不能否定或忽视他们的想法。同时也可以设置多样的教学形式和内容，激发幼儿的探究心理。

2. 及时干预，增强幼儿的主动性

幼儿是活动的主动参与者，是学习的主体。在集体教学活动中，教师要相信和鼓励幼儿，发挥幼儿的自主权，让儿童按照自己的意愿参与活动、体验活动内容，给他们探索活动的机会。可以选择榜样示范法来激励幼儿主动参与活动。

3. 适时指导，提高幼儿的坚持性和注意力

在集体教学活动中教师应选择合理的内容，使用生动活泼的教学方式，有利于幼儿集中注意力。当幼儿遇到困难和问题时，教师可以给予正面支持，发挥语言的激励性，帮助幼儿建立起信心去直面困难、解决问题。可以安排一些比幼儿已有水平难一点的活动，让幼儿去习惯克服困难的过程，培养良好的行为。在幼儿面对困难不断退缩时或做事情不专注时，也要给予一些适当批评。

4. 打破常规，培养幼儿的想象力和创造力

在集体教学活动中，教师不应照本宣科，运用固定的方式方法进行授课，将幼儿的思维束缚起来。要善于鼓励幼儿进行大胆想象，多设问一些开放性的问题，给幼儿想象的空间，自由发挥。幼儿的创造潜能是无限的，也可以创造出无限的可能，不要用一把尺子衡量幼儿，否定他们的创意。

5. 善于启发，发展幼儿的反思和解释

在集体教学活动中，教师可以将幼儿的生活经验与教学内容结合，帮助幼儿在更好地理解内容的前提下深入思考问题，善于迁移新知识，根据已有知识经验来解决新问题。同时教师也要鼓励他们大胆表达自己的想法和感受，能解释自己的行为。

（三）提升教师认知水平与专业素养，为幼儿的学习提供支持

教师的认知水平与专业素养同幼儿所受到的教育质量是成正比的，在培养幼儿的学习品质发展过程中，教师的影响是非常大的。因此教师需要提供专业的支持，不停地提高专业素质水平，将幼儿学习品质的培养贯穿于幼儿的一日生活中。例如，教师应在设置活动目标后积极按照目标开展活动；也要提前了解活动内容，考虑好该活动是否能满足幼儿的好奇心和需求；还应选择恰当的活动方法，因材施教，灵活运用多种教学方式和组织形式；最后在对幼儿进行评价时，要有针对性，让幼儿能清楚地了解自己哪里做得好或者哪里做得不好，以便让其学习品质得到提升。除此之外，对幼儿学习品质的理解不能只是停留在表面的笼统认识，要学会正确培养幼儿学习品质的具体方法，并且有效地运用到实践中去。在教育实践中要做一个时刻准备好的教师，在观察和研究幼儿的过程中为幼儿的学习提供支持，提高教学的敏感性，并且要认识到幼儿学习品质的培养不是一蹴而就的，要不断学习不断实践。

（四）创设轻松自由环境氛围，培养幼儿学习品质

教师应该为幼儿创造适合的环境氛围。首先是教师要真正地爱和关心幼儿，给幼儿们营造出一种自由、宽松的氛围。在活动中，教师应尊重他们的想法，不能因为与自身想法相悖就急于反驳，要让幼儿以自己感兴趣的方式去探究、去实践，还应更深层次地探究幼儿的内心想法，形成良好的师幼互动。其次是幼儿在参与集体活动时的材料、空间、布局等，教师应根据幼儿不同的特质或不同的活动内容投放不同的材料，满足幼儿个性化的发展需要。除此之外，教师还应提供不同的、具体的指导，为幼儿学习品质的发展创造环境。

参考文献

[1] 李季湄，冯晓霞. 3~6岁儿童学习与发展指南解读 [M]. 北京：人民教育出版社，2013.

[2] 缪建新. 学习和学习品质研究 [M]. 南京：河海大学出版社，2001.

[3] 马里奥·希森. 热情投入的主动学习者——学前儿童的学习品质及其培养 [M]. 北京：教育科学出版社，2016.

[4] 池浩田. 大班科学集体教育活动中幼儿学习主动性表现特点及教师指导的研究 [D]. 内蒙古：内蒙古师范大学，2019.

[5] 原晋霞. 幼儿园集体教学活动研究 [D]. 南京：南京师范大学，2008.

[6] 王宝华，冯晓霞，肖树娟，等. 家庭社会经济地位与儿童学习品质及入学认知准备之间的关系 [J]. 学前教育研究，2010，4:3-9.

[7] 鄢超云. 学习品质：美国儿童入学准备的一个新领域 [J]. 学前教育研究，2009，4:9-12.

[8] 兰晶，温恒福. 培养儿童积极学习品质的有效策略 [J]. 教育科学，2018，2:49-53.

[9] 索长清. 幼儿学习品质之概念辨析 [J]. 学前教育研究，2019，6:35-44.

第三篇　学科教学

基于核心素养的中小学信息技术课程设计与实践[1]

何建武[2]

在信息时代的背景下，教育信息化近年来取得了突飞猛进的发展。信息技术为人类社会生活提供了许多便利，使信息技术课程的发展更加为中国教育所重视。2014年教育部研制印发《关于全面深化课程改革落实立德树人根本任务的意见》，提出"教育部将组织研究提出各学段学生发展核心素养体系，明确学生应具备的适应终身发展和社会发展需要的必备品格和关键能力"。新理念要求在学习信息技术学科基础知识的前提下，更主要的是培养学生适应社会生活的能力，这就需要信息技术课程设计要求基于核心素养的理念和方法，关注学生素质的发展与数字化学习与创新能力的培养。信息技术学科核心素养由信息意识、计算思维、数字化学习与创新、信息社会责任四个核心要素组成。目前各学校在信息技术课程教学实施时暂未建设出合适的、完整的、核心素养理念下的信息技术课程设计体系，信息技术课程教学效果普遍不理想。

为了使中小学信息技术课程能更多更好地培育具有信息思维、创新精神等信息素养的、全面发展的信息技术人才，研究者提出了中小学信息技术课程应以培养学生核心素养为出发点的教育观念，并通过对课程内容、教学主体等方面做出理论表述，让中小学信息技术核心素养能更好地体现于教学活动中，帮助学生发展信息技术核心素养与能力。

一、目前中小学信息技术课程教学现状分析

我国信息技术课程自1982年发展至今，名称由"计算机课"更改成定位更加准确、内涵更为宽泛、更国际化的"信息技术课程"，其间也从最初以培养学生的"计算机素养"演变为"信息素养"，尤其是2000年召开的全国中小学信息技术教育工作会议上印发的《关于在中小学普及信息技术教育的通知》《关于在中小学实施"校校通"工程的通知》和《中小学信息技术课程指导纲要（试行）》三个重要文件，推动了信息技术教育在我国的发展。

目前，所有学校均开设了信息技术课程，虽然2019年陕西省曾将信息技术列为中考科目，但对信息技术课程的重视程度并不高，信息技术课程教学存在的问题主要有以下几点：

---

[1] 基金项目：咸阳师范学院教育科学学院科研项目"基于'人人通'平台的中小学数字校园创新应用研究"（项目编号：JKKY201821）；咸阳师范学院教改重点研究项目"以服务基础教育为导向的教育技术应用人才培养模式改革与研究"（项目编号：2017Z019）。

[2] 何建武，1968年生，男，汉族，陕西商州市人，教授，主要研究方向为数字化学习、青少年信息素养教育。

(一) 师资力量薄弱，教学技能水平低

受传统教育观念影响，学校领导、教师、家长以及学生自身对于学习的关注点大都放在中高考要求的考试科目上，未能理解教育部在全国中小学开设信息技术课程的原因及教育目的，因此，各学校的信息技术教师人数稀少，十分有限，更有甚者信息技术课程是由其他科目老师兼顾授课的，专业技能严重不足。

(二) 教学模式单一，教学设计不良

目前中小学信息技术课程的课时基本为每周1~2节，课时少，教师对信息技术课程目标有关全面提高全体学生的信息素养理解不到位，在教学时采用传统单一教学模式，注重理论基础知识的讲授，不利于培养学生的信息意识和能力。此课程一般分为理论课和实践课两类，在教学设计过程中，教师不能将学生发展作为课程重点，使学生在信息技术应用时缺乏操作能力。

(三) 忽视学生数字化创新能力培养

在经济全球化，网络技术高速发展的时代，信息技术的学习能帮助学生解决生活、学习中与网络技术相关的问题，促进学生网络技术能力的提升，形成数字化学习与创新的能力。然而，中小学信息技术教师往往忽视了实践课程的重要性，在课程教授中偏向于理论知识教学，导致学生的信息技术操作能力得不到培养，理论知识与实践能力不能有效结合，学生对信息技术的学习兴趣降低。

二、核心素养下中小学信息技术课程的主要教学设计模式

(一) 信息技术课程交互式教学模式

传统的信息技术理论课程多以教师灌输式授课的形式开展，不利于学生发展自主思维，不能使学生在解决问题的过程中真正做到活学活用。这种课堂形式将师生主体关系固化于考试成绩，不适宜人的全面发展。因此，中小学信息技术理论课程应建立灵活的、互动性强的师生关系，即在课堂中实施交互式教学模式。

交互式教学将学生设为课堂主体，由教师引导学生进行知识学习、理解与迁移活动，强调师生平等，二者相互交流，是"教"与"学"双向流动的过程。中小学信息技术课程内容具有普遍性，无法完全顾及学生间存在的差异性，在课堂教学中采用交互式教学模式将师生相互连接，学生可以与教师共同沟通交流，使教师能更好地了解到学生的独特性、所学知识的掌握程度，有利于因材施教，推进学习效率与学生个性发展。其基本框架如图1所示。

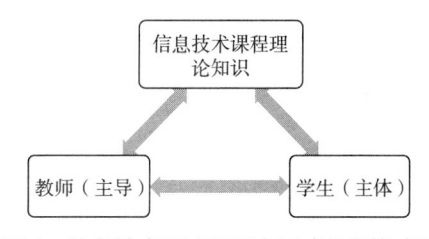

图1 信息技术理论课程交互式教学模式图

同时，交互式教学多采用创设情境、案例讨论、网络调查、小组活动等方式开展课堂教学，既使枯燥的理论知识更加生动易理解，又能让老师及时了解到学生的疑惑并解答，加深了学生对课程内容的学习兴趣、理解程度。例如：在讲授初中信息技术课程"信息及其特征"时，首先运用情境游戏——你比划我猜，随机选择两位同学上台参与游戏活动，让其余学生根据教师给出的信息要求向同学 A 提出需比划的内容，由同学 B 猜测回答正确答案，其次让学生分小组讨论游戏是如何实现的，过程中有哪些行为信息，最后教师通过与学生的沟通，引导学生思考得出正确答案，从而引出本节课的第一个首要内容——什么是信息？此过程中学生是课堂活动的主要参与者，并积极思考探究信息技术理论知识，对培养学生的信息思维具有强烈的积极作用。

（二）信息技术课程项目式教学模式

"项目教学法"注重理论与实践相结合，项目教学法是师生共同完成项目，共同取得进步的教学方法。此教学模式实施的一般步骤为首先选择合适的课程内容，其次根据内容确定项目目标任务，然后采取适宜的形式开展项目，最后对项目结果进行评价，结合评价对项目过程进行调整，以便更好地实施于教学中，如图 2 所示。

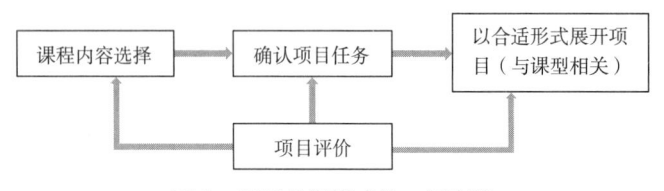

图 2 项目教学模式的一般步骤

项目教学法的应用能够改善目前信息技术课程教学忽视数字化创新学习的弊端，此方法重视学生信息技术操作能力培养，将学生设为教学主体，使其在教师的引导下可以独立完成项目实施，从而具备良好的信息技术操作能力。项目教学模式旨在让学生通过自主开发、小组合作等方式在"做中学"，利用已有知识技能，学习运用新知识解决之前从未遇过的问题，与"以学习者为中心"课程设计不谋而合，有利于培养中小学生的核心素养。

在中小学信息技术实践课型和技能课型中采取项目教学模式，首先要注意课程内容是否符合此模式，并不是所有的内容都适合形成项目任务，要切记立足实际做切实可行的教学，使学生在信息技术学习中获得更优秀的服务体验；其次要对项目任务进行明确分工，设计具有灵活性、开放性、益于学生自主探究学习的任务形式；最后要在实施项目教学时严格把控教学活动细节，便于及时调整教学行为。

在信息技术课堂采用项目教学法，改变了传统的信息技术教学中"教师讲解演示＋学生上机演练"的模式。合理的项目设计，加强了对学生操作能力的锻炼，完善了学生信息技术学科核心素养与核心素养的培养机制，最主要的是可以极大限度地发展学生数字化学习与创新能力，促进学生全面发展。

三、中小学信息技术课程的教学设计模式及应用

信息技术课程是一门综合性的课程，不仅包含理论知识，还涵盖学生需掌握的实际操作能力知识。我国目前设有小学、初中、高中三个学段的信息技术课程，其课程类型一般

分为理论课型、实践课型和技能课型三种，下面就三种课型的教学设计模式及应用进行分析。

(一) 理论课型的教学设计模式及应用

信息技术理论课型是指以纯学术性知识为主要内容的课程，一般在信息技术课程中占较小的比例。例如：认识计算机硬件系统、软件系统，这种通俗易懂的信息技术基础性知识；计算机的工作过程，程序储存原理，这种抽象、难以理解的既定事实性知识；信息安全与道德责任，这种帮助学生树立正确价值观的知识。此类课程的教学设计模式如图3所示。

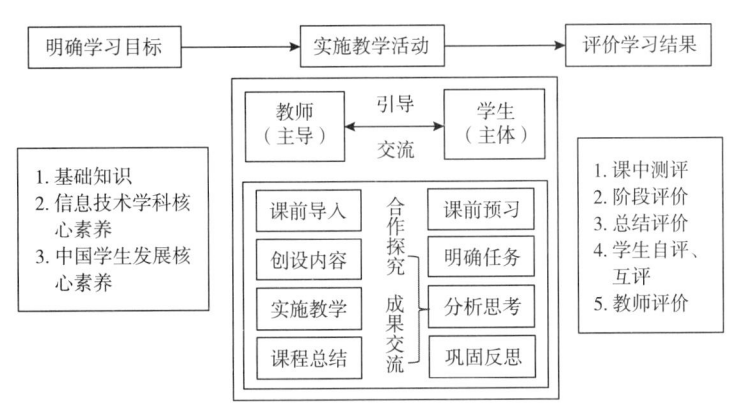

图3 信息技术课程理论课型的教学设计模式

首先制定好明确的学习目标，以培养学生信息技术素养为主要目的。其次实施教学活动，切记学生的主体地位。良好的教学导入能吸引学生对课堂的兴趣，对即将学习的知识取得一定认知；合理安排课程内容，使学生能明确本节课的任务要求；教授时注重与学生的互动性，让学生参与课堂，小组探究交流知识点，开拓思维分析思考；课程结尾总结本课要点，易于学生巩固课程知识点、反思课程学习过程中的错误。最后评价学习效果，灵活采用学生自评、互评方式让学生更清晰明了自身所掌握知识点的程度，有哪些需要巩固改进。

(二) 实践课型的教学设计模式及应用

信息技术实践课型是指以学生完成作品制作为主要内容的课程，其目的是加强学生的动手操作能力以及应用信息技术解决问题的能力。例如：双绞线的制作、计算机的组成与安装，以实验的形式展开，让学生自己动手验证在信息技术课堂上所学习的理论知识，加深对知识的理解吸收，更培养学生的动手能力。此类课程的教学设计模式如图4所示。

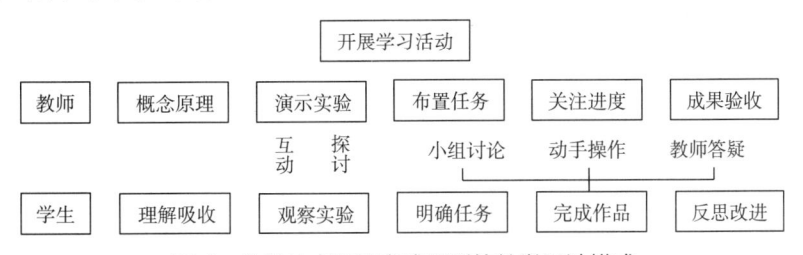

图4 信息技术课程实践课型的教学设计模式

实践课型的教学设计步骤与理论课型一致，主要区别在于开展学习活动环节。实践类课程需要先讲解所学操作内容的概念原理，让学生理解如何实现此类技术，在此基础上向学生演示操作步骤并共同探讨每一步骤的作用或意义，然后向学生布置任务，小组讨论或自主探究完成任务，最后教师验收学生的作品成果，给予评价建议，使学生能更好地完成此任务。在动手操作的过程中，教师要密切关注学生的完成进度，为学生提供指导和帮助。

（三）技能课型的教学设计模式及应用

信息技术技能课型是指主要以上机操作形式开展的课程，培养学生对计算机软件应用操作的能力，并能利用所学技能开发具有自己独特点的作品。例如：文字处理、数据表处理、制作演示文稿，学习掌握这种办公类软件的操作方式，轻松解决日常工作、学习、生活中会遇到的信息技术类问题。此类课程的教学设计模式如图5所示。

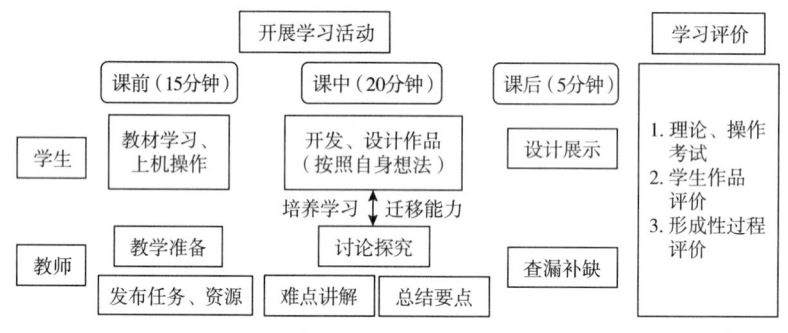

图5 信息技术课程技能课型的教学设计模式

技能类课程必须上机操作练习，在课程前15分钟让学生自主学习教材上的信息技术操作，上机实际演练，教师做好教学准备，能熟练各技能，同时将本节课所需资源、学生任务发布给学生；课中20分钟，学生根据教师要求按照自身想法开发、设计作品，教师通过与学生交流反馈，汇总学生遇到的技术难点进行针对性讲解；课程最后5分钟，学生将自己的作品上交展示，教师通过查验告知学生优缺点，以方便学生课后改进提升。这样的教学方式能关注到学生的个性化、自身的独特性，有利于培养学生动手操作的积极性，更能将所学技能迁移到解决实际生活问题。此类课程在进行学习评价时更注重学习过程，学生在完成设计时所遇到的困难和作品效果，设置理论、操作相结合的考试项目对培养学生技术能力严格把控。

信息技术课型不同，教学设计模式和实践应用也不同。理论课型基本讲授基础概念性的知识，较为枯燥，如果仍然采用传统的教师讲授方式很难提起学生的学习兴趣，更无法形成良好的课堂氛围；实践课型更加考验学生对知识的探究意识，如果一味采取教师课堂演示的方式授课，对学生的自主探究、动手能力具有不利影响；技能课型着重培养学生利用信息技术解决问题的能力，如果只通过单一的上机操作训练，只注重简单技术的习得，将忽视学生的学习迁移能力，不利于学生能力的发展。因此，研究者按照课型分类针对不同课型分别设计了教学模式。

总之，随着我国信息技术的高速发展和应用，中小学信息技术课程越来越受到学校、教师、学生和家长的高度关注，社会对信息技术人才的培养质量要求也逐步提高，必然导致信息技术课程改革。通过对核心素养、信息技术学科核心素养的全面正确理解，结合信息技术课程实施现状，采用"以学习者为中心"的课程设计方法、项目教学模式、多元化评价形式对中小学信息技术课程提出教学设计模式及实施建议，希望能更好地培养学生的核心素养，也能对信息技术课程改革研究起到一定的促进作用。核心素养下的信息技术课程教学与实践对培养未来社会创新人才具有现实意义，希望中小学信息技术教师不断探索适合时代要求的教学方法和规律。

参考文献

[1] 中国学生发展核心素养 [EB/OL]．https://baike.so.com/doc/24396081-25220490.html．

[2] 中华人民共和国教育部．普通高中信息技术课程标准 [M]．北京：人民教育出版社，2017．

[3] 信息技术教育课程发展史 [DB/OL]．https://wenku.baidu.com/view/69bee2f39e314332396893d0.html．

[4] 刘向永．2000年信息技术教育全面推进 [DB/OL]．https://mall.cnki.net/magazine/Article/ZXJA2003Z1004.html．

[5] 课程目标 [EB/OL]．https://baike.so.com/doc/349125-369793.html．

[6] 杨椿，赵冬梅，张晓飞．项目教学法在初中信息技术课程中的应用 [J]．中小电教，2012(10):46-48．

中小学信息化课程建设现状调查
——以陕西省46所学校课程为例[1]

孙洋[2]

一、研究背景

《国家中长期教育改革和发展规划纲要（2010—2020年）》第十九章加快教育信息基础设施建设中提出"信息技术对教育发展具有革命性影响，必须予以高度重视。把教育信息化纳入国家信息化发展整体战略，建立开放灵活的教育资源公共服务平台"，为全面贯彻规划纲要中提出的要求，教育部在全国范围内决定开展教育信息化试点工作。

2012年8月陕西省教育厅遴选了39所中小学进行教育信息化试点。这39所学校在过去的几年间教育信息化步伐不断加快和完善，不仅提升了信息化教学水平，还带动和引领了其他学校的信息化课程建设。2017年初教育信息化试点工作结束，教育信息化建设需要时间周期以及应用的成果具有滞后性，所以在2018年3月研究者通过网络访问、实地调查，对试点学校的网络课程建设和应用进行了研究。本次研究主要通过调查这39所信息化试点学校和其他7所非试点学校信息化课程建设，了解陕西省中小学信息化课程建设现状，总结值得借鉴的经验，发现问题、找出对策，以期对未来中小学信息化课程建设提供参考。

二、研究内容

信息化课程是指以现代教育思想和理论为指导，利用现代信息技术开发的线上教育课程，以达到优化教育过程，提高教育质量和效率，形成适应信息社会要求的新的教育资源。信息化课程包含的课程类型较广泛，例如：微课、慕课（MOOC）、云课堂、网络教学系列视频、"一师一优课，一课一名师"、专递课堂、三通两平台、名师课堂、名师工作室、网络学习空间人人通等一系列在线课程。

此次研究的内容和范围主要针对中小学校教师认知度较高的微课、视频公开课、网络教学平台、"一师一优课，一课一名师"、三通两平台、MOOC等基于网络信息技术建设的课程以及应用情况进行调查。

三、研究对象和方法

研究选取陕西省39所中小学教育信息化试点单位为调查样本，此外为了横向比对，寻找差距，了解其他非试点学校信息化课程的建设和使用情况，还选取了西安、咸阳和渭南

---

[1] 基金项目：本文为咸阳师范学院2021年教育教学改革研究项目（2021Z013）阶段性研究成果。
[2] 孙洋，1979年10月生，男，辽宁昌图人，教授，硕士研究生，研究方向：网络与远程教育，教育信息化。

市的其他7所非试点学校(信息化建设水平在本地区处于中上水平)为样本进行调查。

本课题的研究思路是,首先访问调查样本学校的官网,利用内容分析法,分析每个学校的信息化课程建设的内容、数量和访问量等。具体方法为在其网站中寻找微课、MOOC、视频公开课、"一师一优课,一课一名师"、三通两平台等信息化课程建设的栏目板块或二级界面。通过实际访问,记录信息化课程中的资源形式、资源类别、更新情况、访问和使用的人数、次数等较为客观和全面的了解这些学校信息化课程建设以及使用情况。其次利用访谈法,对调查学校负责信息化课程建设的教师进行访谈。通过实地访问、与老师座谈深入了解该校的信息化课程建设现状,有哪些成功的值得借鉴和推广的经验,有哪些建设和使用中存在的问题,进行深入分析。最后编制一份关于调查信息化课程建设现状的问卷,发放给调查样本学校的一些教师和学生进行填写,回收的问卷利用spss进行数据录入与分析,最后得出研究结果。研究方法与被调查学校的数量见表1。

表1 研究方法与调查学校数量

类型	方法		
	内容分析法	访谈法	问卷调查法
试点学校	39	5	5
非试点学校	7	4	4
合计(所)	46	9	9

2018年5月,研究者深入9所学校进行实地调研和发放问卷,得到了调研学校教师和学生的大力支持,共发放问卷137份(教师35份,学生102份),回收133份(教师32份,学生101份),回收率为97%,其中有效问卷130份(教师31份,学生99份),有效率为94%。

四、调查结果分析

(一)网站访问结果分析(表2)

表2 学校网站信息化课程建设情况

类型		类别				
		微课	精品课程	MOOC	一师一优课	教育人人通
试点学校	有建设	21	9	0	31	34
	无建设	18	30	39	8	5
非试点学校	有建设	4	1	0	3	5
	无建设	3	6	7	4	2
共计		46	46	46	46	46

通过访问46所调查样本学校的网站，可以看出大部分学校网站建设有微课、"一师一优课，一课一名师"和教育人人通。建设较好、资源较多的是一师一优课和教育人人通综合服务平台，这是因为这两个平台是陕西省教育厅为了打破教育资源不均衡，让更多中小学享有名师课堂，促进中小学教师相互交流，主导并大力推进的信息化建设项目，所以各学校也在这方面进行积极的配合和建设，建设的成果也是最丰富的。有54.3%的学校网站中有微课模块，通过访谈了解到，随着近几年微课在教学中的应用越来越广泛以及陕西省教育厅举办中小学微课大赛，带动教师在教育教学中进行创新，很多学校都组织过微课的培训，所以大部分教师都有微课制作的培训经历，并且制作和上传了自己的微课。

有10所学校建设有精品课程，精品课程是早期信息化课程建设项目，由于精品课程教学视频比较冗长，不符合网络学习的规律，所以应用效果不太好，逐渐被微课、云课堂等新型课程所取代，调查也发现这些学校的精品课程的访问量和使用率都不高，且长时间没有更新，渐渐变成了"僵尸课程"。在被调查的学校中没有一所学校建设有MOOC，究其原因是MOOC在高校中应用较广、较受欢迎，但是因为制作周期较长，时间成本和经济成本较高，且在中小学校应用效果有限，所以这些学校都没有建设该项目。

通过访问网站对比发现，信息化课程平台建设比较好的学校几乎都是信息化试点建设单位，这些学校网站中的教育资源平台、微课等建设的较为完备，充分起到了引领和带头作用，而7所非试点学校网站信息化课程建设的整体水平不如信息化试点学校。

(二)问卷调查结果分析

此次问卷调查发放了西安、咸阳和渭南的9所学校，包括5所试点学校和4所非试点学校。调查结果分析如下：

1. 信息化课程情况

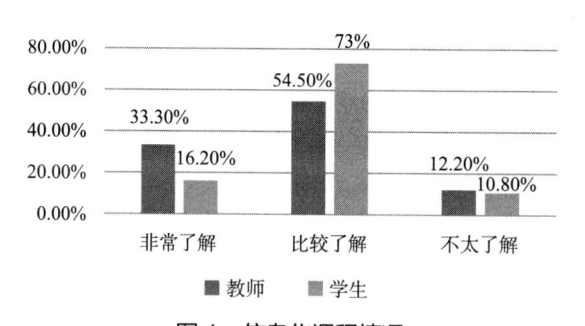

图1 信息化课程情况

通过图1可以看出33.3%的教师非常了解信息化课程，54.5%的教师比较了解。随着网络技术、信息技术的发展和广泛应用，以及教育行政部门举办各级各类信息化教学大赛，推动各种教学平台的建设，大多数教师都知道和了解信息化课程，并且也在参与建设和使用这些信息化课程。特别是2016年冬，西安市、咸阳市因雾霾重度污染启动一级响应措施，全市中小学停课不停学，很多教师通过网络直播、空中课堂等方式进行网络授课，让教师和学生切实地体验了一下网络课程的教学应用。

有73%的学生了解或比较了解信息化课程，可以看出教师和学生对于信息化课程认知的比率比较一致，因为中小学生对信息化课程的认识主要依赖于教师的应用情况，教师由于各种情况会布置一些网络平台中的作业让学生在家进行学习和完成，这样学生就对信息化课程有了认识和了解。

2. 信息化课程建设现状

通过调查很多学校基于"一师一优课"和三通两平台建设了不同学科的信息化课程，主要为语文、数学、外语三门学科，在被调查的学校中接近三分之二的学校都有建设，其次是生物、物理、地理、化学、历史、道德与法治，如图2所示。

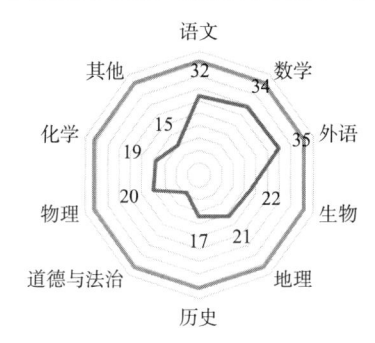

图2 信息化课程各学科建设情况

这也与这些学科在学校的受重视程度高度重合，语、数、外三门学科的教学仍然是基础教育中最受重视的科目，其他几门科目建设水平相当。但是随着新高考改革方案的出台与实施，未来信息化课程建设的格局可能将会调整和变化。

从图3可以看出，试点学校对于信息化课程建设重视程度较高，并且学校也积极推进此项工作。通过调查了解到中小学信息化课程建设主要是依托"陕西省教育人人通综合服务平台"，在这个平台上教师可以录制视频，上传资源，开通自己的学习空间，建设空间中的课程，学生通过注册账号进行访问，可以观看教学视频，也可以留言获得答疑和帮助。这样每一个教师都是一个资源池，每一个学生都可以享受不同老师的教学服务，打破了教

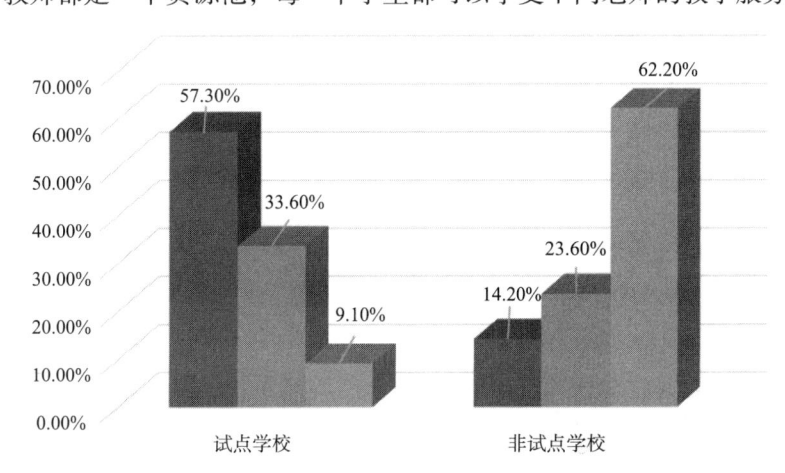

图3 信息化课程建设重视程度

育资源的不均衡，实现了教师与学生多对一的帮助。但是建设资源的丰富性和实用性依赖教师的建设意愿和精力投入程度，以及学校的推进力度和激励政策。

3.学生应用信息化课程情况

有92.8%的学生应用过信息化课程进行学习，主要是教师布置作业要求他们在网络中进行学习，使用的平台有QQ、微信、手机APP和直播网站。在停课不停学活动中，很多教师通过这些媒体工具和平台进行了形式多样、非面对面的教学活动，加强了学生对网络化学习的应用和认识。

在调查中发现学生通过网络课程学习的科目排在第一位的是物理，然后是英语、数学、化学、生物、地理、历史和语文等学科。

在中学阶段，物理课程被多数学生认为比较难理解和学习，尤其是初中生的抽象思维能力还不够强，所以很多学生利用课外时间通过网络课程对物理学科进行补充学习。数学和英语也是中高考必考的科目，所占分数比重较多，提升成绩也较快，所以多数学生也会利用网络课程进行学习。而语文学科需要平时大量的阅读作为知识的积累，且提升成绩较慢，所以利用网络课程进行学习的学生比较少。

值得注意的是在被问到"你是否应用过付费的网站进行某些学科的学习？应用这些网络课程后的学习效果怎样？这些网络课程有哪些地方做得较好？"这几个问题时，有10名学生回答使用过付费的网络课程，在这10名同学中有8人认为自己的成绩有所提高，他们认为在付费的网络课程中，教师讲授的学科知识比较清晰且成体系，自己听得更明白，不懂的知识能得到及时的辅导，不会做的题也能得到细致的解答。

4.信息化课程满意度调查

23.6%的教师和18.6%的学生认为本校的信息化课程建设一般，较完备；17.3%的教师和20.6%的学生认为本校的信息化课程建设很好，课程种类多、齐全。有接近一半的教师和学生认为信息化课程建设不好、有待完善。以上数据可以看出，不论是教师还是学生对学校信息化课程建设现状还不太满意。调查中发现，教师和学生对于信息化课程都有不同程度的诉求和需求，多数教师认为信息化课程建设的技术水平还需要更多的支持，尤其是精美视频的制作技术需要提升。另外是精力投入与工作量的认定，因为信息化课程不仅需要前期的建设，更重要的还在于后期的维护与服务，部分学校在这方面没有制定相关政策，这就不能保证教师对这项工作积极性和参与性的持续投入。学生希望信息化课程平台中的资源更丰富，课程内容应该完整、系统；有自己任课教师的学习空间，或者更多教师名师的学习空间；在学习空间中进行学习，能够得到及时的答疑解惑。

五、讨论与结论

（一）信息化课程中的教学内容需要成体系，教师要提高制作技术、更新教学理念、提升建设水平，对学生提供指导和帮助

试点学校的信息化课程建设成效显著，起到了良好的示范带头作用，通过访问网站进行内容分析以及实地调研开展访谈和问卷调查都表明试点学校的信息化课程建设水平处在前列。但在调查中也发现，一些信息化课程建设还存在体系不完整，内容不完善，部分

教师学习空间中的案例是孤立的，学生没有办法对学科中的某一完整章节内容进行系统性学习。

由于线上教学的最大特点是非面对面，教师无法看到学生的学习状态，所以教师要利用启发式、探究式教学，设计一堂精彩的、适合网络教学的课程。信息化课程内容建设中制作视频、上传资源只是前期部分，后期对于学生在学习中提出的问题进行解答和指导服务也是课程中一项重要的内容，这样才能实现双向互动，形成一个完整的教学链。

(二) 学校与企业和社会力量合作提供优质数字教育资源服务，将会是未来信息化课程发展趋势

在调查中笔者也了解到一些教师建设信息化课程的动因是"学校领导要求，安排的任务"，所以主观意愿并不积极，导致制作的课程不精美、不完善。一线教师本身就有很多的常规工作，再额外增加工作时间他们也有抵触情绪。因为从备课到录制视频，再到建设和完善信息化课程确实需要耗费大量的时间和精力，所以很多教师提出能不能购买成熟、完善的由企业提供的信息化课程平台。研究者也访问了一些知名网络平台的课程，发现他们的课程平台资源丰富、服务意识和建设理念也很先进，有很多学校购置使用这些在线教育平台后，教师的教学质量和学生的学习效率都有明显的提高，但是因为建设成本的因素，在这些平台中对单个用户学习课程的费用都普遍较高。所以学校可以和企业、社会力量合作共同建设信息化课程，为学生提供优质的教育资源，同时团体用户可以摊薄企业成本，降低课程学习费用，减少教师建设信息化课程的劳动，实现学校、企业、教师、学生四方共赢。让专业的人做专业的事，细化社会分工，由专门的企业建设信息化教育资源，学校购买服务将会是未来信息化课程建设的趋势。

(三) 信息化课程建设与应用会成为解决教育资源不公平、促进教育均衡发展的突破口

随着城镇化进程的深入，更多的人口将会迁移到城市，我国历来有"尊师重教""学而优则仕"的传统思想，随着社会经济的发展，越来越多的家长重视自己孩子的教育，享受更优质的教育资源与教育资源不平衡的矛盾越来越突出。2018年9月，湖南耒阳市曾发生教育资源配置不适应新型城镇化进程而导致公办学生被分流到民办学校引起家长不满的事件。目前：城乡、区域、学校、群体之间的教育差距依然很大，教育资源不平衡的矛盾会长期存在。

很多网络教育平台开设了涵盖各个学科，形式多样的在线公开课平台、课后网平台、教育资源云平台、一站式作业平台等，这些信息化课程平台可以对课前、课中、课后教育全过程进行服务。而且这些课程平台中不仅汇集了许多教学名师，能够提供优质的教学服务，还利用人工智能、大数据等信息技术进行作业改错、答疑和辅导服务，尤其是这些市场化运作的公司可以提供跟踪、推送服务和持续的教学支持，实现个性化学习。教育信息化促进教育现代化，利用数字教育资源及教育服务平台，应用信息化课程开展网络化教育新模式将会是促进教育公平的一个突破口。

参考文献

[1] 国家中长期教育改革和发展规划纲要（2010—2020年）[EB/OL]. http://www.gov.cn/jrzg/2010-07/29/content_1667143.htm.

[2] 陈建. 基于蓝墨云班课分析信息化课程建设的优化路径[D]. 哈尔滨：哈尔滨商业大学，2017.

[3] 谢晓林，余胜泉，程罡，等. 网络教学平台的新发展[J]. 开放教育研究，2007, 10: 12-25.

[4] 谢幼如，吴利红，邱艺，等. 用互联网思维创新教学实践研究：课程视角[J]. 中国电化教育，2017, 10:1-7.

[5] 祝智庭，管珏琪. 教育变革中的技术力量[J]. 中国电化教育，2014, 1:2-8.

[6] 何克抗. 我国教育信息化理论研究新进展[J]. 中国电化教育，2011, 1:51-55.

[7] 王竹立. 技术是如何改变教育的？——兼论人工智能对教育的影响[J]. 电化教育研究，2018, 4:5-11.

[8] 教育部关于印发《教育信息化"十三五"规划》的通知[EB/OL]. http://www.edu.cn/xxh/focus/zc/201606/t20160621_1417428.shtml.

[9] 国务院办公厅关于规范校外培训机构发展的意见国办发〔2018〕80号[EB/OL]. http://www.gov.cn/zhengce/content/2018-08/22/content_5315668.htm.

心理健康教育视角下小学语文教学对策分析

王位[1]

在心理健康教育视角下，不同的心理状态，可能会产生不同的学习行为、学习结果。作为新时期小学语文教师，要兼顾语文教学与心理疏导，突出心理健康教育的重要性。目前，在小学语文课堂上，有些小学生带有自卑心理、有些小学生持有逃避心理、有些小学生表现出孤僻心理……这些心理状态，可能会干扰情绪，阻碍小学生进步。积极探讨心理健康教育视角下小学语文教学对策，旨在融合心理健康教育与语文教育，实施全方面育人计划，指导小学生吸收、巩固语文知识，并形成积极心理品质，成为内心有阳光、有大爱之人。

一、心理健康教育的重要性分析

对于小学生来说，接受系统化的心理健康教育，是一种心理层面的调节，有利于小学生正视客观环境，抓好各个课程的学习，正确地进行社交活动和实践活动，带着积极进取的心态，追求全方面发展。具体来分析：

(一)提升学生学习质量

通过心理健康教育，小学语文教师可以进行积极的心理暗示，鼓励学生永攀高峰、不懈探索，认真钻研语文知识，即使遭遇困难，学生也不能轻易放弃，要相信自己，要尽力尝试，争取更大进步。从这个角度来说，心理健康教育具有激励作用，可以带给学生勇气，保障学生语文成绩。除此之外，小学语文教师可以通过心理健康教育，及时地提醒学生。比如说，有些学生语文基础扎实，面对同学请教，面对教师提问，态度过于骄傲。这个时候，教师可以提醒学生，学习要虚怀若谷，时刻保持谦虚、谨慎的心态，要为长远发展而努力，要为全面发展而奋斗。基于谦虚的心态，学生更加认真、刻苦，将通过多种途径，积累丰富的语文知识，不断巩固语文学习。

(二)培养学生社交能力

基于心理健康教育，小学语文教师可以更好地亲近学生，培养学生社交能力。具体来说：一方面，乐于帮助他人。在语文学习之路上，"闻道有先后，术业有专攻"，小学生难免会遇到困难。寻求帮助或者帮助他人，都是非常重要的学习品质。小学语文教师要善于开展心理健康教育工作，让小学生理解"帮助他人，就是帮助自己"，明白"乐于帮助"的意义，有意识地培养小学生社交能力。另一方面，乐于分享资源。在相互分享的氛围中，小学生并不是在"舍"，而是在"得"，可以收获更多语文知识、形成更多个人观点。小学语

---

[1] 王位，1984年12月生，女，汉族，河南南阳人，博士研究生，研究方向：心理健康教育，小学教育。

文教师可以积极实施心理健康教育，阐述分享的意义，什么是分享者的快乐、满足，帮助小学生养成"乐于分享"的心态，进一步提升小学生社交能力，引导小学生走出孤僻心理，结交亲密的学习伙伴，结交人生的挚友。

（三）促进学生全面发展

学习语文知识的过程中，有些小学生行动迅速、思考不足，仍然以语文成绩为导向，为了更好的语文成绩而努力。语文成绩固然很重要，可以反映一些学习问题，但不能反映所有问题。小学语文教师可以借助心理健康教育，纠正学生不成熟的想法，提醒学生慢下来，走出过于浮躁的心理状态，认真回顾学习过程，树立全局性视角，既关注语文学习成绩，也关注个人付出和个人体验，呼吁学生全方面发展。除此之外，有些小学生内心活动十分丰富，渴望表现自己，渴望收获赞美，非常珍惜语文课堂上的时间，争先恐后地提问、回答。等到下课铃声响起，小学生很快失去积极性，认为语文课堂之外的种种表现，难以被教师发掘。针对课堂内、外的心理变化，小学语文教师可以开展专门的心理健康教育，指导学生认识学习的意义，认识第二课堂的多姿多彩，鼓励学生全方面地学习、成长，关注自身综合素质，为了美好的未来而积极学习。尤其在面对教师赞美时，小学生要保持平和的心态，不能一直沉浸在教师的赞美中，要努力成为有胸怀、有肚量之人，既可以接受赞美，也可以接受公正的批评。

二、心理健康教育视角下小学语文教学中存在的问题

从心理健康教育的角度出发，小学语文教师要正视典型的心理问题、心理现象。比如说，小学生为何会产生自卑心理、小学生为何会出现逃避心理、小学生为何会陷入孤僻心理……认真解决小学生心理问题，可以促进小学生后续学习。具体来分析：

（一）学生带有自卑心理

在小学语文课堂上，对课文主题的分析，对作者情感的理解，对疑难字句的翻译，不同的小学生有不同的观点。有些小学生聆听他人观点之后，不敢表达自己的观点，对自己的观点不够自信。这说明，小学生内心一直在纠结，带有一定自卑心理，如果不进行及早干预，小学生很难走出这种自卑心理。除此之外，面对语文课堂上的学习活动，有些小学生虽然想参与，但碍于外界的目光，不敢参与进去，总是担心自己表现不好，担心同学的嘲笑、教师的批评。这一类小学生，也带有自卑心理，很难正视自己的优点和不足，很难将精力集中于语文学习。在语文学习的漫长道路上，小学生应勇往直前、大胆实践，而不是左顾右盼、畏手畏脚，错过锻炼自己的机会。

（二）学生持有逃避心理

当前，有些语文教师想要走近小学生，而小学生一直在逃避。小学生的逃避心理，主要表现在：一方面，不愿意互动。为了与小学生互动，有些语文教师设计大量课堂活动，想方设法地调动小学生兴趣。问题在于，活跃的学生比较少，观望的学生占大多数。小学生不愿意与同学互动，不愿意与教师互动，这是一种十分被动的学习态度，不利于提升小学生学习能力。另一方面，不主动完成学习任务。小学语文教师布置课外作业、组织课外实践，是为了更好地锻炼小学生，指导小学生温习、思考、总结，对语文知识进行巩固。

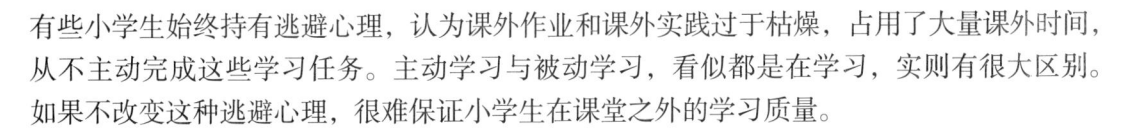

有些小学生始终持有逃避心理，认为课外作业和课外实践过于枯燥，占用了大量课外时间，从不主动完成这些学习任务。主动学习与被动学习，看似都是在学习，实则有很大区别。如果不改变这种逃避心理，很难保证小学生在课堂之外的学习质量。

(三)学生表现出孤僻心理

遇到不理解的语文问题时，有些小学生知道自己无法独立解决，仍然埋头苦思，即使消耗大量时间，还是不愿意寻求外界帮助。独立思考和学习是一种能力，也是一种优势，但不能陷入偏执的境地。这一类小学生，往往有孤僻心理，习惯将自己封闭起来，将语文学习封闭起来。语文的世界，是一个极其宽广、深邃的世界，小学生不可能理解所有语文现象，也不可能永远得心应手，小学生需要主动走出孤僻心理。除此之外，在多样化的语文学习活动中，既需要带头者，也需要配合者，既需要个人的创意，也需要集体的智慧。目前，有些小学语文教师一直在倡导"团结""合作""互助"，但小学生并不理解，不愿意发扬集体主义精神，坚持我行我素的作风。小学生对集体活动的排斥，对他人感受的漠视，也是一种孤僻的表现。这样的心理状态，不仅会阻碍语文学习，还会阻碍小学生正常交友，降低小学生个人素质。小学语文课堂是素质教育的重要阵地之一，小学生应学会换位思考，欣赏他人的优点，感受"为他人着想""为集体服务"的快乐，提升个人综合素质，走出孤僻心理。

三、心理健康教育视角下小学语文教学的有效对策

结合心理健康教育理念，小学语文教师要优化教学设计，增加心理疏导，调节小学生的自卑心理、逃避心理、孤僻心理，让小学生自信起来、积极起来，并通过合作学习的方式，消化疑难知识点，高质量完成语文学习任务。具体来分析：

(一)改善自卑心理，自信面对语文学习

小学语文教师要给予学生信心，带领学生自信地开启语文学习。举例来说，《秋天的雨》是一篇语言优美，且富有大自然趣味的文章，教师可以分三个步骤培养小学生自信心：第一步，说出心中的秋雨。每一位小学生都有自己的经历和感悟，对于秋雨的印象未必相似。教师可以设置"分享环节"，邀请小学生说出心中的秋雨，在独立表达中锻炼小学生说话的勇气，培养小学生的自信。第二步，欣赏课文中的秋雨。经过分享环节，小学生的兴趣被调动起来，可以正式进入课文。教师可以将"熟读课文"转化为"欣赏课文"，以欣赏者的角色鼓励小学生各抒己见，重拾自信。第三步，对比不同人的秋雨。小学生眼中的秋雨与作者眼中的秋雨有何不同？在对比过程中，小学生可以体会课文的精妙之处，教师可以表扬小学生的细腻、专注，提升小学生自信心。

(二)转变逃避心理，积极参与语文学习

小学生要主动走出逃避心理，积极、愉悦地参与语文学习。比如说，在《爬山虎的脚》中，教师可以通过巧妙的教学设计，鼓励小学生勇敢承接学习任务，不逃避、不畏惧。具体来说：首先，设置学习小组。根据小学生人数，合理设置学习小组，可分为6人/组、8人/组。其次，布置学习任务。任务A，对全文内容进行朗读与评估。任务B，对精彩语句进行摘抄与讨论。任务C，分析文章结构，概括文章主题。再次，分解学习任务。各学习

小组自主分解学习任务，确保每一位小组成员有学习目标。最后，轮流指导。语文教师可以轮流指导各学习小组，并借助短视频工具，记录小学生的朗读过程、分析过程，提醒小学生认真学习、自信表现，留下自己的精彩瞬间。在整个教学设计中，充分体现"重在参与""平等协作"的理念，有利于小学生克服逃避心理。

（三）调节孤僻心理，合作完成语文学习

小学语文教师要善于调节孤僻心理，提醒小学生齐心协力，采取多样化方式，合作完成语文学习任务。举例来说，《慈母情深》是一篇描写细腻、情感真挚的文章，全文围绕"买书"展开。对于新时期的小学生来说，想要买一本自己喜爱的书并没有那么难。但是，在梁晓声少年时期，物资紧缺，人均工资较低，要花一元多钱买书，这对他的家庭来说并非易事。为了更全面地了解课文背景，教师可以倡导"合作学习"：①合作搜集学习资料。小组 A 负责搜集作者资料，小组 B 负责搜集时代背景，小组 C 负责整合各种资料，小组 D 负责汇报资料，各小组既要独立行动，又要相互沟通，要在短时间内快速熟悉课文的创作背景。②合作查找细节描写。在课文中，有多处打动人心的细节描写，如："褐色的口罩上方，一对眼神疲惫的眼睛吃惊地望着我""掏出一卷揉得皱皱的角票，用龟裂的手指数着""立刻又坐下去，立刻又弯曲了背，立刻又将头俯在缝纫机板上了"……各小组分别查找细节描写，并写上批注，整理成电子版本，进行资源共享。③合作找出问题答案。教师提出问题，如："我想我没有权利用那钱再买别的东西，无论为我自己还是为母亲"，怎样理解这句话？各小组先讨论，再阐述观点。最后，融合各小组观点，梳理出文章主题。

四、结语

综上所述，在心理健康教育视角下，小学语文教师要耐心、细心，关注每一位学生的心理状态，指导学生理性地判断、分析，树立积极心理品质。具体来说，小学语文教师要重视：①改善自卑心理，发掘个人独特优势，自信面对语文学习；②转变逃避心理，把握各种学习机会，积极参与语文学习；③调节孤僻心理，善于通过集体力量、集体精神，合作完成语文学习。除此之外，小学语文教师要勤于学习，主动加强心理学方面的专业学习，从专业视角，融合心理健康教育与小学语文教育，全方面呵护小学生成长。

参考文献

[1] 沈梦兰. 悉心浇灌，静候花开 —— 论心理健康教育在小学语文教学中的渗透 [J]. 当代家庭教育，2020, 36:160-161.

[2] 李晓霞. 小学语文教学中渗透心理健康教育的方法探讨 [J]. 试题与研究，2020, 33:55.

[3] 陈玲玲. 小学语文阅读教学渗透心理健康教育探讨 [J]. 教师博览，2020, 10(33):41-42.

[4] 徐立婷. 小学语文教学中渗透心理健康教育的探究 [J]. 大众心理学，2020, 10:15-16.

[5] 叶秋玉. 案例教学法在小学语文教学中的应用 [J]. 西部素质教育，2019, 5(16):249-250.

[6] 骆元国. 关于新课改下信息技术在小学语文教学中的应用研究 [J]. 课程教育研究，2020, 24:45-46.

[7] 荀霞. 小学语文主题式单元整体教学的实施 [J]. 小学生作文辅导 (读写双赢)，2020, 7:59.

幼小衔接视角下科学教育内容的思考[1]

段伟红[2]

一、研究背景

(一) 时代发展的要求

当今世界的竞争归根结底是科学技术和人才的竞争，谁能培养和利用更多更好的人才，谁就能赢得竞争的胜利。为了顺应时代的要求，培养出具有较高科学素养的科技人才，世界各国都纷纷进行了科学教育的改革，强调了科学教育的重要性，我国也紧跟时代的步伐做出了相应的调整。如2001年7月21日颁布的《幼儿园教育指导纲要（试行）》（以下简称《纲要》）中将幼儿园的教育内容划分为健康、语言、社会、科学、艺术五大领域，不仅将科学作为一个独立的领域，并且将以往的"常识"和"计算"学科均囊括其中，扩大了科学领域教育内容的范围。2022年4月21日教育部公布了新版义务教育课程方案和16门学科的课程标准。修订后的义务教育课程方案优化了课程设置，提出科学、综合实践活动开设起始年级提前至一年级；将劳动、信息科技及其所占课时从综合实践活动课程中独立出来。

(二) 完善幼小科学衔接的现实需要

《幼儿园工作规程》（以下简称《规程》）中提出"幼儿园和小学应当密切联系，互相配合，注意两个阶段教育的相互衔接"。2021年3月30日发布的关于幼儿园与小学科学衔接的指导文件《教育部关于大力推进幼儿园与小学科学衔接的指导意见》指出"全面推进幼儿园和小学实施入学准备和入学适应教育，减缓衔接坡度，帮助儿童顺利实现从幼儿园到小学的过渡"。近年来，幼小衔接已经成为一大热点问题并引起了国家和教育领域的重视，各领域各学科的幼小衔接也在如火如荼地开展，然而其效果如何呢？曾有幸听到了幼儿园和小学三年级的教育内容同为"声音的产生"的科学课，在这两次课中老师们均是通过让儿童直观感知的方式（如敲击鼓面观看鼓面上的碎纸屑、压弹尺子、触摸自己声带等）进行教学，最终目标都是让儿童知道声音是由振动产生的。

基于以上种种情况，我们不得不思考一些问题，幼儿园与小学科学教育应该教什么？学什么？教到什么程度？学到什么程度？两者的区别是什么？应该怎样做好衔接？

二、幼儿园与小学科学教育内容的梳理

教育内容是目标的载体，是为完成目标服务的。它要解决的是教什么的问题，如果教育内容出现了偏差，也会影响教育目标的实现。因此，关于幼儿园和小学科学教育教什

---

[1] 基金项目：咸阳师范学院教育科学学院教育教学改革研究资助项目（课题编号：Jky202116）。
[2] 段伟红，1982年9月生，女，汉族，山西人，硕士，讲师，主要从事学前教育原理研究。

么的问题我们必须慎之又慎。这里以《纲要》《3~6岁儿童学习与发展指南》(以下简称《指南》)和《义务教育小学科学课程标准》(2022年版)(以下简称《标准》)为依据对幼小的科学教育内容进行梳理。

(一) 幼儿园科学教育内容的梳理

与义务教育的课标不同,《纲要》中并没有对科学领域的内容做统一的规定和罗列,只是将内容融入了对教师的要求中。《指南》按照幼儿学习与发展最基本最重要的内容将科学领域划分为科学探究和数学认知两大方面,在这里我们主要分析科学探究方面的内容。《指南》中同样没有明确提出科学教育的内容,而是在目标部分对小中大班各个年龄段末期幼儿应该知道什么、能做什么、达到什么水平提出了期望、指明了方向。在此,笔者结合《纲要》和《指南》的要求、幼儿园的实际情况及各类教材将幼儿科学教育常见的内容梳理如下(表1):

表1 幼儿园科学教育常见内容

内容范围	内容分类		常见内容
物与环境	有生命物质	动植物	名称、特征、种类、生长变化、习性、与环境关系等
		人	差异性、种类、结构与功能、生长发育
	无生命物质		特性与用途、形态与变化、相互关系
自然科学现象	物理现象		声、光、电、力、磁、冷热
	化学现象		食物霉变、物质燃烧、材料混合、物体氧化
	气候季节		风、云、雨、雪、霜、四季等
	天文现象		日、地、月、宇宙
科技与制作	科技产品		家电、通信、交通、农业、玩具
	简单工具		测量、观察、记录、连接、改造、容器、清洁
	科技制作		制作方法、程序、科学原理
	科学故事		发展史、科学家

(二) 小学科学教育内容的梳理

《标准》第四部分对课程内容进行了专题论述,以13个学科核心概念为依托指出了义务教育阶段学生应该掌握的核心内容,并且每个核心概念都细化到每个学段从内容要求、学业要求、教学提示三方面进行了详细阐述。这里从幼小衔接的角度考虑将小学第一学段(1~2年级)的相关内容做如下梳理(表2):

表2　小学1~2年级科学教育内容要求

核心概念	学习内容	内容要求
1. 物质的结构与性质	1.1　物质具有一定的特性与功能	①观察并描述物体的外部特征（如轻重、薄厚、颜色、粗糙程度、形状等），能据此对其进行简单分类。②识别生活中常见的材料
	1.2　空气与水是重要的物质	①认识空气是无色无味的气体。②观察并描述水的颜色、状态、气味等特征
	1.3　金属及合金是重要材料	举例说出生活中常见的金属，知道金属是常见的材料
2. 物质的变化与化学	物质的溶解和溶液	知道有些物质能溶解在水中，如食盐和白糖等；有些物质很难溶解在水中，如沙和食用油等
3. 物质的运动与相互作用	3.1　力是改变物体运动状态的原因	①使用前后左右、东南西北、上下远近等描述物体所处位置和方向。②知道推力和拉力是常见的，力可以使物体的形状发生改变
	3.2　电磁相互作用	①列举常用的不同形状的磁铁。②知道磁铁可以直接、隔着一段距离对铁、镍等材料产生吸引作用
4. 能的转化与能量守恒（低学段无相关内容）		
5. 生命系统的构成层次	5.1　生物具有区别于非生物的特征	举例说明动物和植物都是生物。
	5.2　地球上存在动物、植物、微生物等不同类型的生物	①说出生活中常见动物的名称及特征，说出动物的某些共同特征（如都会运动）。②说出周围常见植物的名称及特征
	5.3　人体由多个系统组成	识别人的眼、耳、鼻、舌、皮肤等器官，列举这些器官的功能与保护方法
6. 生物体的稳态与调节	6.1　植物能制造和获取养分来维持自身的生存	说出植物的生存和生长需要水、阳光和空气
	6.2　人和动物通过获取其他生物的养分来维持生存	举例说出动物可以通过眼、耳、鼻等器官感知环境
7. 生物与环境的相互关系（低学段无相关内容）		
8. 生命的延续与进化（低学段无相关内容）		
9. 宇宙中的地球	9.1　地球绕地轴自转	观察并描述太阳每天在天空中东升西落的位置变化，初步学会根据太阳的位置辨认方向
	9.2　地球围绕太阳公转	描述一年中季节变化的现象，举例说出季节变化对动植物和人们生活的影响
	9.3　月球是地球的卫星	知道每天观察到的月亮形状是变化的

续表

核心概念	学习内容	内容要求
10. 地球系统	10.1 天气和气候	①知道阴、晴、雨、雪、风等天气现象。 ②描述天气变化对动植物和人类生活的影响
	10.2 岩石和土壤	知道土壤为众多动植物提供了生存场所
11. 人类活动与环境	人类活动对环境的影响	①举例说出人类的生活与自然环境有关，知道地球是人类与动植物共同的家园。 ②知道有些材料可以被回收利用，树立节约资源、保护环境的意识
12. 技术、工程与社会	12.1 技术与工程创造了人造物，技术的核心是发明，工程的核心是建造	①知道我们周围的人造物是由人设计并制造出来的，观察和区别身边的自然物和人造物。 ②学会使用锤子、安全剪刀、放大镜等简单工具；应用身边的材料和工具，制作简单的手工作品
	12.2 技术与工程改变了人们的生产和生活	举例说出周围简单科技产品的结构和功能，知道科技产品给人们生活带来的便利、快捷和舒适
	12.3 科学、技术、工程相互影响与促进	初步体验利用工具可以更好地进行观察与测量
13. 工程设计与物化	13.1 工程需要定义和界定	通过观察，提出并描述简单的制作问题
	13.2 工程的关键是设计	学会使用简单的草图，说出自己的思路
	13.3 工程是设计方案物化的结果	①学会使用简单的工具，对生活中常见的材料进行简单的加工处理。 ②制作简单的实物模型并展示，尝试通过观察发现作品中存在的问题并提出改进方案

三、幼儿园与小学科学教育内容的比较

（一）幼小科学教育内容的不同之处

由于幼儿园教育与小学教育有义务与非义务之分，所以《纲要》和《标准》中对科学教育内容的规定也呈现了概括与具体之分。《纲要》中围绕事物和现象指出了科学教育的内容与要求，而《标准》则将事物和现象分解成13个学科核心概念，并具体指出了每个核心概念下的学习内容与要求。由于幼儿园教育是非义务教育，没有硬性的规定和考核要求，教师可以根据当地当园的实际情况为幼儿选择适合的各种事物或现象开展活动，由于各园各班幼儿的兴趣爱好及所处环境不同，教师为幼儿选择的内容也不同，如在西藏教师可能会选择藏羚羊让幼儿认识，若在四川教师可能会选金丝猴，这就使得幼儿园的科学教育内容呈现出了多样化的特点。而小学则不同，由于义务教育有明确的考核标准和要求，加之《标准》中对不同学段的科学教育内容都有具体的描述，所以小学的科学教育有相对统一的教材和内容。这一现象直接带来的就是幼儿在升入小学之前科学学习基础程度的不同。

(二) 幼小科学教育内容的相同之处

虽然有关文件中对幼小科学教育内容的描述有概括与具体之分，但深入分析也有相同或相似之处，不管是《纲要》还是《标准》在描述课程内容时就紧紧围绕目标展开，体现了目标导向的原则，由于目标的制定都涉及认知、情感、动作技能等方面的要求，所以在内容中也体现了这三方面的要求，避免出现重知识忽略情感和动作技能的现象。不仅如此，两者针对内容都对教师提出了具体的要求，使一线的教师有了明确的方向。在具体的内容而上，虽然选择的维度和具体程度不同，但均涉及了物质科学、生命科学、地球与空间科学、技术与工程这四个不同的领域。这个大领域范围为幼小科学教育的衔接也提供了一定的基础。

四、幼小衔接视角下科学教育内容衔接的建议

《纲要》中明确提出"幼儿园应与家庭、社区密切合作，与小学相互衔接，综合利用各种教育资源，共同为幼儿的发展创造良好的条件"。《幼儿园工作规程》中提出"幼儿园和小学应当密切联系，互相配合，注意两个阶段教育的相互衔接"。纲要和规程中明确提出了幼儿园与小学相互衔接的要求，指出幼儿园向小学阶段的过渡过程中幼儿园和小学要相互合作，帮助幼儿顺利完成衔接。新出台的《义务教育课程方案》中也明确指出了要加强学段衔接，注重幼小衔接，基于对学生在健康、语言、社会、科学、艺术领域发展水平评估，合理设置小学一至二年级的课程，注重活动化、游戏化、生活化的学习设计。结合相关文件的要求以及课程标准修订的原则，教师在幼小衔接中也应坚持三导向原则，为儿童选择恰当的科学教育内容，做好科学幼小衔接。

(一) 坚持目标导向

在科学教育的幼小衔接中，教师应始终坚持目标导向的原则。内容是目标的载体，是为完成目标服务的。所以，幼小教师在选择内容时应始终围绕目标展开。《纲要》中指出科学教育的目标为：对周围的事物、现象感兴趣，有好奇心和求知欲；能运用各种感官，动手动脑，探究问题；能用适当的方式表达、交流探索的过程和结果；爱护动植物，关心周围环境，亲近大自然，珍惜自然资源，有初步的环保意识。《标准》中提出的小学科学教育的目标包括如下方面：(科学观念、科学思维、探究实践、态度责任) 掌握基本的科学知识，形成初步的科学观念；掌握基本的思维方法，具有初步的科学思维能力；掌握基本的科学方法，具有初步的探究实践能力；树立基本的科学态度，具有正确的价值观和社会责任感。从以上的描述中可以看出，幼小在科学教育目标中均重视让学生经历科学探究的过程，习得科学探究的方法，培养科学探究的能力，激发科学探究的情感态度。不同的是幼儿园并未明确指出科学知识方面的目标，将其蕴含在了其他目标之中。所以，在幼小衔接中，教师应更加关注学生在科学情感态度和科学探究能力等方面的衔接，注意结合不同年龄段学生的特点制定合适的目标、选择恰当的内容，体现年龄的差异性和阶段的衔接性。

(二) 坚持问题导向

随着社会的发展，人类对科学的理解在不断加深，科学教育的重心也在不断地发生变化，从最初的重科学知识的传授到重科学方法的习得再到现在的重科技与生活的结合。体

现了问题导向的原则，即科学教育最终的落脚点应是用所学理论解决现实中的问题。在义务教育的课程方案中也明确提出了要注重对实际问题的有效回应。要求进一步精选对学生终身发展有价值的课程内容，减负提质。对于幼儿园老师来说，选择科学教育内容的自主性相对更大，这就要求教师要不断提升自身的科学素养，对幼小科学教育的内容有清晰准确的认识和了解，在此基础上认真观察儿童发现其生活中常见的问题，兼顾现实需要与长远发展，为幼儿选择合适的内容，并引导儿童将所学内容与现实问题结合起来。对于小学老师来说，科学教育的内容在《标准》和教材中表述得已经相对明确，在幼小衔接中更加应该注意的是深入了解学生在入学前的科学学习基础程度，针对学生入学前的基础找到其异同，在教学中突出重难点。例如，小学低学段在物质运动方面提出了使用前后左右、东南西北、上下远近等描述物体所处位置和方向的内容要求。在幼儿园阶段也有辨别认识物体的上下、前后、左右等方位的内容要求，其中左右方位其相对性较难，幼儿掌握的深度不够，小学老师在该方面的内容教学中应考虑到儿童原有的基础，巩固强化上下、前后内容的同时更加突出左右方位的内容。并注意引导学生将已有经验和现学内容联系起来综合解决现实问题。

(三) 坚持创新导向

义务教育课程方案中强调要突出学生的主体地位，关注学生个性化、多样化的学习和发展需求，增强课程适宜性。坚持与时俱进，反映经济社会发展新变化、科学技术进步新成果，更新课程内容，体现课程时代性。幼儿园教师课程内容选择的自主性相对较大，这就为其考虑儿童的个性化需求创造了条件，但教师一定要拥有深厚扎实的理论基础，敏锐的观察力和分析力，充分了解本班不同幼儿的特点和兴趣爱好，选择出真正能满足个性需要具有发展价值并体现时代性的内容。小学教师在知识内容方面选择的自主性相对较小，但是可以结合前期对学生的评估，从能力和情感态度方面体现内容的个性化，例如让学生尝试从多角度认识事物，用多种方法解决同一问题。切忌就教材讲教材，用固定化的内容和程序化的教学灌输知识，培养出标准化的学生。在科学技术飞速发展的今天，我们更加需要的是具有创新性的科技人才，所以在科学教育的幼小衔接中，各学段的教师应充分认识到这点，做到选择固定的内容的同时体现个性化的差异，培养出外形、功能等不同的多样化的"产品"，以顺应时代的需求。

参考文献

[1] 中华人民共和国教育部. 幼儿园工作规程 [M]. 北京：北京师范大学出版社，2016.

[2] 中华人民共和国教育部. 幼儿园教育指导纲要（试行）[M]. 北京：北京师范大学出版社，2001.

[3] 中华人民共和国教育部. 义务教育科学课程标准（2022版）[M]. 北京：北京师范大学出版社，2022.

[4] 中华人民共和国教育部. 3~6岁儿童学习与发展指南 [M]. 北京：首都师范大学出版社，2012.

第四篇　教育管理

中小学学校文化建设：问题分析与对策建议[1]

徐波[2]　袁圆[3]　安龙[4]

学校是传承、发扬和创新文化的教育组织，它以培养有文化的新人为己任，这就内在地要求学校自身要有文化。"学校文化是学校的灵魂"，尽管它"更多的是一种无形的存在，但它却是凝聚整个学校和在学校中建立凝聚力的'黏合剂'。"因此，是否拥有积极和健康向上的学校文化，往往成为评估一所学校当下发展状况和预测未来发展前景的重要指标。在内涵式发展成为学校发展的基本标识时，学校文化建设就成为众多学校的共同诉求。然而，反观当前中小学学校文化建设实践，不难发现学校文化建设过程中确实存在一些共性问题。对这些共性问题进行理性分析并给出对策建议，将有助于实现学校文化建设的健康发展。

一、学校文化建设的价值

文化无处不在，又无时不影响着身处其中的人。正是这种无声和潜移默化的影响，使人们对它似乎既认识，但又难以说明白。这就增加了对它进行界定的难度。事实上，文化作为一种普遍存在的社会现象，早已受到了人们的注意，但直到1871年才由英国人类学家泰勒（Tylor）在其著作《原始文化》中对其进行定义："所谓文化乃是包括知识、信仰、道德、法律、习惯以及其他人类作为社会成员而获得的种种能力习性在内的一种复合整体。"这一定义明确了文化的具体内容，表明它既包括了显性的部分，也涵盖了内隐的部分，但未能说明显性与隐性部分间如何建立起联系；强调了文化的复合整体性，但未能说明构成文化的内容是如何构成这一复合整体的；指明了文化的属人性，但未能表明文化对于人的意义。美国学者霍伊（Hoy）在分析了他人对文化的定义后，找出了界定文化的共同基础，认为组织文化是一种共享的方向系统，它将组织单元黏合在一起并赋予组织独特的身份。共享的内容包括规范、价值观、哲学、信念、期望、神话、典礼或文化产品。这一定义较为模糊，但它凸显了文化的功能。文化概念的发展大体遵循了两条道路：静态的"文化实体"和动态的"文化活动"。上述两学者对文化概念的界定正反映了前者。美国组织文化之父沙因（Schein）对文化概念的发展则代表了后者，他认为："群体文化可以定义为该群体为解决其

---

[1] 基金项目：陕西省社科基金项目（2021P027）；陕西省"十三五"教育科学规划课题（SGH20Y1251）；中西部高等学校青年骨干教师国内访问学者项目。

[2] 徐波，1981年12月生，男，汉族，陕西安康人，咸阳师范学院教育科学学院副教授，研究方向为教师教育、课程与教学论。

[3] 袁圆，1984年1月生，女，汉族，山西高平人，陕西乡村基础教育发展研究中心讲师，主要研究方向为学前教育基本理论和农村学前教育。

[4] 安龙，1984年2月生，男，汉族，陕西咸阳人，陕西乡村基础教育发展研究中心讲师，主要研究方向为中小学心理教育。

自身外部适应与内部整合问题时积累的共享学习；其运转良好足以被证明是有效的，因此，作为与这些问题相关的正确的审视、思考、感知和行动的方式，被教导给新成员。"这里所说的累积的学习是被群体成员视为基本假设并最终失去意识而被视为理所当然的信念、价值观和行为规范的模式或系统。该定义需要关注以下几点：首先，文化是群体共享学习的产物。其次，文化具有稳定性和发展性。最后，文化既凝聚群体，同时也担负教化新人的作用。正是在这个意义上，文化是人类社会独有的现象。一方面文化由人创造，人是文化的主体；另一方面，文化首先是一种群体文化，其次才是个体文化。因为深处群体中的个体，不可避免地受到群体文化的影响，进而完成文化育人的作用。进而言之，人是文化的人，文化是人的文化。

受上述学者对文化定义的启发，结合笔者的理解，本文将文化界定为：文化是人们在实践过程中习得的一套共享的信念和价值观，它凝聚和教化人心、创造共同愿景，并规定人们行动的方向。那么何为学校文化呢？这里就涉及对"学校"的认识。杜威早年曾论及"什么是学校"，他说"学校是一种社会组织"，进一步而言，我们可以说学校是一种以培养人为职责的社会组织。这一论断指明了学校这一组织与其他社会组织的区别在于培养人。因此，学校文化是学校师生在一定的教育教学实践过程中习得的一套共享的信念和价值观，它将师生凝聚在一起，朝着育人的共同愿景而行动。由此可见，不管是社会文化还是学校文化，其核心都是潜在的信念和价值观，而外在的环境仅仅是文化的反映，而不是文化本身。当我们在认识和理解文化时，不能仅仅关注外在的东西，同时还要把握内含于心的信念、价值观和外化于行的行动。而对文化及学校文化的认识与理解，正是我们借以分析当下学校文化建设中存在问题的基本依据。

二、当前学校文化建设中的问题分析

学校文化建设是推动学校内涵式发展、强化文化育人的重要举措。学校文化建设看似是一个实践问题，但对学校文化的认识，却是进行学校文化建设的前提。因此，学校文化建设实际上是以对学校文化认识为前提的将理念付诸实践的过程。这样一来，对学校文化的片面认识，将直接造成学校文化建设中的诸多问题。

（一）学校文化建设目的异化

学校文化建设的目的类型多样。按照学校文化建设的功能来分，可以将其分为本体性目的和工具性目的。所谓本体性目的，就是事物得以存在的质的规定性。工具性目的是依附于本体性目的而存在的目的。由于培养人是学校教育质的规定性，而学校文化建设的目的也是围绕和促进这一目的而展开的，因此，学校文化建设的本体性目的是育人，即促使年轻一代实现个体的社会化和个体的个性化。围绕着这一本体性目的而生发出来的目的，都属于工具性目的。学校文化建设的目的又可以分理想的目的和现实的目的、内在目的和外在目的等。无论如何，育人是学校文化建设永远的出发点和归宿。而育人目的的达成，需要学校全体成员拥有一致的信念和价值观。拥有共享的信念和价值观使学校全体成员一条心，形成强烈的认同感和归属感，使学校真正成为一个学习共同体，真正成为一个有生命的存在，使生活于其中的每一个个体感受到春风化雨、润物无声般的影响，而这种潜移默化的影响即是学校文化建设的"化人"力量。这也就是学校文化建设的根本目的或者终极目的。就此而言，宣传学校、扩大学校影响力、提升学校知名度等，都是学校文化建设的工具性目的。追求这些工具性目的自然无可厚非，但是它们应该是追求本体性目的过程中的附属产品，不能混淆二者的主次地位，更不可本末倒置。

但是，在现实的学校文化建设中，本末倒置的做法比比皆是。学校文化建设演变成了装点门面的面子工程，转变为提升学校影响力、知名度的手段。而学校文化建设的真正目的却被遮蔽。甚至，部分校长认为学校文化建设乃是一种响应教育行政部门的口号，完全没有看到学校文化建设之于学校发展、师生成长的重要意义。也正因为如此，我们会发现，不少学校在进行学校文化建设上，更注重那些能够看得见、给人以视觉冲击的物质环境建设，但却缺少对物质环境建设背后的人文与教育意义的挖掘。这就使那些看起来光鲜漂亮的学校，缺少了一些文化味。

（二）学校文化建设主体异位

学校文化建设的参与者是多元的。这些参与者中，既可能有学生家长、学校所在社区的工作人员，也可能有教育行政主管部门的工作人员，还可能有学校文化研究方面的专家以及广告公司，但学校文化建设的最主要的参与者或主体，应该是学校中的"常住居民"——教师和学生。这是因为学校文化非一时一日之功即可形成，它是一个需要不断积累的过程。在本质上，学校文化是由师生在教育教学实践中共同创造的。真正意义上的学校文化是隶属于学校师生的，它必然内化于心、外化于行。而学校文化建设是基于师生、在师生中和为了师生而展开的社会实践活动。因此，学校文化建设的主体必然是生活于学校之中的教师和学生。

然而，实践领域中，学校师生往往并非学校文化建设的真正主体。这一职能要么为校长所替代，要么为专家所填充，有时甚至为文化广告公司所占据。我们无意否认校长在学校文化建设过程中的文化领导地位，但我们同样认为，学校文化建设是事关学校发展、全体成员切身利益的大事，而不是校长个人教育理念的具体实践。否则，就可能出现换校长就换文化的荒诞之事。学校文化研究方面的专家或者文化广告公司能否替代师生成为学校文化建设的主体呢？答案当然也是否定的。因为学校文化是师生们共同创造的，没有对学校生活全面而深入的了解，就难以真正理解学校文化。仅仅依靠"看"去理解学校文化是不够的，只有与师生进行交谈，与他们共同生活一段时间后，才可能真正理解学校文化，也只有建立在对学校文化深刻理解的基础上，学校文化建设的育人目的才可能实现。就此而言，专家在学校文化建设过程也只能起到辅助作用，难以取代师生的主体地位。而试图将学校文化建设的重任让渡给文化广告公司的做法，也难以达到学校文化建设应有的目的。正是因为广大师生未能发挥出他们在学校文化建设过程中本该有的主体作用，这也就可以解释为什么很多学校都标榜着自己在做学校文化建设，但却出现身处其中的多数师生说不出学校的教育理念、校训等及背后意义的尴尬事实。

（三）学校文化建设内容物化

学校文化建设最终要落实在具体内容的建设上，而这里所说的具体内容就是学校文化所包括的内容。学校文化既有显性的内容，又有隐性的内容；既有物质的，又有精神的，还有制度的和行为层面的；既存在于文本之中，也以非正式的形式存在着。在这些学校文化内容中，哪些又占据最重要的地位呢？沙因依据文化现象对参与者或观察者的可见程度将文化划分为三个层次。第一层是显性的文化产品。包括可看到和感受到的结构和过程以及可观察到的行为。第二层是认同的信念和价值观。包括各种支持的信念、价值观，规范和行为准则。第三层是基础的潜在假设。包括无意识和被视为理所当然的价值观，它决定着行为、知觉、思想和感受。其中，第三层即潜在假设被沙因称为文化的DNA，在文化中具有核心地位。真正意义上的文化变革需从这一层开始。因此，学校文化最重要或处于核心地位的内容自然就是那些被师生们在无意识中遵循和被视为理所当然的信念和价值观。显然，学校文化建设的核心内容就是设法把好的、积极的信念和价值观作为凝聚师生的力量，并将它们内化为师生们日常生活的行动准则。

遗憾的是，现实中的学校文化建设往往没有将关注点放在学校潜在的信念和价值观上，而是将主要的精力放在了文化产品之上。主要有下述表现：一是学校对物质环境建设的痴迷。很多学校都执着于学校环境建设，有些学校甚至不惜重金请校外文化广告公司来进行环境设计和布置。这也是为什么当笔者访谈校长有关学校文化建设这一问题时，不少校长第一反应是学校文化建设首先是环境建设，并需要投入大量资金的原因。我们并非低估环境建设的重要性，但环境育人作用的发挥是以它与学校潜在的信念和价值观一致为前提的。我们见到很多硬件设施很好的学校，它们也积极地进行着学校文化建设，但是当我们深入到班级中、深入教学现场后，就不难发现它们所声称的学校文化与师生们表现出来的现实状况完全是两回事。更何况，学校环境建设也非学校文化建设的重心，它仅是学校认同的信念和核心价值观的外在表现而已。二是学校文化建设止步于文本建设上。本质上而言，学校文化所蕴含的信念与价值观，只有师生将它们真正内化于心与外化于行，我们才能说学校文化建设取得了应有的效果。可现实却是，不少学校止步于文本、制度的建设。似乎只要把学校的办学理念、校训等镌刻在墙壁上，把师生的行为准则张贴在教室内，学校文化建设的任务就自然达成了。显然，文本、制度的建设与真正意义的学校文化建设间有着明显的不同。学校文化不仅包括文本、制度等显性文化产品，它同时也包括一些非文本形式的存在，比如师生的交往方式、师生关系与教师的体态语等。它们以无声的方式告诉教师和学生，学校要将学生培养为什么样的人。这些非文本形式的存在恰恰内在地反映了学校的真实文化。而要真正把握学校文化并对其进行建设，这些方面就不可忽视。

(四) 过分夸大学校历史的作用

学校作为一系列经验和共享意义而存在，这些经验和共享意义塑造着学校的现状。学校是有生命的。探索学校历史中形成的关系和学校文化的重要标志，人们开始理解镶嵌于学校生活史中的价值观和信仰。因此，学校文化建设有必要关注和借鉴学校历史中遗留下来的优良传统和精神财富。这也是很多历史悠久的学校在进行学校文化建设过程中通常采用的思路。

那么，这是否意味着历史短暂的新建学校就没有学校文化？就没有进行学校文化建设的可能了吗？显然不是。每一所学校都有自己独特的文化，只不过它要么是一种无效的文化，要么就是一种有效的文化。也就是说，即使是历史短暂的新建学校依然可以进行学校文化建设，因为学校文化建设并不完全受制于其历史的长短。

然而，在现实的学校文化建设中，学校历史的作用却被过分夸大。我们常常能够听到来自两方的声音：一方来源于新建学校，它们因为自身的办学历史短，通常对学校文化和学校文化建设缺乏自信；另一方则源于那些拥有较长办学历史的学校对新建学校发出的质疑声，认为新建学校办学历史短，没有学校文化，更不用说学校文化建设。实际上，这二者都存在着对学校文化及学校文化建设的误解。事实上，学校历史成为学校文化建设过程中汲取力量和精神财富之源是有前提的，这就是学校历史中凝结着学校先辈优秀的办学理念和积极的价值观。假如这种历史的意义仅仅止于时间的跨度之上，那么这种历史非但不能提供前进的动力和正确的方向，有时还可能起到阻碍作用。那些消极不良的思想、观念等有可能在漫长的时间中得到了沉淀，成为一种集体无意识和理所当然的价值观。要对这样的学校进行文化建设，就需要革除多年积习而来的不良信念和价值观，悠久的历史此刻反而变成了文化变革的障碍。如此看来，学校历史短暂或历史悠久，均不是学校文化建设的决定性因素。对于新建学校来说，缺少历史的羁绊，它们至少可以轻装上阵，在学校文化建设之初，就能把积极的信念和价值观确立下来，为学校树立明确的奋斗方向。正是在这个意义上，这些新建学校的学校文化建设者们，正是在用自己的智慧创造属于学校自己的历史。

三、学校文化建设的对策建议

正是由于学校文化建设中存在着上述问题，使学校文化建设难以完全发挥应有的文化育人与强校功能。为此，就需要准确把握学校文化建设的真正目的，建立以师生为主体全员参与文化建设机制，深入挖掘学校文化背后的潜在假设以及正确对待学校历史在文化建设中的作用。

(一) 准确把握学校文化建设的育人目的

学校是一种文化教育组织，传递文化是学校的基本功能。而在文化传递的过程中，那些为无数次实践所证明了的人类文明共识、价值共识和共同的精神财富，滋养着接受文化教育的每一个个体。教育正是通过文化的陶冶，从而达致人格发展之目的。就此而言，学校文化的存在根由与学校文化建设的根本目的一脉相承，它们共同的宗旨是"化人"。化人是学校文化建设追求的结果和最高境界。

无论是学校环境的布设，还是制度文本的确立，抑或各种文化活动的开展，都要指向学校文化的内核，即内含于学校成员间共享的信念和价值观。这种共享的信念和价值观形成一股凝聚力，使所有学校成员黏合在一起，朝着一个共同的方向前进。这就是文化的力量。也唯有如此，外在的学校环境才不会貌合神离，才能营造一种浓烈的文化氛围，使深处学校中的每一个成员受到应有的文化正能量的浸染。制度文本也才能超越文本的存在，真正发挥其应有的教化与规范功能。而文化活动开展的过程也才不至于徒有其表，而真正成为促进信念和价值观摄入的过程。说到底，学校文化建设的根本目的是要将学校所持有的信念和价值观最终融于学校所有成员的人格之中，从而达到育人之目的。也就是说，除育人这一目的外，其他的目的如"提升学校知名度"等都非学校文化建设的根本目的。

(二) 建立师生为主体全员参与的文化建设机制

学校文化是社会文化的一部分，它们之间相互影响。加上学校文化建设又是一项涉及方方面面的系统工程，因此，在进行学校文化建设时，就要考虑多方面人员的参与。其中，学校师生无疑是学校文化建设的主体，而其他人员也要积极地参与进来，从而建立起师生为主体、全员共同参与的学校文化建设机制。

师生为主体全员参与的学校文化建设主要体现在三个环节。一是学校理念文化的建设。理念文化本质上是一种精神文化，它是学校产生以来而逐渐积累起来的被师生广泛认同的信念和价值观。它贯穿和渗透于学校教育的每一个角落，发挥着凝聚人心的重要作用，成为学校师生员工教育教学实践的方向和指南。正因如此，学校理念文化的确立离不开学校师生的集体智慧。因为唯有师生共同认可的信念和价值观，才能真正发挥出其最大的力量。因而，学校理念文化的确立，可以参考借鉴校外人士的建议，但最终的决定权依然是学校的师生。二是学校理念文化的"外塑"。该环节主要致力于将学校已形成的核心理念和价值观外化于学校管理、制度建设、教育教学实践等各个层面。这一环节主要包含了学校文化实体建设和学校形象力的提升两个方面。即便在这一环节中，师生仍然是其中的主体。因为学校理念文化的"外塑"，不仅要关注其外在的实体和形象，更要关注其背后所要传达给师生的意义和价值导向。因此，在学校理念文化的"外塑"环节，学校当然可以借助文化广告公司的专业设计能力，打造属于学校特色的实体和外在形象，但不可忽视它们背后所赋予的价值与意义。三是学校文化的"内化"环节。学校文化的终极指向是"以文化人"，将学校文化所内蕴的核心信念与价值观融于个体的人格，进而通过其言行、气质、修养等体现出来。最终，师生成为带有学校文化气质的行走者。这一环节师生无疑是当仁不让的建设主体。总之，学校文化建设欲取得良好效果，就需建立师生为主体全员参与的文化建设机制。

（三）深入挖掘学校文化背后潜在的假设

如前所述，文化可以根据其可见程度将其分为三个不同层次。用于描述学校文化深层的概念包括价值观、信念、规范和假设。这些概念往往相互重叠和互换使用，了解和揭示它们之间的深层关系将有助于理解何者会影响一所学校的根本走向。

价值观是组织所代表的有意识的表达。价值观定义了良好、质量或卓越的标准，这些标准巩固了行为和决策，并影响人们关心的内容。信念是理解和处理我们周围世界的方式。信念是难以测量的，它依赖于信仰而非证据。信念源于群体和个人经历，通过历史及其解释而建立。信念在学校中很有影响力，因为它们代表了对组织生活许多方面的核心理解。比如关于学生能力的信念、教学中信息技术作用的信念、教与学间关系的信念等。这些信念直接影响到学校教育的成效，规范巩固了假设、价值观和信念。它们是未说明的符号和禁忌，用于管理行为、着装和语言。这些习俗或非正式规则成为人们经常无意识地遵循的"行为蓝图"。假设有时被视为指导行为的前意识的"信念、感知和价值系统"。它们深深地嵌入文化深层结构之中，以强有力的方式塑造思想和行动。就此而言，假设是比信念、价值观和规范更为抽象的存在。沙因的研究证实了这一点，并将假设称为文化的DNA。

学校文化建设的重点就在于揭示、确认或变革其背后的潜在假设。要对学校文化背后的潜在假设所持有的价值观进行合理性、正当性进行判断。不管是信念、价值观还是规范，都是建立在这一假设基础之上的。一所学校的文化是积极健康向上的还是消极的甚至是毒性的，在根源上都与假设直接相关。学校文化建设的重点就是要去揭示这一假设，如果其是正当合理的，就进一步加强；如果其不正当和不合理，那么就要对其进行变革。因为假设是学校文化建设的根基，只有假设是正当和合理的，学校文化之树才可能枝繁叶茂。

（四）正确对待校史在学校文化建设中的作用

所有人和机构都是历史的产物。无论是否意识到这一点，所有人和机构的现在和将来都会受到历史的影响。问题不在历史是否塑造了他们的生活，而是他们的历史地图在多大程度上是准确和恰当的。

每一所学校都有历史。甚至在选址之前，它们的历史就开始了。在某种程度上，记忆不时被重新审视，学校创始的信念和价值观的核心保持稳定，围绕着核心故事而积累的关键经验是共享的。这就保证了学校的精神力量不会因为时间的流逝而消逝，以致失去了前行的动力与方向。

文化模式和传统随着时间的流逝而发展。它们随着学校的建立而逐渐形成，然后由重大事件而塑造，通过争议和冲突而锻造，并通过胜利和不幸具体化。文化是在人们处理问题、坚持常规和仪式、创造传统和礼仪以强化内在价值和信仰的过程中形成的。回顾历史尤其是那些关键的影响学校发展的故事和关键事件，对深刻理解当下的学校文化至关重要。它们甚至赋予文化实践和方式以意义，并为未来奠定基础。对待历史，我们不能选择遗忘或无视，相反，我们应该从历史的经验和教训中学习。否则，我们将可能重蹈覆辙，在学校文化建设上走弯路。

尽管上述论述强调了学校历史在学校文化建设中的重要作用，然而，这并不是学校文化建设的历史决定论。也就是说，我们要正确认识学校历史在学校文化建设中的作用。因为，学校文化建设既需要回顾传统和历史，也要考虑学校所在地的乡土文化和区域文化，并从中汲取必要营养。同时，学校文化建设也要有时代意识，对其内在的文化精神、理想人格和价值追求作出适应时代的诠释并赋予新的内涵。

参考文献

[1] 顾明远. 论学校文化建设 [J]. 西南大学学报（社会科学版），2006, 32(5):67-70.

[2] 谢翌，丁福军. 寻根、聚魂与布道：基于"听见"的学校文化建设 [J]. 教育发展研究，2018, 4:71-78.

[3] 泰勒. 原始文化 [M]. 连树声，译. 上海：上海文艺出版社，1992.

[4] Wayne K. Hoy. Organizational Climate and Culture: A Conceptual Analysis of the School Workplace[J]. Journal of Educational and Psychological Consultation, 1990,1(2): 149-168.

[5] 杨全印. 学校文化建设：组织文化的视角 [D]. 上海：华东师范大学，2005:6.

[6] Edgar H. Schein. Organizational culture and leadership[M]. Hoboken: Wiley, 2016.

[7] 杜威. 学校与社会·明日之学校 [M]. 吴志宏，译. 北京：人民教育出版社，2004.

[8] 马健生. 学校文化建设即校长文化领导的过程 [J]. 教育科学研究，2014, 5:10-11.

[9] Stephen Stolp, Stuart C. Smith. Transforming School Culture:Stories, Symbols, Values The Leader's Role[R]. ERIC Clearinghouse on Educational Management University of Oregon, 1995.

[10] 唐汉卫. 学校文化特色建设的几个误区 [J]. 教育研究与实验，2014, 5:27-30.

[11] 杜威. 学校与社会·明日之学校 [M]. 赵祥麟，等译. 北京：人民教育出版社，2005.

[12] 雷芳. 学校文化建构的基本路径与内在机理 [J]. 湖南师范大学教育科学学报，2017,

16(1):109-113.

[13] 武秀霞. 学校文化建设：路径选择与提升策略——基于学校特色发展的视角 [J]. 教育理论与实践，2018,38(28):19-23.

[14] Terrence E. Deal, Kent D. Peterson. Shaping School Culture (3nd Edition)[M]. San Francisco: Jossey-Bass, 2016.

[15] 唐汉卫. 关于学校文化建设的几点思考——兼论当前学校文化建设存在的问题 [J]. 教育发展研究，2012(15):84-89.

咸阳市中小学课程与教学现状的调研报告[1]

南腊梅[2] 宁金平[3]

2001年6月教育部颁发《基础教育课程改革纲要（试行）》，对我国基础教育的课程体系、结构、内容进行了调整和改革，随着改革的深入推进，中小学的课程与教学有了翻天覆地的变化。2016年9月《中国学生发展核心素养》发布，提出了中国学生发展的六大核心素养，为基础教育的发展进一步指明了方向。随着社会的发展，生活水平的提高，人们对于优质教育的需求越来越大，而我们目前的教育水平是否达到了人们所期望的水平，这需要对基础教育水平进行全面的调查研究。中小学的课程与教学现状是反映基础教育水平的重要窗口，为了全面把握咸阳市基础教育的发展状况，有必要深入调查了解中小学的课程与教学现状。

一、调查的基本情况

（一）调查的目的和方法

本次调查采用自编问卷对咸阳市的中小学教师进行调查，调查的主要目的是全面了解咸阳市中小学课程与教学的基本状况，分析咸阳市中小学课程与教学中存在的主要问题，在此基础上剖析存在问题的原因，并提出解决问题的合理建议。

本次调查主要通过微信、QQ等网络平台发放问卷，共发放问卷541份，回收有效问卷541份，回收有效率100%。对回收的问卷数据采用问卷星和spss软件进行分析，以期全面反映咸阳市中小学课程与教学的基本情况。

（二）调查对象的基本情况

本次调查的对象是咸阳市中小学教师，主要从教师的性别、年龄、学历、第一学历所属专业、专业方向、任教课程、教龄、职称、任教学段、学校所在位置、学校的类型和性质这些方面了解教师的基本信息，见表1。

---

[1] 基金项目：本文为咸阳发展研究院项目研究招标课题"咸阳市基础教育现状及存在问题"的主要研究成果之一。

[2] 南腊梅，1982年4月生，女，陕西商洛人，咸阳师范学院教育科学学院讲师，硕士，研究方向为课程与教学论。

[3] 宁金平，1976年5月生，女，陕西乾县人，咸阳师范学院教育科学学院讲师，硕士，研究方向为教师教育、基础教育。

表 1　咸阳市中小学教师基本信息一览表

基本信息	属性	人数	比例(%)
性别	男	143	26.43
	女	398	73.57
年龄	30 岁以下	147	27.17
	31~40 岁	193	35.67
	41~50 岁	138	25.51
	50 岁以上	63	11.65
学历	中专及以下	8	1.48
	专科	105	19.41
	本科	411	75.97
	研究生	17	3.14
第一学历所属专业	师范专业	434	80.22
	非师范专业	107	19.78
教龄	3 年以下	114	21.07
	4~10 年	86	15.9
	11~20 年	182	33.64
	20 年以上	159	29.39
任教学段	小学	387	71.53
	初中	93	17.19
	高中	56	10.35
	职业高中	5	0.92
学校所在位置	城区	189	34.94
	镇区	188	34.75
	乡村	164	30.31
所在学校的性质	公办学校	510	94.27
	私立学校	31	5.73

从表 1 可以看出，被调查教师的性别以女性居多，约占总调查人数的 73.6%。教师的年龄分布较均匀，其中年龄在 30 岁以下的教师约占总调查人数的 27.2%，31~40 岁的教师约占总调查人数的 35.7%，41~50 岁的教师约占总调查人数的 25.5%，中青年教师是中小学教育的中流砥柱。教师的学历以本科为主，约占总调查人数的 76%，而且大部分教师的第

一学历所属专业都是师范类，约占总调查人数的80.2%。教师的教龄主要集中在11~20年和20年以上，分别约占总调查人数的33.6%、29.4%，说明咸阳市基础教育的师资队伍主要由经验较丰富的熟手型教师组成。另外，教龄在3年以下的教师约占总调查人数的21%，为基础教育师资队伍注入了新鲜血液。教师的任教学段以小学为主，约占总调查人数的71.5%，其次是初中和高中。教师任教学校的地区分布比较均衡，在城区、镇区、乡村任教的教师人数分别约占总调查人数的35%、34.8%、30.3%。另外，教师所任教学校的性质以公办学校为主，约占总调查人数的94.3%。

另外，据调查结果显示，教师的专业方向以语文、数学为主，分别约占总调查人数的41.4%、28.7%，任教课程也以语文、数学为主，分别约占总调查人数的39.2%、33.5%，这说明绝大部分教师能在自己的专业领域里任教，发挥其专业水平。

如图1所示，教师的职称以初、中级职称为主，具有中学二级、中学一级职称的教师分别约占总调查人数的12%、13.5%，具有小学二级、小学一级职称的教师分别约占总调查人数的25.3%、23.5%。这也和被调查教师的任教学段有一定关系，被调查教师主要在小学任教，约占总调查人数的71.5%。

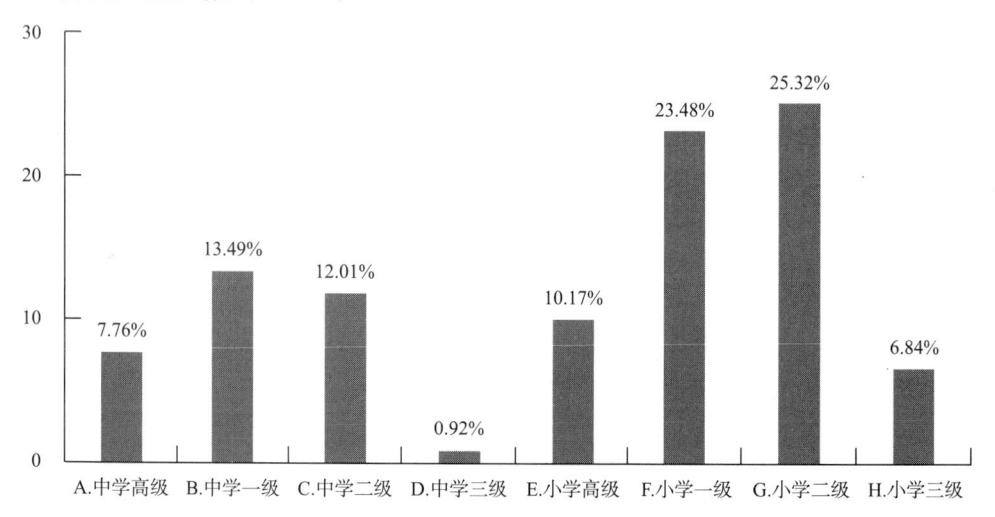

图1 教师的职称分布图

二、咸阳市中小学课程与教学的现状分析

此次调查主要围绕教师对课程目标及内容的认识、课程资源开发、校本课程开发、教学设计、教学方法、教学媒体、教学评价、教师进行教学合作与研究等方面展开，现分别对这些方面的状况进行分析。

（一）教师对课程目标、内容的认识状况

对这一方面的具体情况，以多选题的形式，主要了解教师对课程目标和课程内容的认识是否全面。调查结果显示，教师对于课程目标的认识比较全面，选择A、B、C选项的教师人数基本持平，分别约占总调查人数的70.1%、69.7%、78%。教师对于课程内容的认识涉及各个方面，但更倾向于认为自己所任教课程的内容"注重学科基础知识与基本技能""注重与社会生活的联系"，持这两种观点的教师分别约占总调查人数的86%、70.2%，

这说明教师对课程内容的基础性、社会性认识较深刻，而对于课程内容的时代性、课程内容对学生的关照这几方面的认识并不是很充分，对于"增加了具有时代性的新内容""与学生的经验、兴趣相适应""对学生来说，难度增加了，知识容量加大了"这三个选项，选择的教师约占总调查人数的57.9%、57.5%、36.4%。

（二）教师进行课程资源开发利用的状况

教师进行课程资源开发利用的状况主要从教师对课程资源开发利用的态度、主要目的、类型、主要困难这四个方面来调查。

首先，教师开发利用课程资源的态度是比较积极的，认为应该"积极利用，主动开发"课程资源和"尽量利用，适当参与开发"课程资源的教师分别约占总调查人数的56.2%、33.1%。

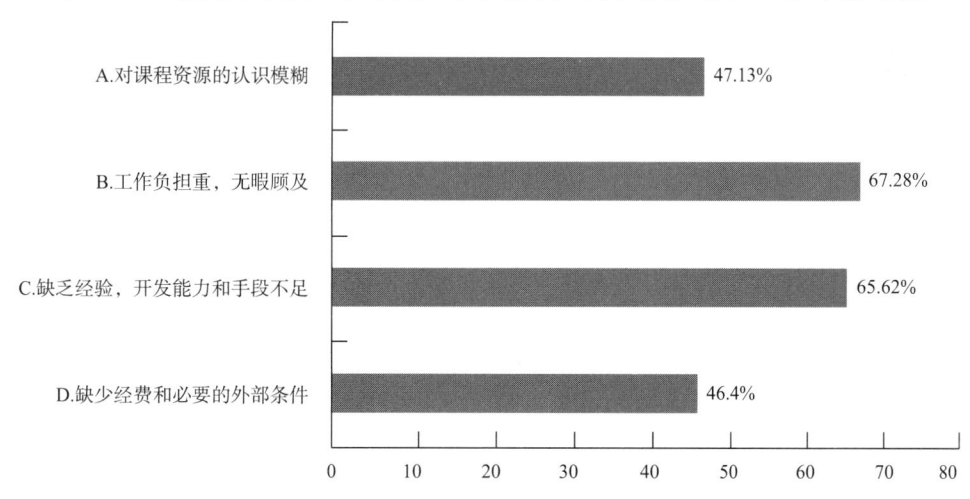

其次，教师开发利用课程资源的主要目的集中在"提高学生学习兴趣""提高学生学习成绩""提高学生实践能力""便于学生自主学习"，分别约占总调查人数的40%、22.6%、20.2%、10%，这说明教师开发利用课程资源的目的是促进学生的发展。

再次，关于教师开发利用课程资源的类型，通过多选题的形式进行调查。调查结果显示，教师开发利用课程资源的类型多种多样，利用较多的是教材教辅、网络信息和师生经验，分别约占总调查人数的84.7%、82.3%、52.7%，这说明教师对于容易获取的课程资源利用较充分。

最后，关于教师开发利用课程资源的主要困难，也是通过多选题的形式进行调查。如图2所示，教师开发利用课程资源的主要困难在缺乏时间、缺乏能力、缺乏认识、缺乏支持这四个方面都有所体现，而最主要的困难是缺乏时间和缺乏能力，分别约占总调查人数的67.3%、65.7%，这说明教师开发利用课程资源的困难较大，需要各方面的支持。

选项	百分比
A.对课程资源的认识模糊	47.13%
B.工作负担重，无暇顾及	67.28%
C.缺乏经验，开发能力和手段不足	65.62%
D.缺少经费和必要的外部条件	46.4%

图2 教师开发利用课程资源的主要困难

（三）教师进行校本课程开发的状况

教师进行校本课程开发的状况主要从教师参与开发校本课程的次数、开发校本课程的主要目的和教师认为开发校本课程的最好方式三个方面去调查。

根据调查结果，教师参与校本课程开发达到多次和一次的约占总调查人数的38.5%、

24.2%，这说明近一半以上的教师参与过校本课程的开发。

如表2所示，教师开发校本课程的主要目的为"促进学生个性发展"和"扩大学生的知识面"，分别约占总调查人数的42.5%、34.4%，可见，为了学生的发展，大部分教师能积极参与校本课程开发。

表2 教师开发校本课程的主要目的

教师开发校本课程的目的	人数	比例（%）
作为国家课程的补充	84	15.53
扩大学生的知识面	186	34.38
促进学生个性发展	230	42.51
应对教育主管部门的检查	28	5.18
为升学考试服务	13	2.4

根据调查得知，大部分教师认为开发校本课程最好的方式是自主创新，约占总调查人数的55.6%，还有部分教师认为开发校本课程最好的方式是选用，约占总调查人数的29.2%，少部分教师认为开发校本课程最好的方式是改编。

（四）教师进行教学设计的状况

教师进行教学设计的状况主要从教师在教学设计时考虑最多的因素、对《课程标准》的使用情况、对教材的使用情况、遇到的最大困难几个方面来调查。

调查结果显示，教师在进行教学设计时考虑最多的因素是"符合学生的实际情况"，约占总调查人数的61.6%，有约26.4%的教师进行教学设计时考虑最多的因素是"符合课程标准的要求"。可见，多数教师在进行教学设计时能够从学生的角度出发。

教师在教学设计时对《课程标准》能"认真研读熟悉内容理解实质，完全遵循"的约占总调查人数的59%，能"了解内容不很理解实质，但能遵循使用"的约占总调查人数的32%，这说明绝大多数教师能参照自己任教学科的课程标准来进行教学设计。对于教材的使用情况，有近62.7%的教师能根据学生的特点和教学情境对教材内容进行适当调整，大约有22.4%的教师能创造性地使用教材，这也说明教材是教师教学的重要蓝本，绝大部分教师都能根据实际情况对教材进行改造。

根据调查结果，近一半的教师在进行教学设计时遇到的最大困难是"负担太重，可用于教学设计的时间短"，约占总调查人数的45.5%，还有部分教师在进行教学设计时遇到的最大困难是"学校资源短缺，实用的参考资料较少"，约占总调查人数的25.6%，还有少部分教师认为自己在进行教学设计时遇到的最大困难是缺乏专家指导和缺乏同事合作。

（五）教师的教学理念状况

根据调查结果，关于在上课中您最注重什么，50.1%的教师在教学中最注重的是"教给学生知识和技能"，25.9%的教师在教学中最注重"激发学生学习兴趣"，12.38%的教师在教学中最注重"培养学生品格和素质"，11.65%的教师在教学中最注重"迎合考试内容和要求"。可以看出，一半左右的教师认为教学是以知识和技能的传授为主的，少数教师认为教学要注重激发学生学习兴趣、培养学生品格和素质。

　　将教师的学历与教师的教学理念进行交叉分析，如图3所示，研究生学历的教师更注重在教学中迎合考试内容和要求，本科及以下学历的教师在教学中注重教给学生知识和技能，这可能和不同学历教师的任教学段有关系。将教师的任教学段与教师的教学理念进行交叉分析，如图4所示，职业高中教师更倾向于注重培养学生品格，而小学、初中、高中学段的教师更加注重教给学生知识和技能。将教师的学校所在位置与教师的教学理念进行交叉分析，如图5所示，城区教师选择注重培养学生品格和素质的比例高于镇区和乡村教师，城区教师选择注重教给学生知识和技能的比例低于乡村和镇区教师，乡村教师选择注重激发学生学习兴趣的比例高于城区和镇区教师。

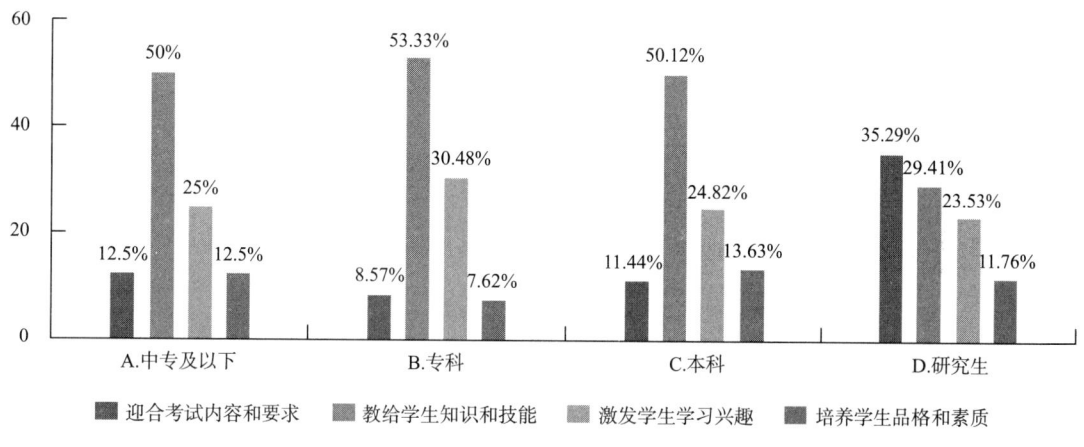

图3　不同学历教师的教学理念

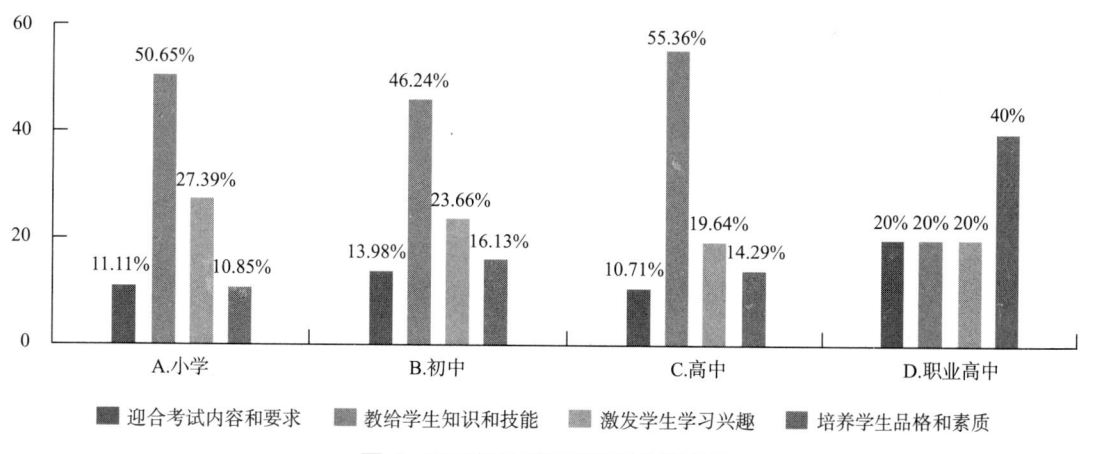

图4　不同任教学段教师的教学理念

图 5 不同学校所在位置教师的教学理念

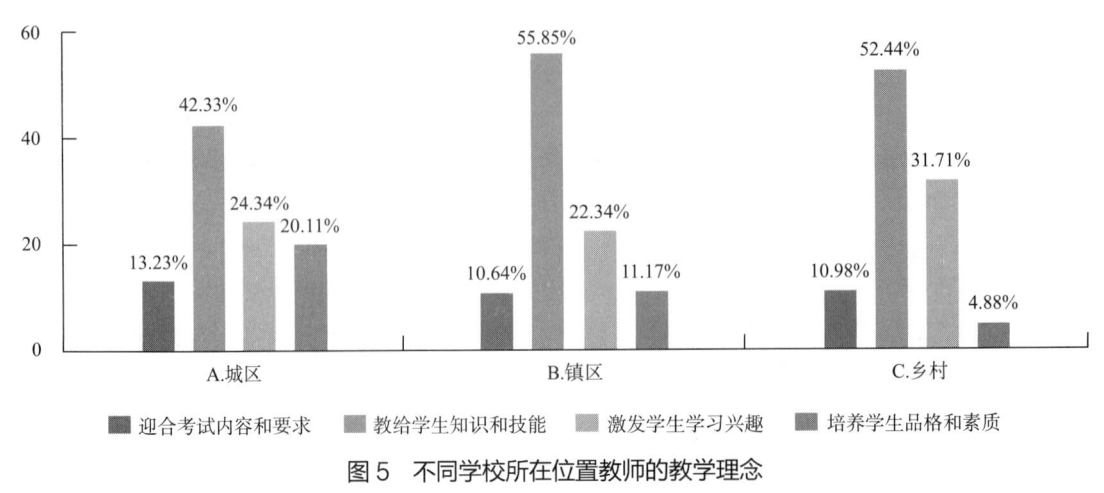

(六) 教师对教学方法的运用状况

教师对教学方法的运用状况主要从教师在教学中"提问、交流、讨论"等的开展情况、学生进行"自主、探究、合作学习"的概率、选择教学方法的考虑因素、经常使用的教学方法、对教学方法的改革创新情况几个方面进行调查。

根据调查结果，关于教师在教学中开展"提问、交流、讨论"等活动的情况，具体表现为：选择"几乎每节课都有安排"的约占总调查人数的46%，选择"大部分的课时有安排"的约占总调查人数的45.3%，选择"有安排的课时很少"的占比仅为7.95%。由此可见，大部分教师在教学中能开展提问、交流讨论等活动。教师在教学中组织学生进行"自主、探究、合作学习"的概率，选择在"50%及以上""40%左右"的教师分别约占总调查人数的39.2%、32.4%，这表明一部分教师在教学中能采用新课程改革倡导的学习方式进行教学。

关于教师选择教学方法的考虑和经常使用的教学方法这方面的情况，采用多选题的形式来了解。调查结果显示，教师选择教学方法时，首先考虑最多的因素是学生的实际，约占总调查人数的91.2%；其次是考虑教学目标和教材实际，分别约占总调查人数的66.4%、64.1%；再次是考虑教学条件和教师的实际，占比分别是48.98%、43.07%。由此可见，教师在选择教学方法时能从多个方面因素去考虑，其中绝大部分教师在选择教学方法时会考虑学生的情况，一半以上的教师在选择教学方法时还会考虑教学目标和教材内容。

如图6所示，教师经常使用的教学方法也是多种多样的，使用较多的教学方法是讲授法和讨论法，分别约占总调查人数的86.88%、82.07%；其次是练习法、演示法、谈话法，分别约占总调查人数的62.28%、65.25%、52.68%；经常使用读书指导法的占比是30.87%，经常使用实验法、参观法、研究法的占比分别是23.11%、18.11%、14.79%。可以看出，大多数教师对讲授法和讨论法的使用频率较高。

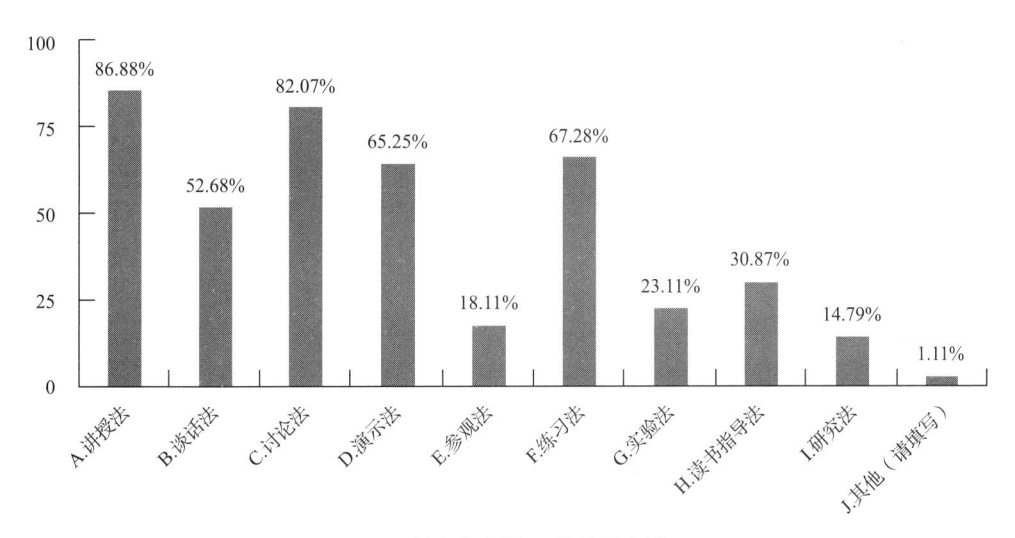

```
100
                86.88%
                        82.07%
 75
                                        67.28%
                                65.25%
                52.68%
 50
                                                        30.87%
 25                                     
                                18.11%  23.11%          14.79%
                                                                1.11%
  0
   A.讲授法 B.谈话法 C.讨论法 D.演示法 E.参观法 F.练习法 G.实验法 H.读书指导法 I.研究法 J.其他(请填写)
```

图6 教师经常使用的教学方法

根据调查结果，教师在教学中对教学方法进行改革创新的情况，主要体现为一半以上（约占55.5%）的教师有改革创新的想法，但却由于害怕影响学生的考试成绩而难以实施，有约37.3%的教师还会经常尝试改革创新，这说明不少教师虽然具有尝试教学方法改革和创新的想法，但真正实施的人并不多。

(七) 教师对多媒体的使用状况

教师对多媒体的使用状况主要从学校的多媒体等教学设备的情况和教师具体使用多媒体的情况两个方面来了解。

根据调查结果，教师认为自己所在学校多媒体等教学设备齐全的约占总调查人数的62.9%，认为自己所在学校多媒体等教学设备一般，但基本能满足教学需要的约占总调查人数的31.6%，这说明绝大部分学校的多媒体等教学设备条件能满足教学的需要。此外，关于教师使用多媒体进行教学的情况，调查结果显示，教师使用多媒体的频率很高，"有需要时随时使用"的教师约占总调查人数的60.8%，而"每节课都使用"的教师约占总调查人数的36.2%。总的来说，当前学校的教学设备条件状况良好，教师使用多媒体教学的状况较好，教师能够积极利用多媒体这种现代教学技术手段来为教学服务。

(八) 教师进行教学评价的状况

教师教学进行评价的状况主要从教师对自身的评价和教师对学生的评价两个方面来调查。

调查结果显示，教师对自身的评价状况，主要集中在教学技巧方法的欠缺、对学生的心理了解不足两方面，分别约占总调查人数的40.7%、36.2%，还有约12.75%的教师认为自己在教学上最欠缺的是课堂管理能力。这表明，教师的教学技巧、方法和对学生的组织管理能力有待提高。

在对教师对自身的评价状况进行总体分析的基础上，将教师的教龄、学历、任教学段与教师对自身的评价进行交叉分析。如图7所示，教龄在3年以下的教师认为自己更缺乏教学技巧、方法，教龄在11年及以上的教师认为自己更缺乏对学生心理的了解。如图8所示，研究生学历教师认为自己欠缺教学技巧、方法的比例高于其他学历教师。如图9所示，小学教师认为自己欠缺教学技巧、方法的比例明显高于初中和高中教师，高中教师认为自己欠缺对学生心理的了解的比例明显高于初中和小学教师。

教师对学生的评价状况主要从教师对评价学生作用的认识、教师评价学生的主要依据、教师评价学生的常用方式三个方面来调查，并采用多选题的形式来了解具体情况。

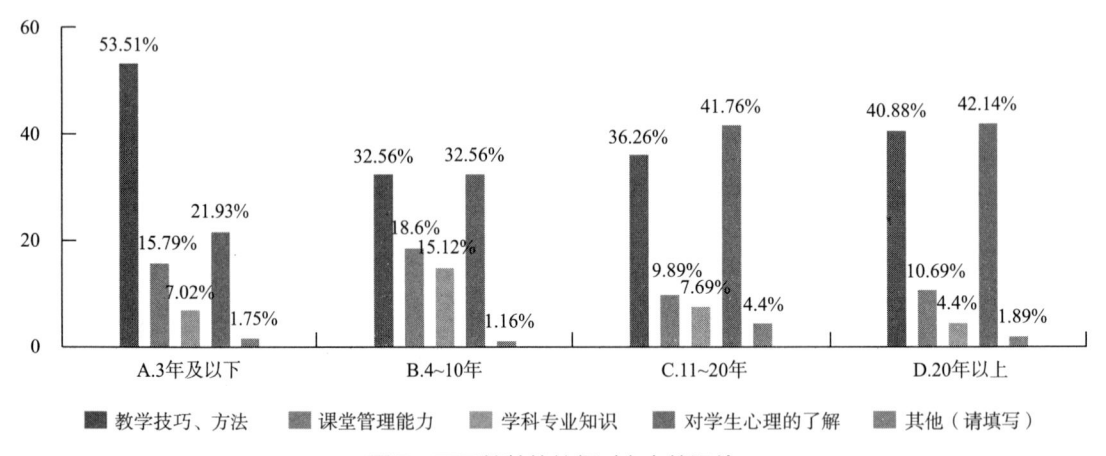

图7 不同教龄的教师对自身的评价

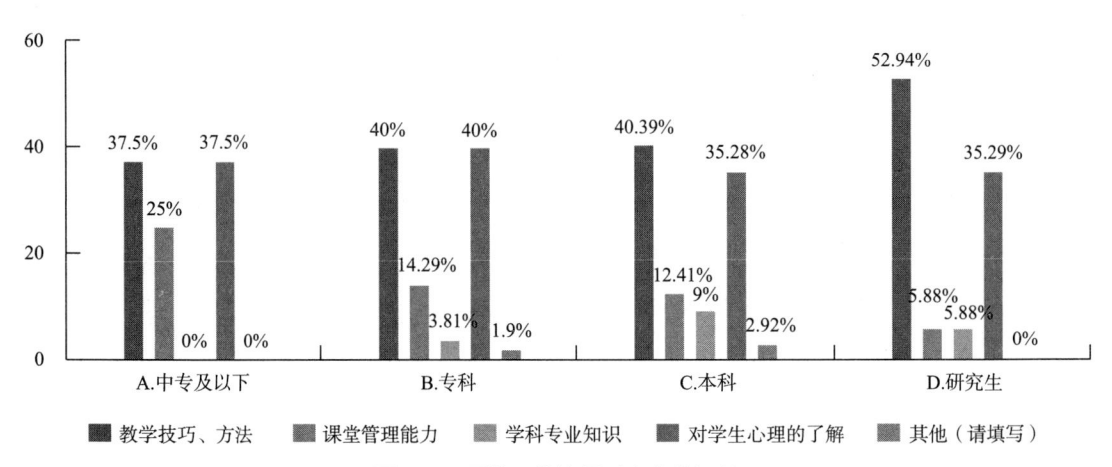

图8 不同学历的教师对自身的评价

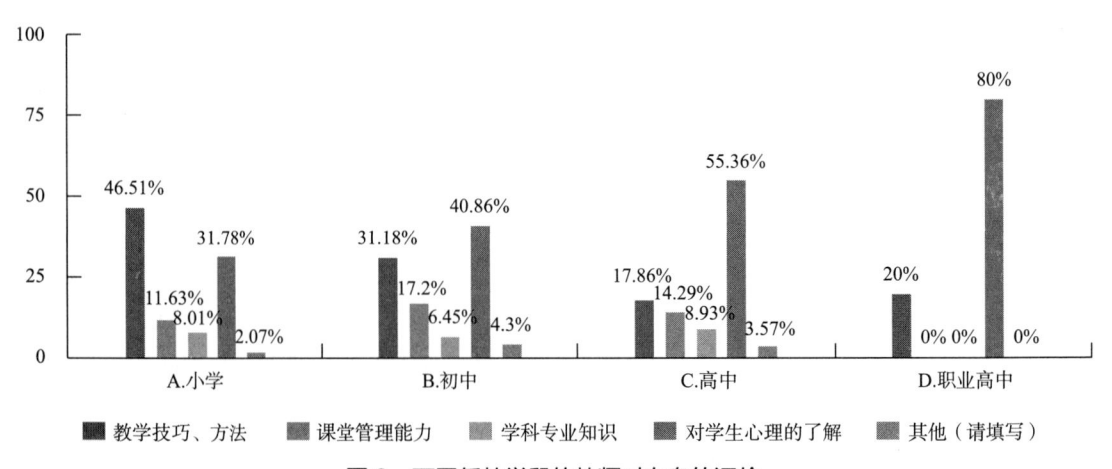

图9 不同任教学段的教师对自身的评价

根据调查结果，关于教师对学生进行学习评价的作用的认识，选择"激发学生的学习积极性"的占比约为69.69%，选择"提高学习成绩"的占比约为60.26%，选择"诊断学生的学习问题"的占比约为61%，选择"促进学生人格发展和促进学生全面发展"的分别约占56.75%、55.27%，选择"鉴定区分学生学习水平"的约占38.45%。这表明，教师认为对学生进行学习评价的作用是多方面的，其中一半及以上的教师认为学习评价具有激发学生的学习积极性、诊断学生的学习问题、提高学生的学习成绩、促进学生人格发展、促进学生的全面发展的作用。从教师评价学生的主要依据的调查结果来看，教师会依据多方面情况来较全面地评价学生，其中大部分教师较为看重"学生学习的积极性和主动性"，约占调查总人数的86.3%，其次是学生质疑思考的习惯、考试成绩、作业情况，占比均在60%以上；再次是学习的刻苦程度，约占48%。

如图10所示，教师评价学生经常采用的方式是课堂观察和纸笔测验，分别约占总调查人数的84.29%、76.16%，采用口头测验和实践操作考试的分别占38.26%、34.57%，采用写作测验和成长记录袋评价的占比均在28%。可以看出，大部分教师对纸笔测验和课堂观察两种评价方式的使用度较高，但对口头测验和实践操作考试、写作测验和成长记录袋的使用度较低。

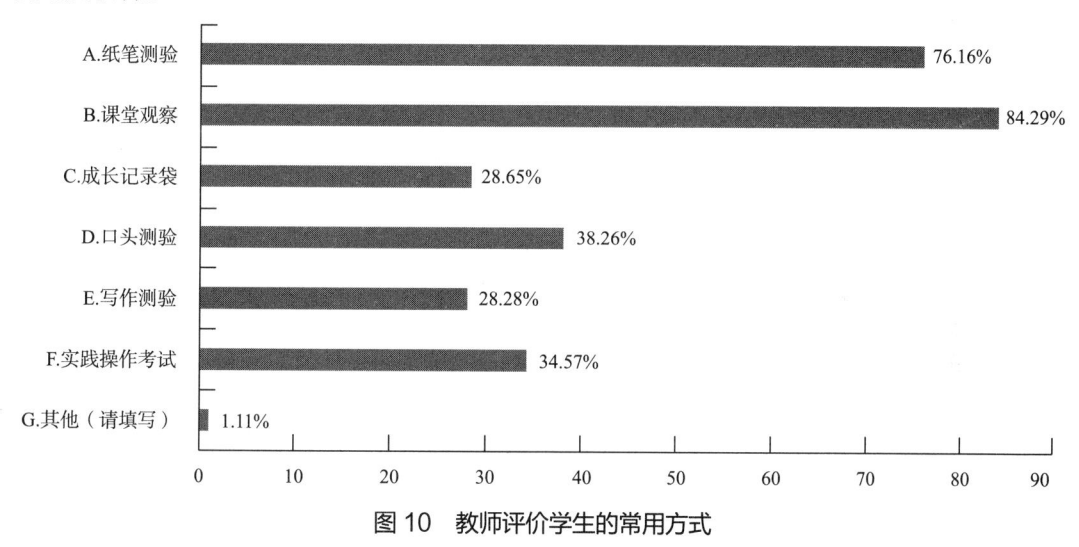

图10　教师评价学生的常用方式

（九）教师进行教学合作与研究的状况

调查结果显示，教师经常与同事进行教学合作的约占总调查人数的64%，偶尔与同事进行教学合作的教师约占总调查人数的34.3%。这表明多数教师能与同事进行教学合作，从而共同搞好教学工作。

调查结果显示，从教师进行教学研究的方式来看，大部分教师能够独自进行教学研究或者与同伴共同进行教学研究，其中同伴共同开展研究的教师约占71.2%，针对教学中的问题自己研究的约占65.8%。从教师参加教学研究的层次来看，参加校级或教研组有关课题研究的约占61.7%，参加县级、市级有关课题研究的约占36.6%，可见，绝大部分教师都能参与到各种层次的教学研究中。总的来说，教师开展教学研究的状况是比较乐观的。

将教师的教龄分别与教师开展教学合作的情况、教学研究的情况进行交叉分析，如

图 11 所示，教龄在 3 年以下和 4~10 年的教师经常进行教学合作的比例明显低于教龄在 11~20 年和 20 年以上的教师。

通过将学校所在位置与教师进行教学合作的情况进行交叉分析，如图 12 所示，教师的教学合作存在一定的地区差异，城区教师经常进行教学合作的比例明显高于镇区和乡村教师。

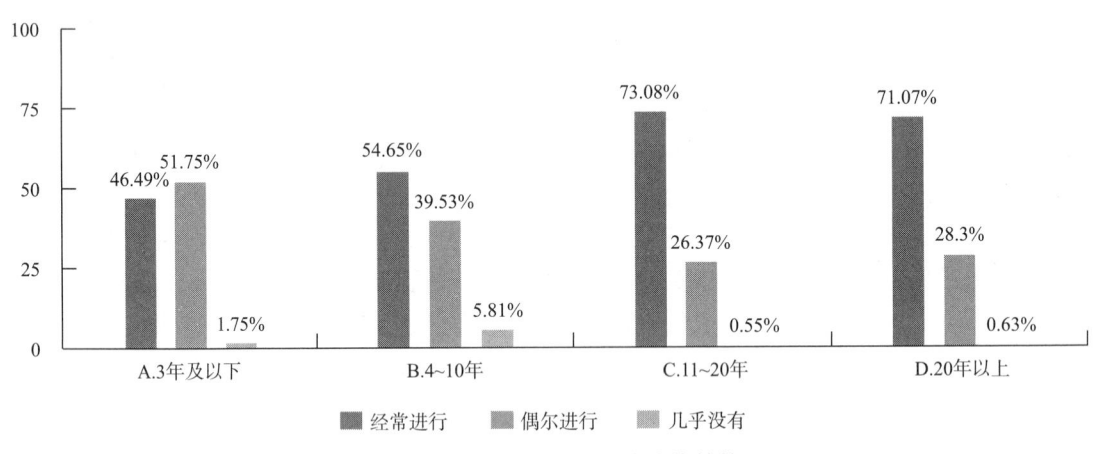

图 11 不同教龄教师开展教学合作的状况

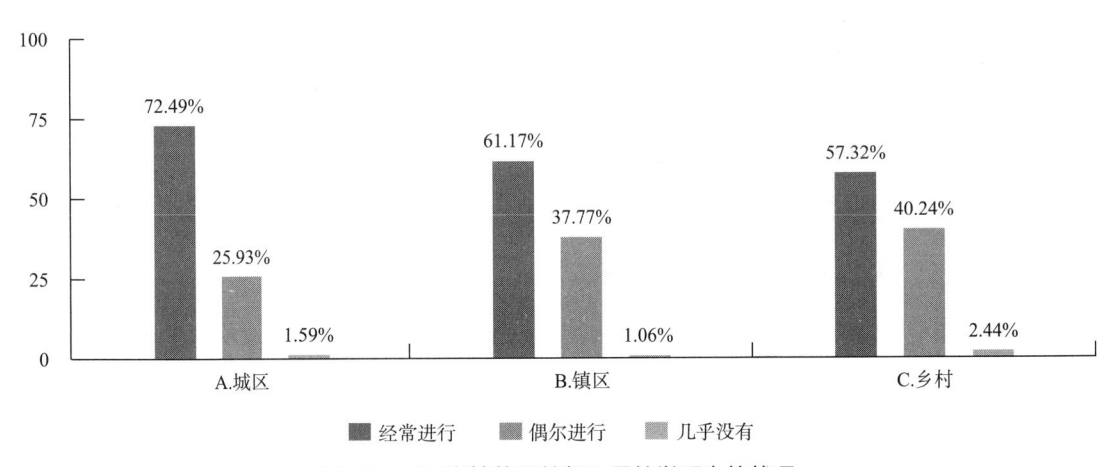

图 12 不同学校位置教师开展教学研究的状况

三、咸阳市中小学课程与教学存在的主要问题

（一）教师对课程内容的认识存在一定偏差

关于自己所任教课程的内容，大部分教师倾向于认可它注重学科基础知识与基本技能，并且注重与社会生活的联系，而对于其增加的具有时代性的新内容，与学生的经验、兴趣相适应，以及对学生来说知识容量加大和难度增加的认可率比较低。这可能有两方面原因，一方面虽然我们的课程内容在课程改革的新理念指导下，确实进行了很大的改革和创新，但实际效果还不是很理想。另一方面，我们的新课程内容确实进行了较好的改革，从内容的选择到组织编排都做得比较好，但教师们在使用时存在一定的理解偏差，不能很好地适

应课程内容的改变，或者由于各方面条件的限制，不能充分发挥课程承载的价值。

(二)教师对课程资源的开发利用不够充分

调查结果显示，中小学教师对课程资源开发利用的态度是非常积极的，约有89.3%的教师愿意参与开发课程资源，并希望将其运用到课程实施中去。教师们开发利用课程资源的目的也是比较明确的，主要是通过课程资源开发利用来促进学生各方面的发展。但是在实际的运用中，教师们却倾向于利用那些容易获得的课程资源，如教材教辅、网络信息、师生经验等，而对于图书期刊、专家意见等利用较少。当然，也不能把问题全归结于教师在课程实施中没有开发利用好各种课程资源。一方面，教师本身的工作负担较重，没有时间去对课程资源进行充分的开发。教师在课程开发中也缺乏经验和能力，并且对课程资源的认识也较模糊，不是很清楚哪些资源可以开发、如何开发、需要哪些支持性条件等。另一方面，学校也没有专门进行课程资源开发的经费，对教师进行课程资源开发提供的支持也不足。

(三)教师进行校本课程开发的效果不明显

调查结果表明，中小学教师参与校本课程开发的情况比较乐观，参与过一次及多次的教师约占总调查人数的62.7%。而且教师参与校本课程开发的主要目的是促进学生个性发展和扩大学生的知识面，可见，教师们在校本课程开发过程中能以学生的发展为主，这是值得肯定的。大约有55.6%的教师认为根据自己所在学校的情况，开发校本课程最好的方式是自主创新，这说明教师们对校本课程开发的认识比较到位，如果能根据学校的情况创新出独具特色的校本课程，将更有利于学校和学生的发展。根据观察和访谈了解到，大部分学校并没有特色的校本课程，校本课程开发的效果也没有明显体现出来。这有可能是因为教师对校本课程的开发只停留在理论层面，在实际开发时需要的人力、物力等不能很好地得到满足。

(四)教师的教学设计缺乏条件性支持

教学设计是教师进行教学的蓝图，如果设计得不好，势必会影响教学效果，不利于学生的发展。调查结果表明，近60%的中小学教师在进行教学设计时，能根据学生的实际情况，在研读所教学科的《课程标准》的基础上进行，还会根据学生的特点和教学情境对教材内容进行适当调整。但是，教师们对教材的创造性运用不足，教师进行教学设计时面临的主要困难是工作负担重，可用于教学设计的时间少、学校资源短缺、缺乏专家指导等，造成教学设计不够全面深入。实际上，这些条件性支持对于教师教学设计的质量起着重要的影响作用。

(五)教师的教学理念存在重知识技能、轻情感态度的偏差

教师的教学理念是影响其教学行为的重要因素。调查发现，大多数教师的教学价值观念已经摆脱了应试教育的影响，不再把应付考试看作是自己教学活动的主要目标和追求。这意味着当前随着我国基础教育课程教学改革的推进，教师的教学观念在不断改变。但是，近一半的教师认为教学中最应注重教给学生知识和技能，又表明相当一部分教师的教学观念仍然还停留在重视学生知识和技能的学习方面，而对学生的学习兴趣、学生的品格的培养有所轻视。在这样的教学理念指引下，教师的教学依然会偏重学科知识和技能的教授，

而忽视学生的学习情感态度、品格的发展，是不利于学生的全面发展的。教师教学理念的偏差可能是教师受固有教学观念的影响太深，也可能是对新的教学观念的学习、理解不足所致。

（六）教师对教学方法的改革创新有所欠缺

教学方法是影响教师教学效果的关键因素之一。调查结果显示，教师在教学中经常使用的教学方法占据首位的是讲授法，其次是讨论法，然后依次是练习法、演示法、谈话法、读书指导法、实验法、参观法、研究法。显然，讲授法还是广大教师运用的主导教学方法，而研究法作为新课程改革倡导的教学方法却没有被大多数教师在教学中经常使用。与此同时，教师在教学中组织学生进行"自主、探究、合作学习"的状况并不佳，仅有三成左右的教师在教学中组织学生进行"自主、探究、合作学习"，这也反映出自主学习、合作学习、探究学习这三种新的学习方式并未被教师普遍运用于学生的学习活动。由此可见，多数教师在运用教学方法时还是偏重传统的教学方法，对新的教学方法运用不足。这可能是教师对传统教学方法已经习惯并驾轻就熟所致，也可能是教师对新的教学方法的掌握程度和驾驭能力不足所致。此外，调查也发现，教师在教学中对教学方法进行改革创新的情况也不佳，仅有不到四成的教师会经常尝试改革创新教学方法，而一半以上的教师却因担忧影响学生的成绩而未能将其付诸行动。从中可以看出，多数教师的教学方法改革创新行为还是受到学生考试成绩的羁绊，最终使教师难以突破常规。但是，倘若一味墨守成规，不敢尝试教学方法的改革创新，一定程度上势必会影响教师教学效果和教学水平的进一步提升。

（七）教师对教学评价功能的认识存在偏颇，学业评价方式较为单一

教学评价是教师教学工作的重要环节和提高教学质量的重要手段。教师对教学评价作用的认识、进行教学评价的方式都会影响教学效果。调查发现，多数教师能正确认识对学生进行学习评价所具有的激励功能、诊断功能、发展功能；对通过评价促进学生发展的认识方面，所占比例从高到低依次是提高学生的学习成绩、促进学生人格发展、促进学生的全面发展，这反映出部分教师在教学中依然较为看重通过评价来提高学生学习成绩，而对通过评价促进学生全面发展的发展性评价理念的认识不足。另外，从教师采用的学业评价方式来看，大多数教师常用的是纸笔测验和课堂观察的方式，而较少采用口头测验、实践操作考试、写作测验、成长记录袋的方式。可见，口头测验、实践操作考试、写作测验、成长记录袋这几种表现性评价方式尚未得到重视和普遍运用，这可能与教师对教学评价方式的认识和掌握运用能力不足有关。

四、解决咸阳市中小学课程与教学问题的建议

（一）基于教师实际开展培训，增强培训的针对性，提高教师的课程与教学素养

教师是学校课程与教学工作的主力军，是提高学校课程与教学质量的关键因素。从教师自身来说，只有教师的课程与教学素养提高了，教师才能更加有效地开展课程与教学工作。因此，应该加强对教师的课程与教学方面的培训，来促进教师课程与教学素养的提升。而要提高教师培训的实效性，就需要增强培训的针对性，这也必然要求培训应基于教师的实际，从教师所面临的实际问题出发。所以，对教师的课程与教学方面培训，要从教

师在实际的课程与教学工作中面临的突出问题出发,帮助教师弥补自身的课程与教学素养方面的不足。从调查结果来看,第一,教师在课程与教学观念方面存在一定偏差,对课程与教学的认识未能与时俱进。课程与教学观念的落后进而导致了课程与教学行为的失当。所以,应加强课程与教学观念培训,促进教师课程与教学观念的更新。第二,教师在课程资源开发的经验和能力缺乏,导致其难以有效进行课程资源的开发。对此,应加强课程开发知识与能力培训,提高教师课程资源开发水平。第三,教师在教学方法的运用方面存在不足,新方法的运用和创新有所欠缺。相当一部分教师认为自己在教学上最欠缺的是教学技巧、方法。对此应加强教学方法培训,促进教师教学方法运用与创新能力的提高。第四,教师对学生的心理了解不够,致使教师在课程与教学工作中虽然想更好地促进学生成长发展,但可能却因对学生心理了解不够而脱离学生实际,课程与教学效果大打折扣。不少教师认为自己在教学上最欠缺的是对学生心理的了解,相当一部分教师认为学生难教是影响自己教学效果的最主要因素。这都反映出教师其实对学生的了解不够。因此,应加强教师对学生心理了解的相关培训,促进教师对学生心理的深入认识。第五,教师对教学评价的认识存在偏颇,学业评价方式较为单一,导致教学评价难以发挥促进学生发展的功能。所以,应加强教学评价专题培训,提高教师的教学评价能力。

(二)加强专业引领,促进自主发展,全面提升教师的课程与教学水平

中小学教师课程与教学素养的提升,既需要专门的培训,又需要专业引领和自主发展。只有多措并举,才能促进教师开展课程与教学的学习、探究等专业成长活动,提高自身课程与教学水平。一方面,应充分利用专家和名师资源,加强对教师的专业引领。调查发现,教师对专家指导的需求比较强烈,渴望通过专家的指导来克服自己在课程与教学中的困难,弥补自己课程与教学方面的不足。作为学校教育管理者应主动与高校加强沟通,为中小学教师寻找专家支持,同时应充分利用当地的中小学教学名师资源,使其发挥引领和辐射作用,吸纳更多的教师加入名师工作室或建立教师专业成长共同体,帮助他们解决课程与教学方面的难题。另一方面,应采取有效措施,促进教师自主发展。归根结底,教师的专业发展是自觉地进行自主发展的过程。只有教师具有强烈的自我发展意愿,树立明确的自我发展目标,付诸积极的自我发展行动,教师的专业素养和专业水平才能日益提高。因此,学校教育管理者应采取一系列措施,主动了解教师专业发展的具体情况,为教师的专业发展提供强有力的支持,促使教师能积极地进行自主发展活动,如进行专业阅读、教学反思、教学合作、教学研究等。

(三)积极创造多种条件,为教师的课程与教学工作提供切实保障

调查表明,在中小学教师的课程与教学工作中,不管是校内外课程资源的开发,还是校本课程的开发,还有教学设计,教师遇到的最大困难都是工作负担重,没有太多时间和精力,还有就是缺少经费支持和专业指导。鉴于这种情况,首先应该把教师从繁重的工作中解放出来,减少一些不必要的行政事务工作,真正减轻教师的非课程与教学工作负担,保障教师拥有充足的课程与教学时间,能够全身心真正投入到课程开发与教学工作中去。其次,教育主管部门和学校管理者都应积极想方设法创造条件,通过增加专项经费支持,请专家深入学校具体指导等,帮助教师有效开展课程资源和校本课程的开发利用等课程与教学具体工作。最后,还可以通过地区内不同学校之间的联合,形成课程与教学联盟,做

到优质资源共开发、共分享，共同促进地区教育的发展。

(四) 转变观念，统筹规划，切实发挥教育管理对中小学课程与教学的促进作用

中小学教师的课程与教学工作是在教育行政部门和学校的管理下进行的，教育管理者的管理行为必然会影响中小学教师的课程与教学工作。从调查结果来看，相当一部分教师在课程与教学工作中还是专注于学生考试成绩的提高。这些教师为应试而教学的观念和做法，在一定程度上是教育管理者将学生考试成绩作为评价教师教学的一个相当重要标准的折射。正是教育管理者的评价观念对教师的课程与教学工作的方向产生了实际的影响。在我国当前进一步推进素质教育，提高学生核心素养的背景下，教育管理者首先应转变旧的教育教学观念和管理观念，进一步提高教育管理工作的适切性，促进中小学教师的课程与教学工作的有效开展。此外，教育管理部门要考虑到各个学段的学校和所在位置不同的学校的优势和弱势，统筹规划，建立促进全市优势资源共享的政策和管理制度，切实深入不同学校了解其课程与教学方面的需要和困难，并给予强有力的支持，有必要的情况下可以一校一策。只有教育管理部门和学校管理者一起努力，才能全面提高全市中小学的课程与教学质量。

(五) 针对教师课程与教学工作中的不同问题，进行不同的引导和支持

在对调查结果进行交叉分析之后发现，不同教龄、学历、任教学段、不同学校所在位置的教师在课程资源开发、教学设计、教学理念、教学方法的改革创新、教学合作方面，表现出一定的差异。因此，教育管理者应根据教师课程与教学工作中的具体差异，进行不同的引导和支持。具体来说，在课程资源开发方面，城区教师开发课程资源的主要困难是工作负担重、无暇顾及，而镇区教师开发课程资源的主要困难是缺乏经验、开发能力和手段不足，乡村教师开发课程资源的主要困难包括工作负担重、缺乏经验、开发能力和手段不足，对此应给予不同地区教师不同的支持，帮助其更好地进行课程资源的开发。在教学设计方面，教师在教学设计时遇到的困难有所不同，教龄在11~20年的教师与其他教龄的教师相比，更期望得到专家的指导，而教龄在20年以上的老师则是希望减轻自身工作负担，对此应给前者提供更多的专家指导的机会，给后者则应减轻一定的工作负担。在教学理念方面，研究生学历的教师更注重在教学中迎合考试内容和要求，本科及以下学历的教师在教学中注重教给学生知识和技能；城区教师选择注重培养学生品格和素质的比例高于镇区和乡村教师。对此应加强对研究生学历教师和镇区、乡村教师的先进教学理念的引导。在教学方法的改革创新方面，教龄在11年及以上的教师能经常尝试进行教学方法的改革创新的比例较高，而教龄在10年及以下的教师虽然有改革创新的想法，但怕影响学生的考试成绩难以实施的比例较高。小学教师经常进行教学方法改革创新的比例最高，其次是初中和高中教师，职业高中教师的比例最低。对此，应加强对教龄10年以下的教师和中学教师的教学方法改革创新意识和能力的引导。在教师对自身的评价方面，教龄在3年以下的教师认为自己更缺乏教学技巧、方法，教龄在11年及以上的教师认为自己更缺乏对学生心理的了解；研究生学历教师认为自己欠缺教学技巧、方法的比例高于其他学历教师；小学教师认为自己欠缺教学技巧、方法的比例明显高于初中和高中教师，高中教师认为自己欠缺对学生心理的了解的比例明显高于初中和小学教师。对此应加强对教龄3年以下的教师、

研究生学历的教师、小学教师在教学技巧方法方面的引导，加强对教龄在 11 年以上的教师和高中教师的学生心理状况了解的引导。在教学合作方面，教龄在 3 年以下和 4~10 年的教师经常进行教学合作的比例明显低于教龄在 11~20 年和 20 年以上的教师，城区教师经常进行教学合作的比例明显高于镇区和乡村教师，对此应加强对教龄在 10 年以下的教师和镇区、乡村教师的教学合作活动的引导和支持，帮助他们形成教学合作意识，促进他们能经常进行教学合作，在教学合作中不断提高课程与教学水平。

参考文献

[1] 王本陆. 课程与教学论 [M]. 3 版. 北京：高等教育出版社，2017.
[2] 范瑾. 基础教育教学评价体系理论与实践的研究探索 [D]. 苏州：苏州大学，2013.
[3] 彬彬. 教师开发利用课程资源研究 [D]. 长春：东北师范大学，2015.
[4] 史丽晶. 基础教育课程改革目标实施程度研究 [D]. 长春：东北师范大学，2016.

民办学校教师研训一体化模式研究
——以咸阳玉泉学校为例

李玲（小教系）[1]　雷宏友[2]

一、引言

（一）研究背景

由人民群众日益增长的教育需求与政府投入不足之间的矛盾致使的教育资源缺乏和不平衡催生了民办教育的兴起和壮大。目前，咸阳市批准设立的各级各类民办教育机构已超600所，在校学生12.6万人，民办中小学52所，在校生2.7万余人。民办教育已占到全市教育总份额的10%以上，形成了覆盖高等教育、中等教育、义务教育、学前教育各个层次的发展格局。

办好民办教育，师资是关键。受办学条件、生源、投资结构、办学思想等因素影响，民办学校面临教师队伍职业吸引力不强、补充渠道不畅、结构不尽合理、整体素质不强等问题。针对现实问题，积极探索基于"研训一体化"的创新模式，促进民办教师专业发展策略，加强和完善现有民办教师的培训及能力提升成为提高民办教育质量问题的突破口。

"研训一体化"是由教育主管部门或教科所、教育培训中心、学校等机构按照各自工作体系和结构主体的不同，各司其职、相互协作，促进教师将教研与培训结合在一起的学习与发展过程。"研训一体化"有三个层次：一是"训研两立"下的松散联合，如针对课程领导能力建设、教研能力提升等专题活动，由培训中心负责组织管理和后勤保障，教科所负责课程设置、人员抽组与实施；二是"研训一体"的初步整合，如教研共同体建设，整合资源，同类校教研共同体定期开展活动；三是"研训一体"的全面融合，如以学科研究会为载体开展的学科研讨活动，做到培训教研化，教研培训化。这样能避免传统教研与教师培训模式在培训内容上出现教育理论与教学实践间的割裂，从而实现资源的有效整合。

（二）研究目的

目前玉泉学校教龄小于10年的专任教师37人，占全体教师的74%，35岁以下专任教师31人，占全体教师的62%。年轻教师多、教龄短、高级职称少是该校教师队伍的短板。该校在校学生1017人，其中农村户口学生585人，占57.5%。班级人数（平均）40人/班。与公立学校相比，生源中农村学生占比高，农民工子女较多，生源质量相对较差。

本研究在于探索在生源质量较差，师资队伍建设数量不足、结构不合理的情况下民办

---

[1] 李玲，1970年7月生，女，汉族，陕西耀县人，副教授，研究方向为英语教育。
[2] 雷宏友，1970年11月生，男，汉族，陕西澄城县人，副教授，研究方向为英语教育。

学校如何有效开发、利用资源，克服发展短板进行教师研训一体的探索，提高教师专业发展水平。

(三) 研究意义

民办教育是我国教育体系的重要组成部分，也是我国民生的重要组成部分。同时，民办教育是改善我国民生的重要力量，是推进民生改善的重要主体，是推进民生改善的重要手段。发展和提高民办教育质量有利于提升服务民生水平，促进教育均衡发展。该研究能帮助民办学校走出发展瓶颈，提高教育教学质量，并惠及千百普通家庭的子女，同时为民办教育在教师专业发展的健康发展提供决策依据。

(四) 研究内容

研训一体化模式是实现教师自身再教育的一种教育模式，是现代教育发展的必然趋势。本研究将从服务区域教育的宗旨出发，遵循注重科学实践和促进教师发展的原则，从科研、培训、实践三个方面着手，分全员发展、骨干提升、精英辐射三个阶段，系统开展研修工作。整合玉泉学校现有人力资源，从教学实际出发，瞄准讲台，以调查研究为基础，以科学研究引领研训，为精英提供舞台，为教师搭建平台，提升内在需求；扩大研修成效，促进教师专业共同发展。

二、研究方法

本研究以咸阳玉泉学校为研究对象。玉泉学校是经咸阳市教育局批准的一所全日制寄宿型九年义务教育公助民办学校，内设小学、初中两个学部。学校目前在校学生1017人，其中男生605人，女生412人；城镇户口学生432人，农村户口学生585人。班级人数（平均）40人/班。截至2019年6月，学校有教职工89人，专职教师50人。专职教师中男教师11人，女教师39人。其中25岁（含）以下11人，26~35岁20人，36~45岁14人，46岁（含）以上5人。教龄5年以下17人，6~10年20人，11年以上13人，一级教师2人、二级教师3人、三级教师5人，专科学历9人、本科学历40人、硕士学历1人。教师来自咸阳师范学院、安康学院、渭南师范学院等多所院校。研究小组历时两个月共发放问卷89份，收回有效问卷80份，回收比为89.9%。深度访谈10人，其中校领导1人，中层干部2人，教师7人。此外，研究还采取个案分析、专家咨询等研究方法进行定量和定性的分析。

三、研究结果及分析

(一) 学校研训一体化现状

由于近几年学校狠抓教学管理，努力提高教育质量，学校的社会知名度越来越高。加之民办学校灵活的办学方式，诸如不收择校费、费用低、学籍管理灵活等因素也吸引了不少农民工子女入学，学生数量由三年前的300多人增到现在的1000多人，同时也吸引学校周边小区的学生前来就读。

随着学校生源质量的提高，学校办学方向也由原来的数量扩张转向质量提升，精细管理日见成效。充足的生源带来良好的经济和社会效益。随着社会认可度的提高，玉泉学校教师待遇也随之提高。教师工资与公办学校基本持平甚至略高。由于优越的地理环境，玉泉学校拥有稳定的教师队伍，并没有出现其他民办学校教师大量流失的现象。学校在师资队伍建设中采取淘汰机制，保证了教师队伍的健康发展。

玉泉学校领导层重视教师专业发展。近3年来，学校先后组织教师到四川广元学校、宝轮中学、咸阳彩虹中学等学校培训35人次，50名专职教师外出进修。教师全员参与秦都区教育局组织的公开课比赛及讲座、培训等活动。集团2017年暑期组织12人到山东学习班主任工作，四川广元学习20天。

此外，学校采用传统的传帮带、公开课比赛等形式进行教师专业提升。采用走出去、请进来的形式聘请彩虹中学的名师进行培训。学校下一步要争取区级、市级研究课题立项。

研训一体已经成为学校提高师资队伍专业发展的重要载体与途径。调查发现目前学校研训一体存在的共性问题有以下几个方面：

（1）研训模式陈旧，缺乏突破，难以激发教师参与积极性。学校研训一体的形式主要包括专家授课、教师教学案例研究、教学研讨、教师培训等。这些研训活动在促进教师专业发展方面发挥了一定的作用，但由于形式单一，很难真正激发教师参与的积极性。

（2）研训缺乏针对性，不能满足教师发展差异性需求。学校采用集中的研训模式，在开展研训活动前未对教师专业发展需求进行系统的调查。由于教师的专业、层次、年龄等因素的客观存在，教师的个体需求存在差异，这就要求研训活动要加强针对性。

（3）过程形式化，难以促进教师深度反思。研训活动是一个受训教师主动接受——自主反思——自主实践——科研探讨——再实践的专业化过程。研训的根本目的是为解决学校在教育教学中遇到难题、提升教师专业素养，从而提高学校校本管理的整体水平。但在实际的研训一体活动中，学校未能立足实际，以提升教师业务素养为目的来开展研训活动流于形式，并没有将研训落实到教育教学的实践活动中去，脱离了教育教学实际，浪费了人力财力。

（4）投资力度较小。受资本逐利性的影响，玉泉学校每年研训支出大约10万元，人均1250元。受投资力度的影响，学校研训一体的实施力度较小，不能满足学校发展和教师专业发展的需要。

（5）缺乏科学、完备的评价体系。受集团内部人事调整等因素的影响，学校目前尚未形成完整、科学的研训一体评价标准，所以研训效果得不到充分的保障。

(二)现状成因分析

目前该校研训活动存在的诸多问题，可以从以下几个方面进行分析：

1. 资本趋利性的影响

从民办教育发展进程看，我国民办教育在广开学路、扩大教育对象、促进教育体制改革、改变国家包办教育、缓解教育供求紧张的状况、推动教育事业的进步等方面均起到了积极的作用。但在社会舆情上，受资本趋利性影响，普通大众对公办和民办学校不能一视同仁，对民办学校缺乏认同感，有的甚至抱有偏见。资本的趋利性是由资本的基本属性决定的。趋利性体现为资本追求利润最大化的天然本能。趋利避害、追逐利润最大化是所有资本的共同本性。民办教育中的资本流向亦受资本的趋利性的影响。因而受制于资本的民办教育有自身难以摆脱的痼疾。另外，在政策与法规方面，我国对于民办教育现行政策法规原则性较强，可操作性较差，这对民办学校的生存和发展很不利。

受资本趋利性的影响，学校在一定程度上沦为资本赢利的工具。所以学校工作的导向主要是争夺并稳定生源。受生源争夺战的影响，学校将主要精力投向学生成绩上，对教师科研的要求相对较低。加之文章发表难度加大、学校对科研奖励较少，教师从事科研的积极性不高，因此引导教师从事科研难度增大。数据表明，该校教师平均周课时20节。与公办学校相比，学校教师工作量大很多，从事科研的时间不足。

此外，校长在研训方面缺乏财权。玉泉学校校长在教师研训一体化中资金的支配的权力主要包括：①外请培训教师的培训费及相关费用支配；②教师研究课题的实验费用支配；③教师外出交流的科研费用支配。很明显，校长缺乏对教师研训一体化所需资金的数额的决定权，这使教师研训一体化的力度受到限制。

2. 学校评价体系导向

学校的评价体系对教师工作具有很强的导向作用。该校对教师的评价指标主要是学生考试成绩和获奖，对科研的要求相对较低。这种评价体系引导教师将主要精力投向教学和学科竞赛。

另外，学校的研训评价机制不合理。在研训活动中，学校脱离了研训的本质目的，强调出勤率，对参训教师进行多种形式的评价，并将评价结果与教师自身利益相挂钩，从而导致参训教师有意掩盖自身的缺点和不足，在教学中脱离真实的课堂环境进行研训，甚至借助非正当手段来抬高自身的教学能力和水平。这种牵扯教师自身利益的研训一体，还可能激化教师间的矛盾，从而导致对教师客观性评价缺失，教师互评的合理性建议缺失等。

在研训教师评价中，学校应及时就教师的优势和不足进行沟通和交流，帮助教师正确、客观地评价自己。如果学校不能客观、正确地评价教师，不能就教师的不足提出具体的建议和改进方案，那么也就很难促使教师养成分析和反思自我的习惯。

3. 教师研训生态环境恶化

目前，民办学校教师的科研环境持续恶化。论文发表难度大、论文发表版面费逐年增长、教师狭小的社交范围难以获得横向项目等因素是教师投入科研的积极性不高的主要原因。另外，在民办教育体系中，教师职称评定受到限制。由于玉泉学校与教育局在教师职称评定没有对接好，导致教师职称评定受限，影响教师切身利益，影响教师积极性。

此外，社会对学校评价同样将教师置身两难境地。学生家长关注学生考试成绩的高低，教育主管部门关注学校的科研成果和竞赛获奖。

这些都加剧了教师的"工学家"间的矛盾。研训的开展与实施离不开组织制度支持和保障。当前，学校的研训依然受原有管理体制的限制，教师不仅要承担基础的教育教学工作，而且还要参与班级管理。此外，教师还要照顾和经营家庭。教师工作在时间方面的延展性决定了教师在课下依然要承担一定的工作职责，个人有限的时间将被占用，一定程度上会影响教师参与研训一体的积极性，并最终对学校和教师自身的长期发展产生不利影响。

4. 教师的认识误区

教师对参训存在认识误区。研训活动是教师职后教育的重要组成部分。大部分教师参加研训活动没有学历教育的压力和吸引力，因此对研训投入的热情不高；部分教师认为研训活动干扰了他们的正常生活，对于参加研训活动比较消极，缺乏主动性。此外，多数参训教师急功近利，喜欢接受和模仿可操作性强的研训内容，对于抽象的理论学习比较排斥，因此研训效果欠佳。教师自身对研训一体的认识误区是导致研训质量低的重要原因。

5.学校组织

研训活动的开展需要科学有效的管理措施来保障。以校为组织主体的研训一体活动，校长是首要负责人，也是研训的第一责任人。实际中，主管领导常常脱离研训活动。校长常要忙于参加各种会议、培训和检查，而且还要筹措经费、组织教研和学校的日常管理工作；其他领导也很难从繁杂的日常事务中抽身。因此校本教研无法真正从根本上得到校长的领导和其他领导的大力支持。

四、讨论

(一)"研训一体化"的工作目标

有效推进"研训一体化"必须从新课程理念出发，整合现有教研力量和教师培训资源，形成"研训一体化"的工作网络，探索教师教育新模式的策略和方法，促进新课程建设和教师专业发展。

解决教师进修学校、教研室、电教等机构的有效整合问题，探索"研训一体化"机构的建设机制与运作策略，实现增强教育合力、提升培训效能；解决学校领导和教师的分层研训问题，促进全体教师共同发展；解决"研训一体化"教师教育实验基地学校的建设问题，实现"以点带面"，推进校本"研训一体化"；解决"研训一体化"进程中信息资源的采集与利用问题，建设支持教师教育的信息资源库和网络交流平台；解决"研训一体化"的激励性评价机制建设问题，建构多元的、开放的教师教育评价体系。

(二)研训一体实施思路与途径

1.建立校本研训保障机制，为教师专业化发展提供保障

（1）组织保障。建立校本研训的管理机构，成立以校长为组长和教学副校长主管、教研室主任负责的校本研训领导小组。构建教科研室、教研组、备课组三级网络体系，形成"科研引导、教改先行、培训推进、分层实施"的一体化格局，为全校教师投入科研提供保障。

（2）制度保障。学校应制定《教师专业发展五年规划》《教师专业发展行动计划》等相关文件，确定教师专业发展的实施过程，对教师的研训等做出具体的安排，对教师的专业发展实施动态管理，为教师的专业发展提供制度保障。

（3）物质保障。为保证校本研训的经费投入，学校应制订《教科研成果奖励方案》等文件，设立奖励基金，每年拿出一定数额的科研奖励基金，对在教育教学领域做出突出贡献的教师进行奖励。

（4）师资保障。聘用经验丰富、理论水平较高的教师担任中层主管人员和教研组长，带领教师进行教研和培训。与大学合作，建立教师专业发展学校。定期组织大学专家到校讲学，提供研究课题，优化教师的专业发展平台。

2. 强化校本管理工作改革实践，扎实推进教师专业化发展

研训一体是校本管理改革的重要内容，也是教师专业发展的必由之路。针对目前研训一体活动没有真正发挥作用的情况，学校应加强探索与实践，进一步加强校本管理改革。促进教师专业化发展，需要学校从管理理念、管理机制和管理方法等方面做好校本管理工作的改革，提高研训活动的实效性，让研训活动促进教师专业发展。

3. 转变研训理念

（1）充分发挥学校管理者的作用。学校应成立研训一体的管理机构，校长为第一负责人，具体工作由教科室组织实施并全面负责管理，制定出有效的管理制度，由校长室、教务处、教科室相关领导共同参与整个培训工作。做到活动有专题、有记录、有实效，将教师参与校本教学与科研、培训有机地结合起来。校长作为学校的第一负责人，应积极、主动推动学校教学改革、不断更新教学管理观念，为教师研修和素养提升提供平台。同时，校长也要不断提升领导能力，将研训一体落到实处；要切实当好研训一体的"总设计师"，科学设计，整体规划，不断创新，力争多种手段提升研训一体的效果和水平。

（2）加强教师研修教育与认识转变。在学校组织开展的研训一体活动中，部分教师不能从根本上认识研训一体的目的和重要性，活动流于形式。因此学校应从思想方面引导教师正确认识研训一体活动，推动教师由被动接受向主动参与的转变。同时，学校应为教师参与研训一体指明方向，帮助教师改变传统的教育教学理念。

（3）在研训一体活动中，学校要科学设计、整体规划，为教师专业素养的提升提供资源和平台。从教师教学实际入手，设计"导学研究""教学设计""学科网站建设"等研训项目，并为学科组提供宽松的选择氛围。在研训活动中，坚持问题为导向，在课题研究中对教师进行培训，进而建立起以实践探索为核心的教育科研、教学研究、教师培训的一体化研训一体。教师作为教育的实施主体，必须树立终身学习的理念。在教育科研、教学研究和教师培训活动中，教师要紧密结合教学实践，力争提升培训的有效性。

4. 管理机制整合

（1）运行机制整合。不合理的研训机制将导致参训教师压力过大，使教师参与研训的积极性不高。因此，要发挥研训一体的作用，就必须整合其运行机制。研训实施者和组织者应加强对教师研训需求的调查和了解，合理安排研训时间。教师要积极反思，发现自己在教学与专业方面的薄弱之处，并及时与研训的组织者和管理者沟通。在征集教师专业发展的需求之后，研训组织者可以对教师专业发展需求进行分类、分层，从而加强研训一体活动的针对性。

（2）构建合理的研训评价机制。学校要建立科学合理的研训评价机制。不能把研训和教师奖惩激励简单挂钩，而更应关注研训后教师专业能力和素质的提高成效。例如，教师在参与科研素质能力的研训活动后，可建立相应关键指标，比如课题申请、科研论文发表等。学校可以通过对学生进行问卷调查，了解教师研训活动后教学能力的发展与提高情况。

5. 管理方法优化

（1）创新研训一体活动形式，形成多样学习共同体。针对目前研训一体活动形式单一的问题，学校应创新研训一体活动的形式，激发教师参与的积极性。打破传统自上而下的研训活动形式，按照教师发展的不同需求组建相应的教师学习共同体。

（2）针对不同参训对象，设置不同层次研训目标。对于目前学校研训活动针对性不强的情况，除了加强对教师专业发展需求的调研外，还要对研训对象进行分层，并建立不同的培训目标。例如，学校可以把专任教师分为高级教师、中级教师、初级教师三个层次。对于不同层次的教师制定相应的培训目标。例如，对于高级教师，可以要求其一学年内上好一堂优质观摩课，认领1~2位小徒弟，指导一篇论文或课题。中级教师要求其一学年内上好一堂特色研讨课，撰写一篇论文或主持研究一个课题。要求初级教师写好备课、听课笔记、教学反思等，并能上好一堂亮相课。

（3）丰富研训载体，强化研训活动实践性。学校应提高教师参与研训活动的自主性和实践性。在教学方法多样化的研训活动中，学校可以变集中理论授课的培训方式为教师自主理论学习；组织"同课异构"教学设计比赛，让教师结合自身对教学理论的理解来参与"同课异构"说课展评活动。还可以进一步在"同课异构"教学设计展评的基础上进行课堂教学实践活动，用课堂教学来检验教学设计的科学性、创新性和可行性。这种形式的研训活动更容易促进教师思考与反思。

（三）丰富研训内容，为教师专业化发展提供营养

1. 师德教育为研究培训内容

学校组织编写《教育法律法规》，收集有关法律与师德师风建设方面的文件供教师学习。学校每学期可组织师德建设研讨会，解剖教师身边案例，用身边事实教育教师。

2. 新课程为研究培训内容

学校组织学习新课程理念与实施等方面的内容，更新教师教育理念。

3. 现代信息技术为研究培训的内容

充分利用远程教育网及互联网的教育资源，结合学校校园网络和学校特点，积极组织教师进行现代信息技术与课堂教学整合的培训与研究。

4. 学科专业知识与基本技能为研究培训的内容

主要以教研组与备课组为单位组织培训与研究，解决学科教学中出现的各种问题，提高教师的专业水平，提高教学能力，形成合作、交流、探究的教研组学习与研究模式。

5. 以学校教育和教研问题为研究与培训的内容

针对学校扩招带来的生源质量下降，学生在道德品质、行为规范、心理问题、学习习惯等诸多方面存在的问题，依据多元智能理论和学校的办学思路提出在中学阶段实施教育与研究的科研课题。在德育与教学两个领域，以学年组与教研组为研究单位进行研究，实现师生和学校的全面发展。

针对新教师、青年教师的现状，实施"导师制"，让老教师和名师与新教师结成帮扶对象，使新教师快速成长。结合校情，由学校编制校本培训系列教材，组织教职员工学习，定期学习测评。组织每年一次的教师业务水平能力测试，把成绩纳入教师业务考核中。加强学习。注重对新课改的学习，开办新课改专题讲座，促进教师发展。学校聘请专家到校讲学，组织观看专家讲座录像、领导专题讲座，为教师的学习提供丰富的营养。教师通过

课堂教学反思、阶段性教学反思发现教学中出现的问题与缺点，通过研究与实践解决这些问题，促进教师专业成长。

(四) 拓宽研训途径，为教师专业化发展提供手段

1. 加强常规活动力度

教研组进行常规教研与集体备课，每位教师在一学期内进行一次"说、讲、评"活动，并利用集体备课解决本学科的教学问题。

2. 鼓励课题带动科研

实施"科研兴校"战略，坚持走教改实验和科研相结合之路。学校组织科研能力较强的教师申报区级、市级、省级课题，鼓励教师发表科研论文，组织编写教材，创办教育网站，为教研成果的展示搭建平台。

3. 坚持多元活动引领

为促进教师成长，每年可举办新教师汇报课、同课题教学竞赛、教学研讨会、名师示范课、教研组团体技能竞赛、说课竞赛、教案评比、教学案例评比等各类教研活动。在教研组内举办旨在解决教学实际问题的"诊断课"活动，对教师教学中出现的各种问题进行研究与解决。

4. 拓宽学习途径

外出参加教研活动和培训是教师开拓视野、更新观念的有效手段。学校定期派教师外出考察学习，接受培训，参加教科研活动。多种途径的培训提升教师专业水平，促进"学习型"教师的成长。此外，学习还可依托系列慕课与微课，开发线上创客空间培训功能，拓展研训的时间与空间。

五、结论与对策建议

"研训一体化"是符合终生教育思想、建构主义学习理论，内隐知识理论等现代教育理念的，同时这些理念也为"研训一体化"教师教育模式提供了方向和方式的指导。它既有利于先进的教育理念转化为教师的行动，又有利于把教师在实践中形成的新经验和新方法提升到具有普遍指导意义的理论层面，从而实现"研"与"训"的结合。这种模式广泛采用符合建构主义学习理论的多元、互动的研训方式，强化"情景创设""协作与对话""意义建构"等环节，从根本上改变了自上而下、单向传授、漠视教师既有经验和主体地位的传统师训方式，也改变了"外显知识"的输入形态，激活了教师个体的自主意识和反思意识，从而加强与内隐知识的联系，并通过对内隐知识的改造，优化教师的主体认识和行为。

本研究提出的策略、途径、方法及手段对于改变民办学校当前教师研训现状均有指导意义和现实价值。由于民办学校的先天因素，上述策略、途径、方法及手段在实施过程中会遇到各种问题和障碍，有的甚至无法实施。因此，希望后继者能结合民办学校的特点提出更加合理、有效的方法和途径。

相关政府职能部门要加大对民办教育的扶持力度，尽量减少对民办学校正常教学活动的干扰，让学校领导和教师将主要精力投入到正常的教育教学活动中。减少或取消与教育

无关的检查和评比活动，让民办学校能真正从事教书育人事业。

民办学校要制定长远的教育规划，努力降低资本逐利性对教育教学的干扰，加大教育的资金投入，特别是对教职工专业发展的投入，发挥"研训一体化"教师教育模式的优势，努力提高教师教育教学水平，让民办教育真正惠及千家万户。

教师要排除社会干扰和社会杂音，聚焦自身专业发展，发展好、利用好"研训一体化"教师教育模式，高标准、严要求，努力提高自身的教学水平，以适应未来社会激烈的教育教学变革。

"研训一体化"教师教育模式对研训机构及研训者也都提出了从理念到工作方式等方面的崭新要求，我们只有坚持理论创新和实践创新相结合，积极探索教师教育工作新方法、新思路，才能取得教师教育工作改革与发展的新成就。

参考文献

[1] 朱怀太. "研训一体化"促进乡村教师专业发展 [J]. 基础教育课程，2018，7:71-74.

[2] 张贵春. 实施校本研训一体化促进教师专业化发展 [J]. 教育探索，2006，6:105-106.

[3] 巫雪琴. "互联网+"跨区域创客教育研训一体化策略与方法研究 [J]. 中小学教师培训，2019，3:26-29.

[4] 曹少华. 简论"研训一体化"教师教育新模式 [J]. 教师发展，2007，12:18-20.

城镇化背景下乡村学校的发展综述

王虹[1]

《国家乡村振兴战略规划（2018—2022年）》提出后，乡村建设与乡村教育再一次成为社会关注的热点。乡村的振兴离不开乡村教育的发展，而乡村学校作为乡村教育中的正式组织，其发展状态自然格外受到关注。然而，在不断加速的城镇化进程中，乡村教育正变得日益边缘化，乡村学校的数量与规模不缩减，面临着诸多生存与发展的困境。

一、城镇化概念

城镇化是自18世纪产业革命以来，农村人口持续向城镇集中的一种世界性现象。狭义的城镇化概念指的是人口的城镇化，如西方学者西蒙·库兹涅茨（Simon Kuznets）在《现代经济增长》一书中将城镇化定义为"城市和乡村之间人口分布的变化"，即乡村人口向城市人口的流入与集中。广义的城镇化概念不仅涵盖了人口的城镇化，还包含了生产、生活方式的城镇化。它主要表现为两种形式：一是城镇数目的增多，二是各城市内人口规模不断扩大。城镇化是经济社会发展的必然结果，是衡量一个国家和地区经济、社会、文化、科技水平的重要标志，也是衡量国家和地区社会组织程度和管理水平的重要标志，是社会经济发展到一定阶段的必然产物。

我国国务院发布的《国家新型城镇化规划（2014—2020年）》也对城镇化做出了界定："城镇化是伴随工业化发展、非农产业在城镇集聚、农村人口向城镇集中的自然历史过程，是人类社会发展的客观趋势，是国家现代化的重要标志。"可以说，城镇化就是指农村人口不断向城镇转移，第二、三产业不断向城镇聚集，从而使城镇数量增加，城镇规模扩大的一种历史过程。

改革开放以来，随着工业化进程加速，我国城镇化经历了一个起点低、速度快的发展过程。1978—2016年，城镇常住人口从1.7亿人增加到7.9亿人，城镇化率从17.9%提升到57.4%，年均提高1.4个百分点。城镇化的快速推进和传统村落的过度开发，导致农村剩余劳动力尤其是越来越多的青壮年放弃了农业生产，进入城镇寻找就业机会，成为城镇的常住人口，越来越多的村落出现"空巢化"现象。传统意义上的村落在目前行政村中的占比已经不到2%。

二、乡村学校的发展——没落与消亡

随着农村居住点的撤并和人口的减少，乡村学校也发生了重大变化。如李振峰对山东省滨州市的调查发现，滨州市作为山东省经济欠发达的地区，全市城镇化率虽然较低，但

---

[1] 王虹，1995年8月生，女，汉族，山西清徐人，教育学硕士，助教，研究方向为教育管理。

近年来乡村学校消亡的速度却在明显加快,乡村小学受城镇化的影响远大于初级中学。《中国农村教育发展报告2019》的调查结果也进一步印证了这一点。数据显示:在2017年,我国义务教育阶段的乡村学校比2016年减少了7741所,乡村学生的人数减少140万人。然而,与此同时,城区增加了272.83万人,学生继续向城镇集中。中国的乡村正在不断减少,乡村学校正在逐渐走向没落与消亡。

(一)学生

1. 本地生源存在流失现象

上学成本和教学质量双重效应加速着乡村学生的流失。由于城镇化进程的加快,农村当地人有了更多的教育选择,越来越多的家长选择把自己的孩子送到私立学校或者县城中学借读,以期接受更高质量的教育。尤其是私立学校,没有户籍限制,"有钱就能上",成为不少农村家庭的选择。越来越多的农村家庭因为教育质量问题而送孩子"离土"进城就读,生源流失表现出低龄化、主动化、逐层向上流等特点。即流出人群由中学生向小学生甚至幼儿园小朋友下移;不少家庭选择主动高就,而不是因为学校撤并被迫外流;从流向上看,大部分由乡下流向县城,小部分流向市或省城。

2. 留守学生发展困难

在乡村教育质量低下的现实面前,只有少数富裕家庭才有实力去陪读,大部分家庭只能被动选择向现实妥协。剩下来的要么是学习不好也不想上的,要么是学习好但家庭困难的。学习不好也不想上的学生呈现难管或者管不住的状态,这些孩子不仅在课堂捣乱、不认真听老师讲课,而且在家也不听监护人规劝。有的逃学私下结交社会不良青年,有的沉迷于电子游戏不能自拔。这些少年儿童自己也会认为,反正父母也不关心他们,熬到一定年纪出去打工即可,读书或不读书没有本质上的区别。

学习好但家庭困难的学生可以说是支撑着乡村学校的升学率,但同时也承受着极其差的学习环境和氛围,他们在夹缝中生存,一步一步的升学在很大程度上依赖自己的聪明才智和努力。

(二)教师

1. 师资流失现象严重

由于乡村教师工资偏低,编制有限,上升空间小,致使乡村教师怀疑其职业功用价值,职业认同感偏低,某些在编教师一旦抓住"机会"就迫不及待地转到城市里去。城市对乡村教师的吸引力无疑是极大的,能够去城市学校教书对教师而言意味着"晋升"。某乡村学校领导表示:"由于农村条件比城市要差得多,优秀教师在城镇化的向心力下,奔向了城市更好的学校,教师的流失越来越严重了。"

在巨大的经济收入差距面前,越来越多的教师从乡村义务教育学校流入城市地区的学校里面。在这种师资流动的过程之中,有的教师通过正常的招聘考试渠道达到工作地域转换的目的,可谓采取了显性流失的措施完成转移。还有一部分教师不能够或者暂时不能够通过正常渠道即显性渠道完成这种工作地域之间的转移,便容易将心思放在如何完成这种工作地域转换的问题上来,进而影响目前的业务精力的分配,或者进而去城市地区开展其他业务。从而对乡村义务教育学校造成了某种程度上的隐性师资流失。"在当下乡村，农民化的乡村教师正在消失，市民化的教师日益成为乡村教师的主力军。市民化教师在接受城市化取向教育的过程中逐渐完成了'城市情结'对'乡土意识'的置换，尽管因为工作的原因回到农村，但是他们对城市的眷恋依然强烈。"

2. 教师结构失衡

近些年来乡村学校教师配比严重不足：第一乡村学校教师学历总体偏低，一些科目很难招到教师，各科目存在分配不平等的现象；第二乡村学校教师流失情况严重致使师资补充渠道闭塞，年龄结构不合理；第三乡村学校教师的男女比例严重失衡，女教师多而男教师少。以上种种不均衡严重制约了乡村学校的发展，以年龄结构的失衡为例，优秀教师的快速流失与新教师的缓慢补充造成了乡村学校教师队伍的老龄化与短缺的问题；同时，师资老化也造成教师教学观念的陈旧与教学态度的保守。

（三）学校

1. 规模逐渐缩减

由于学龄人口大幅下降和外流，乡村学校的办学规模在不断地被抽血、挤压，逐渐造成了乡村学校"学生少""班级少"的小微学校，甚至只存校舍不见学生的"空心校"，且这样的学校数量在逐年递增。小学中，一个班级几个学生，而中学中，一个年级一个班的现象比比皆是。以吴同语的研究为例（表1）：

表1 近12年杭水中学在校学生人数统计

年份	班级数	招生人数	毕业人数	总人数
2002—2003	20	407	270	1015
2003—2004	18	323	410	865
2004—2005	14	211	411	680
2006—2007	12	185	198	594
2007—2008	12	179	233	602
2008—2009	13	230	179	590
2009—2010	13	205	170	599
2011—2012	11	150	212	562
2012—2013	10	148	203	502
2013—2014	9	138	133	394
2014—2015	9	114	125	373
2015—2016	9	111	121	348
2016—2017	8	95	113	312

续表

年份	班级数	招生人数	毕业人数	总人数
2017—2018	7	100	98	291
2018—2019	7	101	97	285

从表1可以看出，2002年这一学年，全校一共有20个班级，总人数近1000余人，此后虽略有波动，但总体呈递减趋势。从2006年到2013年，杭水中学在校人数整体勉强维持在500~600人。2013年以后，由于生源流失现象加重，学校进一步缩减到如今的规模。生源流失严重，办学越来越困难，学校声誉越来越差，乡村学校逐渐走向衰落甚至是消失。甚至在有些地方，政府出于减少财政支出、方便教育管理等考虑，以超前布局规划、一步到位的方式，强行撤掉了一些本应保留的农村学校。

2. 教学资源浪费

当一所学校的学生人数日益减少，与之相应的师生比必然会发生相应的变化，学校各项教学资源也会随着学生人数的减少发生与之相适应的变化，进而造成学校各项教学资源利用上的低效率，各项与教学相配套的设施使用率下降，甚至出现空置乃至废弃的局面，"新建的功能房因缺乏专业老师一直被闲置，塑胶操场只是用来跑跑步，科学实验室也因学生破坏教具被禁止使用，教室多媒体因缺乏相关培训，教师不会操作仅仅用来投影试卷。学校图书馆根据校长的说法是上面派来应付检查的书籍，也因学生破坏影响下次验收长年累月禁止开放。值得庆幸的是乡村学校建立起一系列的基础设施，可悲的是这些资源仅仅是摆设而没有用到实处。"部分学校甚至出现校舍荒废的局面，乡村学校荒废为猪场。

乡村学校的衰败甚至消失造成了传统乡村文化的断裂。社会学家费孝通指出，"中国社会是乡土性的"，而"乡土社区的单位是村落"，村落文化是目前中国农村最具特色的文化形式。学校作为农村儿童成长过程中最重要的教育场所，必须成为乡村文化传承的重要阵地。由于乡村文化机构的稀缺和单一，乡村学校对乡村文化的传承和创新更具有特别的功能和意义。然而，在城镇化进程中重拾、保护和传承乡村文化的物质形态和其精神价值面临诸多挑战。

乡村学校本是整个乡村的文化中心，乡村教师是乡村社会的灵魂所在，而孩子则是乡村的希望，但如今灵魂不再，学生们的读书声、嬉笑声也不再，整个乡村文化的中心逐渐走向瓦解，乡村社会也陷入了老态龙钟的困局。在农村学校调整布局之后，越来越多的学生去城镇接受"九年一贯制"的教育并开始寄宿生活，远离村落的求学，父母亲情的聚少离多，家庭教育的减少，使家庭作为乡村文化传递的载体之一对孩子的影响力和熏陶日渐淡化，很难培养孩子对乡村的依赖和归宿。合并之后的学校，在教育价值导向上有强烈的城市化倾向，被城市文明主导的学校，乡村文化被边缘化，成为"话语权"之外的他者。乡村学校的布局调整，消失的不仅仅是乡村学校，也切断了学校对乡村文化的传承。

三、乡村学校的衰败缘由

乡村学校近十几年的衰落过程并不是简单的一方面的因素，是多种因素交织、积攒而成的结果。

（一）国家宏观调控的外部政策因素

国家政府的力量对乡村学校的发展起到了举足轻重的作用，不管是计划生育还是开放二胎，是"撤点并校"还是"暂停撤并"，国家的政策都是牵一发而动全身，深刻地影响着乡村学校的发展。

1. 生育政策

随着我国计划生育政策的深入推行及人们生育观念的逐步转变，我国人口自然增长率逐年下降，学龄人口逐年减少。与此同时，在城镇化的推进下，打工潮流和村加工业的兴盛，乡村社会发生巨大变迁，村民经济来源不再依赖土地，越来越多的人选择去城市定居，推动了农村人口向城市的集中，加剧了乡村的"空心化"和大量适龄儿童流失。可以说乡村适龄儿童的减少是乡村学校走向衰落的客观原因。出生人口逐年下降引致的自然减员和乡村人口向城市流动数量的逐年增加导致了乡村学校生源大量减少，不少地区出现"空壳学校""麻雀学校"。

2. 布局调整政策

没有生源的学校犹如一潭死水。为应对上述变化和提高教育资源利用效益，自20世纪90年代以来，我国便开始着手进行乡村学校布局的调整工作。自2001年以来，出于优化农村教育资源、提升教育教学质量、促进农村社会发展的目的，并考虑到农村学龄人口持续下降的现实困境，全国范围内的"撤点并校"教育改革拉开了序幕。"小学进乡""初中进城"成为这一轮学校布局调整的特征。

2001年国家发布的《国务院关于基础教育改革与发展的决定》明确指出："按照小学就近入学、初中相对集中、优化教育资源配置的原则，合理规划和调整学校布局。"从此，全国农村地区开始了"撤点并校"的潮流，"在2000—2010年期间，农村小学在校生减少了37.08%，小学数量减少了52.1%。10年时间，农村小学数量减少了一半多。平均每天就要消失63所小学、30个教学点、3所初中。也就是说，几乎每过一小时，就要消失4所农村学校。"2012年9月，国务院办公厅下发《关于规范农村义务教育学校布局调整的意见》，提出"坚决制止盲目撤并农村义务教育学校""在完成农村义务教育学校布局专项规划备案之前，暂停农村义务教育学校撤并"，乡村学校撤并被叫停。

3. 城镇化政策

在政策上国家开始停止"撤点并校"的推进，但是农村学校的缩小仍然在继续，在城镇化政策的驱动之下，农村小学的消失含有了更多的非教育动力。国家宏观教育政策的指引，使学校的设置越来越强调教育资源的集中，刺激越来越多的学生进城接受教育，也导致了新一轮的学校进城，农村学校的消失演变出了新的形式。这一趋势不仅增加了农村家庭的教育负担，求学之路更远，教育费用更高，也使乡村学校规模越来越小，逐渐消失。

在"撤点并校"和城镇化双重影响之下，乡村学校开始在村落消失，资源也出现了集中趋势，乡村孩子面临"上学难、上学远"的问题。以城镇为主的私立学校的急剧扩张，凭借严格的管理和高质量的教学，吸引了大量乡村学生，乡村学校面临了再一次的挑战。

(二) 学校自身发展的内部因素

1. 学习内容离农向城的导向

改革开放以后，国家制定的许多政策文件依然坚持农村教育为"三农"服务的方向，鼓励农村学生热爱农村、扎根农村、服务农村。但是，目前"留守"的为数不多的乡村学校，无论是教学内容、教学方法，还是教学理念与评价标准，都有着强烈的"离农"取向。如学者李书磊所说："学校作为一个机构不仅在组织上与它所处的村落相分离，而且在教育内容上也同乡村生活相脱离。学校竖起围墙、关起大门就自成一体，在它的周围耕种、生息的农民并不真正了解在校园与课堂上正在进行什么。"学校教育内容与乡村生活日益脱离，城市成为教育世界里的强势话语，为城市培养人才的旨向成为教育世界里的强势价值设定。乡村教育也因此丧失了自己的独立性，变得越来越依附于城市教育。从学校的课程与教学来看，学校教育以城市知识和城市文化为主要内容，这一部分知识以脱离乡土社会、亲近城市生活为主要指向。乡村教育正在从"为农"教育转变为"离农"教育。

2. 教师权威的丧失

由于学校是乡村社会里知识的唯一垄断机构，国家的意志与价值经由教师传递给乡村学生，教师的权威不言而喻。"一般来说，越是对于偏远乡村的孩子，遥远而伟大的人物就越成为被热烈崇拜的偶像，就越拥有神秘而神圣的光环，就越具有真切而伟大的感召力量。"理想教育虽然没有在课程中显示出来，但是在校园环境中却处处渗透着。随着城镇化的深入与现代化进程的加快，网络与电视逐渐在乡村社会普及，不断传递城市价值观，学生获取知识、信息的方式和途径变得更加开放与多元，不再像过去一样局限于学校课堂。与此同时市场经济涌入乡村之后，农民开始接受现代社会的消费观和物质观，电视和互联网的普及，打破了传统乡村社会的封闭。学校的角色与功能也悄然发生着变化，学校不再像过去那样是乡村社会中正规知识的唯一传递机构，教师也不再是礼俗的唯一解释者，乡村教师开始丧失权威，乡村学校的教育价值被否定，学校与教师的权威性在现代化的进程中被逐渐消解。

在这一方面，容中逵认为"在他者规训异化与自我统整迷失的双重交构下，乡村教师的文化符号象征意义几近丧失、内在根本质素遭致否定、社会身份角色日益游移不定"。教师们对于教学不再像以往对教育那样抱有强烈的热情与信念，教师们的"无为"与"逍遥"是教育信念缺失的表现。

(三) 家长的教育选择

纵观学校发展的历史，乡村学校繁荣的因素很大程度上是家长对学校寄予了改变命运的希望，当这种希望落空或是不再有吸引力时，乡村学校的衰落就是不可避免的。如在刘阳春的研究中，家长对当地村小的教学质量持否认态度，认为孩子学习成绩的好坏是由老师决定的。学校缺少音乐、美术、体育和计算机课程不能满足家长对孩子教育的要求，老教师教育的缺陷跟不上时代的步伐和僵化的教育方式，其中该村小学落后的设施致使学生手抄作业是家长不满的重要因素。但是家长仅仅看到了L村小学作为一所农村教学点不足的地方，并没有站在孩子童年发展需要上看问题，忽略了家庭教育对孩子的重要作用。

随着现代观念在乡村社会的深入，人们的教育意识在空前的加强，选择优质的教育资源,成为乡村家长的共识,"择校风潮"开始在农村地区蔓延。同时伴随着广大村民外出打工,越来越多的村民选择将子女带在身边,为子女提供更加优质的教育。从众与攀比的心理影响着农村学生家长的教育选择。为了在和他人竞争中获得一种优势,家长们不惜成本地为子女盲目追求城市的重点中学,将教育与高名望、高学历挂钩,过多看重教育的工具价值,而忽视了教育对人本身的关怀与尊重。

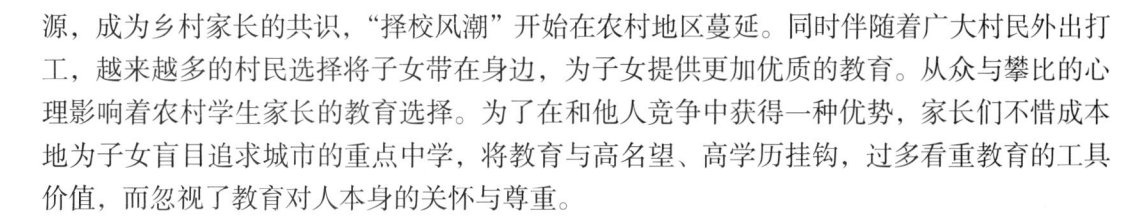

四、乡村学校的应对之法

在城镇化进程中,乡村教育发展面临着学生外流、学校撤并等诸多挑战,如何保障乡村儿童就近接受有质量的教育是乡村教育发展需要解决的重点问题之一。

(一) 理论路径:明确乡村学校发展导向

1. 因地制宜

有人提出农村教育的未来出路在城镇,要走"初中进县城、小学进乡镇"的路子,其实质就是通过消灭农村教育来发展农村教育。还有的学者针对乡村学校步履维艰的事实,提出要在改革和制度创新的基础上重建乡村学校,如撤点并校、校车接送、寄宿制、设置教学点等方式方法。不管是乡村学校的"存留"还是"消亡",都具有自身独特的优势,同时也存在着难以克服的弊端。

乡村学校的布局调整要"因地制宜",依规依法进行。不论是"重建"还是"消亡",都不能搞"一刀切",而应遵循各地乡村人口增减的自然规律,遵照乡村文化传承发展的需要和老百姓的意愿,制定相应的法规条例,及时、合理地调整乡村学校的布局,不能任由某些地方政府领导肆意妄为。对于规模较大、有稳定生源的乡村小学,必须持续加大投入力度,改善办学条件,办好办强,切实提高教育教学质量;对于规模较小、办学条件差、生源流失严重的乡村学校,也应找明原因,分析"留守"和"重建"的利弊,在方便百姓子女就近上学、强化乡村文化传承发展的前提下,尽可能予以保留。实在没有"留守"意义的,可在征得老百姓同意的基础上,动员学生转至条件更好的乡镇中心校就读,并给予转校家庭一定资金上的补贴;对于那些已因各种原因被撤并,但现在群众又有教育需求,又有了生源的乡村学校,必须尽快予以恢复。

农村中小学布局规划是一个动态过程,要根据当地实际经济发展状况不断地进行调整。美国农村学校合并运动历经一百年之久,同时也伴随社会、经济、文化以及教育理念的不断发展。在不同的发展过程中,政府对农村学校合并运动的开展采取了相应的符合社会、经济发展的措施,并且在不同阶段都会对其进行相应适当的调整。因此,我国城镇化发展也必将是长期发展且不断变化的过程,农村教育也应随着我国经济社会的具体发展状况来进行相应的调整和适应,建立起学校布局的动态调整机制,既要防止盲目地"撤点并校",也要避免"为小而小",陷入小规模学校的权力话语中,以致因小失大。

应当厘清乡村教育的价值取向,走出"离农"与"为农"的价值争论,淡化基础教育的精英化追求。乡村学校不仅要培养学生的乡土情感与文化自信,塑造他们精神根基,也应同时教会他们适应城市生活的方式与本领,培养他们双重文化品性。乡村教育有其自身的发展逻辑与路径,应该走的是一条与城市和而不同的道路。国家应当给予乡村教育更多的政策支持,继续深化城乡教育一体化建设,加大对乡村教育的经费投入,提升乡村教师的待遇与社会认同，增强乡村学生的乡土文化认同与自信。

2. 和而不同

乡村学校应当积极探寻未来发展的可能路径，调整农村中小学教育目标，完善中小学课程结构，创建符合自身特色的乡村小规模学校，充分发掘乡村的自然环境，开发好乡村社会环境这一优势，深刻挖掘乡土文化这一隐形资源，制定符合乡村学校实际的教学评价体系，对乡村学校进行全面评价。一些地方的农村学校自主探索了结合本地特点的特色化教育路子。例如，2013年由21世纪教育研究院发起的"美丽乡村教育"评选活动中，所列入的一些候选农村学校就很具有代表性。这些学校都不约而同地摒弃农村学校"城市化"的模式，因地制宜地与农村学校的实际相结合，将学校办成了田园式的学校。成都市蒲江县在发展农村教育的过程中，就尤为注重利用其农村教育特有的优势，结合农村社区的发展来发展农村教育。该县成佳中学，基于成佳乡茶叶产业发展的优势，创造性地将"学校＋家庭＋企业＋社区"结合起来，将茶文化引入学校课堂，同时拓展学校的社区教育功能，为企业培训懂技术的学生和家长。这一探索被称为现代田园教育模式。无独有偶，四川泸州纳溪区充分利用农村地区广阔而丰富的自然资源和多样化的社会资源，打破学校的围墙，让学生走出学校，走向自然、走向社会，通过学校教育、家庭教育、社会教育、自然教育的有机结合，探索"天人共育"的教育。但是，这种结合农村本土资源、走农村教育特色化的路子能否满足农村渴求升学的功利化的思维而获得长久发展，能否扭转农村教育发展的颓势留住生源，尚不得而知。

3. 正确认识城镇化

"解铃还须系铃人"，解决农村教育问题之道还在于对城镇化的正确认识，并以城镇化的思维去解开农村教育问题之结。

一方面应正视农村教育城镇化的潮流，农村生源的流失正是城镇化背景下农村人口的进城运动，"农村学校的撤并与布局调整并非地方政府头脑发热，主观臆断，根本上是由于城市化进程的加快引发农村学生大量向城镇流动所致，空心村、空壳校、城镇化潮存在着前因后果关系。""只有站在城镇化迅猛推进的大背景下考量农村社会所发生的一切，我们才不会因农村学校的迅速瓦解而惊慌失措。"面对农村教育城镇化的潮流，我们应该疏解而非堵截。然而现实中，很多地区故意缩减城区招生规模，以为乡村学校留一条生路的例子并不鲜见。

另一方面应主动推动农村教育城镇化，以城镇化思维破解农村教育难题，扩大城镇教育规模，为农村生源提供更优质的教育机会。在"用脚投票"的时代里，不顾城镇化的潮流，一味地去"拯救"乡村教育，制度化地将不情愿留在乡村的儿童留下来，可能只会得到适得其反的效果，山西前元庄乡村教育实验由盛转衰的例子就极具启示意义。与其让乡村教育"守望"着逆城市化的到来，倒不如主动作为，推进农村教育城镇化，让农村孩子在城镇学校享受更优质的教育。比如四川成都作为"统筹城乡经济社会发展，推进城乡一体化"的试点地区，他们推进"城乡一体化"的战略途径就是"三个集中"，精简农民。即土地向业主（规模经营）集中，工业向园区（集中发展区）集中，农民向城镇集中，让自然条件恶劣、没有任何发展前途的偏僻山村"自然消亡"，让那里的孩子进城读书，否则，那里的居民"就会永远贫困，永远不会享受城市文明"。易中天先生把这种做法称为"成都方式"。

(二)现实路径：改善乡村学校办学条件

1. 完善教育投入机制

一个学校的办学条件是提升教育水平的物质基础和重要保障。乡村学校，尤其是乡村小规模学校普遍面临着办学条件比较差的问题，这已成为制约其发展的一大短板。为使学校合并工作进展顺利，美国联邦政府和州政府通过法律规定保障农村教育有充足的资金，且资金来源途径多样化，包括国家、地方、企业、学校。因此，在国家加大对农村教育资金注入的同时，我国各行各业都应对农村中小学的发展进行经济注入，运用第三方的优势，比如社会上的力量、志愿组织的力量、优秀校友的支持与帮助等，加强与不同组织机构和人员之间的合作，高度重视共同体的构建与应用。

目前从数字上来看，国家对农村投资的较多；但是实际上，城市的中小学得到经费的支持远比农村多得多。据调查，多数的省份都会花大笔金额争相创办国家重点中学，或者是国家示范学校，且政府把大量的资金投入学校硬件设施上，并不是投入和学生息息相关的学习、卫生和健康上。合并后的乡村小学并没有因为政府的大量投入而提升教学质量，反而使优秀的中年教师和学生向城市流动。合并后的乡村学校虽然在基础设施上有了很大的提升，但是最为致命的是乡村教学质量不升反而降，导致了优秀的乡村教师和学生向城市集中，同时也使得大量的成绩一般的学生越来越厌倦学习。

2. 提高校长领导力

学校在办学条件方面除物质资源对学校有影响之外，组织管理等文化软实力对学校发展也相当重要。这种组织管理上的文化软实力主要表现在校长领导力上。

在具体措施上，周兴国认为"促进农村学校改进需要放弃传统的思维模式，教育行政部门应该为农村学校配备强力校长，在强力校长的领导下通过制度设计改变学校内部的结构关系，盘活农村学校的存量教育资源，促进农村教育向更高水平发展。"王欣力以河南省南部乡村的C校为个案，运用组织社会学的理论知识对其十几年如一日地保持良好发展的状态的机制进行阐释，从组织、领导、决策、沟通四个方面阐述了学校发展的运作过程，发现该学校发展背后群体气氛（领导与下属之间的关系）契合度高，群体任务规范化，领导者职权界定分明；关键领导长期不变，领导更替结构复制。相比较而言，高校教师在教育教学方面通常具有较高的专业素养以及丰富的教学经验，可以承担乡村学校的理论指导任务。因此，乡村学校也可以尝试与高校联谊，实施教授督导制。

3. 留住师生

国家和地方对农村小规模学校的资源投入不能只关注硬件设施和公用经费，更应当在吸引优秀教师，尤其是本土教师安心从教方面做文章。加强乡村教师培训，提升教师教学能力及责任感；健全激励机制，全方位支持乡村学校教师发展，提高乡村教师队伍质量；也可以通过招募城市退休教师，参与乡村学校教学，建设农村中小学优秀师资队伍；对在校学生重视学生资助，让乡村学生获得充足发展；健全心理辅导机制，创新留守儿童管理模式，有针对性地为乡村学生提供帮助。

五、结论

城镇化背景下，乡村学校发展呈现衰败景象，办学数量和规模越来越小。究其原因，教师和生源是影响乡村学校发展的两个支柱。生源流失进一步导致了教师的"无为"与"逍遥"，学校教学质量与办学声誉因此下降，从而造成生源的进一步流失，乡村学校办学变得更加困难，学校教育因此陷入一种恶性循环。面对这一问题，我们需要认清农村中小学布局规划是一个动态过程，要因地制宜，结合本土资源，开门办学，走特色化发展之路，创建符合自身特色的乡村学校。

参考文献

[1] 国务院关于基础教育改革与发展的决定[EB/OL]. http: //www.jyb.cn/info/jyzck/200602/t20060219_10717.html.

[2] 21世纪教育研究院发布《农村教育布局调整十年评价报告》[EB/OL]. http: //www.shekebao.com.cn/shekebao/2012skb/sz/userobject1ai5012.html.

[3] 国务院办公厅关于规范农村义务教育学校布局调整的意见[EB/OL]. http: //www.edu.cn/xin_wen_dong_tai_890/20120914/t20120914_844397.shtml.

[4] 中共中央国务院印发《国家新型城镇化规划（2014—2020年）》[EB/OL].（2014-03-16）[2020-02-26]. http: //www.gov.cn/gongbao/content/2014/content_2644805.htm.

[5] 中共中央国务院印发《乡村振兴战略规划（2018—2022年）》[EB/OL].（2018-9-26）.[2020-1-21].http: //www.xinhuanet.com/politics/2018-09/26/c_1123487123.htm.

[6] 陆娅楠. 我国传统村落比例不到2%，将建立濒危警示制度[N]. 人民日报，2013-10-18(002).

[7] 祝帅，萧立，席卡. 教育是最大的民生工程——现代农村素质教育重建的泸州纳溪经验[N]. 中国教育报，2015-9-23(10).

[8] 容中逵. 他者规训异化与自我迷失下的乡村教师——论乡村教师的身份认同危机问题[J]. 教育学报，2009, 5:83-88.

[9] 高小强. 乡村教师阶层分化及其社会文化后果[J]. 中国教育学刊，2011, 12:9-12.

[10] 代静亚，龙红霞. "后撤点并校时代"的乡村学校与乡村文化传承[J]. 教学与管理，2014, 4:39-41.

[11] 周兴国. 农村学校改进问题与出路[J]. 中国教育学刊，2014, 5:24-27.

[12] 胡俊生，李期. 空心村·空壳校·城镇化潮——农村教育的困境与出路[J]. 甘肃社会科学，2014, 5:6-9.

[13] 范先佐. 城镇化背景下县域义务教育发展问题与策略[J]. 华中师范大学学报（人文社会科学版），2014, 4:139-146.

[14] 雷万鹏. 城镇化进程中农村小规模学校发展[J]. 全球教育展望，2014,43(2):115-120.

[15] 杨卫安，邬志辉. 城镇化背景下中国农村教育发展的路向选择[J]. 社会科学战线，2015, 10:239-246.

[16] 孙刚成，赵又朴. 西部L县乡村学校发展困境与解决对策[J]. 青岛职业技术学院学报，2016, 4:50-54.

[17] 徐笛．城镇化过程中乡村小规模学校发展困境研究——基于河南省 L 县的调查分析 [J]．现代教育论丛，2016,6:24-28．
[18] 王乐．村落文化的传承与乡村学校的使命 [J]．湖南师范大学教育科学学报，2016,15(6):26-32．
[19] 李倩．现代化进程中村小发展的现实反思 [J]．教学与管理，2017,3:49-51．
[20] 李振峰．城镇化背景下乡村学校复兴的文化学思考 [J]．基础教育，2018,15(2):16-24．
[21] 刘小锋．乡村学校教育功能弱化问题的个案研究 [D]．长春：东北师范大学，2011．
[22] 王焕．从"文字下乡"到"文字上移" [D]．南京：南京师范大学，2014．
[23] 傅音．城镇化进程中农村中小学发展面临的挑战与对策研究 [D]．南昌：南昌大学，2017．
[24] 刘阳春．城镇化背景下乡村学校变迁的案例研究 [D]．青岛：青岛大学，2018．
[25] 西蒙·库兹涅茨．现代经济增长 [M]．北京：北京经济学院出版社，1989．
[26] 李书磊．村落中的国家——文化变迁中的乡村学校 [M]．杭州：浙江人民出版社，1999．
[27] 石中英．乡土中国与文化自觉 [M]．北京：生活·读书·新知三联书店，2007．
[28] 易中天．成都方式——破解城乡改革难题的观察与思考 [M]．南宁：广西师范大学出版社，2007．
[29] 梁鸿．中国在梁庄 [M]．南京：江苏人民出版社，2010．
[30] 费孝通．乡土中国 [M]．北京：商务印书馆，2011．
[31] 国家新型城镇化规划（2014—2020）[M]．北京：人民出版社，2014．
[32] 刘辉汉，裴树本．来自贫困地区的探索与实践：张家口、吕梁地区教育综合改革实验研究成果 [M]．北京：人民教育出版社，1997．

农村学前教育师资存在的问题与对策
——以陕西省 N 县为例[①]

吉执来[②]

农村学前教育是当下国家学前教育发展的重难点，从农村学前教育师资现状出发，解决好其师资存在的问题，加强农村学前教育师资建设，促进农村学前教育教师专业发展已成为发展农村地区乃至全国学前教育事业发展的客观要求和实际需要。

一、N 县学前教育师资现状及存在的问题

（一）N 县学前教育师资概况

据 N 县教育部门最新统计的数据，2020 年全县共有幼儿园 67 所，合计 290 个班，在园幼儿 8082 人，专任教师 440 人。

从 2014—2020 年 N 县学前教育发展基本情况统计表（表1）来看，2015 年是 N 县学前教育发展的重要的时间节点，2015 以前 N 县学前教育发展缓慢，2015 年 N 县学前教育获得了较大的发展，体现在园所数由 2014 年的 27 所增加到 2015 年的 67 所，幼儿专任教师数由 2014 年的 232 人增加到 2015 年的 340 人。

表1 2014—2020 年 N 县学前教育发展基本情况统计表

年份	幼儿园数（所）	幼儿园班数	在园幼儿人数	幼儿专任教师数
2014	27	219	6932	232
2015	67	247	7091	340
2016	67	252	7214	349
2017	67	274	7235	347
2018	66	269	7329	377
2019	67	275	7480	396

[①] 基金项目：陕西省学前教育研究项目：陕西省乡村幼儿园一体化发展与管理模式研究（ZdKT1806）；咸阳师范学院教育科学学院 2018 年度专项科研基金项目：陕西省农村惠普性幼儿园发展与保障机制研究（JKKY201813）。

[②] 吉执来，1974 年生，男，安徽太湖县人，咸阳师范学院教育科学学院副教授，研究方向为乡村教育、幼儿教育。

续表

年份	幼儿园数（所）	幼儿园班数	在园幼儿人数	幼儿专任教师数
2020	67	290	8082	440

（二）N县学前教育师资存在的问题

经过近几年的发展，N县学前教育师资队伍建设取得了巨大的成绩，但还存在以下问题。

1. 学历水平参差不齐，专业素养偏低

学历水平的高低是决定教师专业素养优劣的一个重要因素，可以直接反映出教师的知识掌握情况和教学能力水平的高低，也可以反映出教师的综合素质。"农村幼教师资学历水平偏低"是当前我国农村幼教师资存在的较为普遍的问题。就根据对N县学前教育教师的调查统计分析来看，N县学前教育教师队伍也存在学历水平参差不齐、专业素养偏低的问题。

《中华人民共和国教师法》规定：幼儿园教师应该具备幼儿师范学校毕业及以上学历。但受农村经济条件限制，再加上城乡经济的不均衡发展，当前N县幼儿教师中，只有32.2%的幼儿教师毕业于学前教育专业，专科及以上学历的教师占比仅为12%，中专、高中学历占比为77%，其中一半以上的教师都没有教师资格证。

教师学历水平低，专业素质也相对较低。主要表现在理论基础方面不能准把握和理解学前教育的深刻内涵和宗旨，不能将正确的教育理念运用于教学实践；在专业技能方面表现为舞蹈、绘画、唱歌、弹奏等基本功方面相对薄弱。许多教师的普通话不标准，不能给幼儿正确的标准和示范。在保教活动中，不能做到"保教结合"，往往重保轻教；在游戏活动中，往往给自己的角色定位不够准确，难以适时、适度、适当地参与其中，不能很好地发挥一个组织者、观察者、引导者和参与者的作用。

2. 薪资待遇不高，教师生活压力大

薪资待遇低、生活压力大是影响农村学前教育师资建设的"老大难问题"。薪资待遇决定生活质量，收入水平是衡量基本生活水平和生存状态的一个关键因素。据对N县93名农村幼儿教师的收入状况的调查显示，月工资在1000~1500元的比重最大，约为60%，而仅有10%的教师收入在1500以上，她们基本上都是原本有编制的小学教师和幼儿园园长等，她们的工龄和资质都相对较高。

由于工资待遇低，生活无保障，工作满意度低，很多农村幼儿教师继续从教意愿并不强烈，工作积极性不高，高素质的幼儿教师大量流失，导致教育质量也无法得到提高，影响了整个N县学前教育事业的发展进程。

3. 社会地位低，缺乏自我认同感

通过对N县93名农村幼儿教师的自我认同感的调查显示：11%的教师认为自己的社会地位较高，39%的认为自己的社会地位一般，50%的教师认为自己的社会地位较低或很低。这说明绝大多数农村幼儿教师对自己的职业和社会地位的认同感是比较低的。

工资水平低，与其他中小学教师的待遇差距较大，易使人产生心理落差，导致农村幼儿教师社会地位自我认同感不高；再者，许多社会群众及部分农村幼儿教师对幼教工作缺乏正确的理解和认识，片面地认为幼儿教师就是哄孩子的保姆，没什么技术含量的工作谁都可以干；幼儿教师的劳动价值得不到认可，不但难以获得应有的经济地位和社会地位，甚至有失她们的人格尊严。最后，教师职称评定体系不够完善，教师身份和地位不明确，也是导致幼儿教师自我认同感低的重要因素。

4. 培养培训机会少，教育教学资源单一

我国《教师法》明确规定，教师有接受培养培训和进修的权利，教师是持续发展的个体，需要通过不断的学习来增强自己的专业技能和素养。但即使农村幼儿教师有提升自己专业技能和成长的愿望，她们也很少有接受专业培养培训的机会，由于受经济发展水平和地域条件的限制，N县农村幼儿教师很少有接受继续教育的机会。

二、N县农村学前教育师资所存在问题的原因分析

通过调查分析，我们认为N县农村学前教育师资存在的问题产生的原因主要有：

(一) 历史观念原因

由于历史原因，幼儿教师的身份如今依旧没有得到承认，使其社会地位和薪资待遇一直很低，切身利益得不到保障。虽然《教师法》已明确规定要将幼儿教师也纳入教师行列，但大多数农村幼儿教师长期以来只能以拥有农村户口的教师的身份而存在，并未真正进入"教师"行列，在管理和薪资待遇方面以参照当地小学民办教师的相关规定为准，由当地政府或委员会为其提供经费支持。随着教育事业的发展，民办教师的身份已不复存在，农村幼儿教师没有了"参照"对象，处境更加尴尬。由于幼儿教师身份不明确，社会地位被边缘化，得不到认可，使农村幼儿教师的自尊心受到了极大的伤害，他们开始对自己失去信心，甚至开始怀疑自己的社会价值，这严重挫败了她们的工作热情和积极性。

(二) 地方政府未尽全职

N县农村学前教育师资问题产生的原因之一是缺乏政府的有力支撑和扶持，具体表现在三个方面：

1. 政府对农村学前教育的重视度不够

政府对农村学前教育的重视度不够是使城乡学前教育差距越来越大的一个重要因素。在"政府对学前教育发展重视度的调查中"仅有10%的教师认为较重视。其原因一方面是因为学前教育尚未纳入义务教育，所以往往被政府所忽视，体现在资金投入不足，基础设施陈旧难以更新；另一方面是政府在政策上没有充分考虑幼儿教师的切身利益，在工资水平、职称评定、专业发展等方面未能给予幼儿教师与小学教师平等的待遇，使幼儿教师的合法地位得不到有效保障。

2. 教育经费投入不足

教育经费一部分来源于当地政府，另一部分来源于幼儿缴纳的保教费。而在N县没有学前教育专项经费，乡镇政府财政资金本来就比较短缺，幼儿园基本处于"以生养师"的局面。经费来源得不到保障，园所硬件设施得不到改善，很多保教活动不能顺利开展和

进行。

3.学前教育管理体制机制有待完善

由于缺乏系统的管理体系，许多方面的监管工作无法落实到位，造成管理上的疏漏，在师资建设方面，由于幼儿教师还没有被纳入与当地教师统一管理的范畴，所以当地政府也无权直接干预或调配民办园的幼儿教师。一方面管理不健全，另一方面又无权过多干预，这样尴尬的局面使农村学前教育师资问题越来越严重。

(三) 政策执行不力

学前教育政策是政府为学前教育事业的健康发展而制定的一系列规范性的措施和准则，指明了一定时期的发展方向和目标，规定了学前教育行动的出发点和落脚点。政府在执行相关政策时有缩水现象，没有尽好自己的职责，使教育政策没有落实到位。如学前教育督导是教育行政部门根据国家有关教育方针、政策、法规和制度等对幼教机构进行监督和指导，确保国家幼教政策的贯彻落实，以提高保教质量，促使学前教育事业健康发展。但从督导工作的实际执行情况来看，城市地区的工作显然比农村地区做得好。由于农村学前教育以民办园为主，督导工作往往只停留在幼儿园硬件设施及卫生安全等表面工作上，没有深入到幼教师资、保教活动及课程设置等关键领域，这对师资建设及发展很不利。同时，由于教学资源有限，信息较闭塞，导致她们对许多相关政策都不了解，新的教育理念得不到实践。还有，虽然幼儿园教师应该具备幼儿师范学校毕业及以上学历，但由于农村学前教育缺乏有效的管理，农村幼儿家长又对学前教育缺乏科学的认识，许多民办园为谋取经济利益而低薪聘请的教师大多数都不符合学历和专业标准，这种现象较为普遍。

(四) 办园体制改革不完善

教育体制是国家的根本教育管理制度，主要涉及教育机构设置和管理权限两个方面。幼儿园办园体制改革是教育体制改革的内容之一，主要涉及园所的所有权和经营权的改革，以及园所内部管理体制和外部行政体制的一系列变化。通过和农村幼儿教师的交流访谈了解到，许多人都认为幼教体制改革后，她们的处境更难了，一是改革后她们心中一直盼望的"公办教师"的梦想破灭了，因为以前只要达到一定教龄便可以通过考试转为公办教师。二是改革后民办园为减少成本，聘用的教师数量较少，保育教育工作都由教师一人完成，不仅工资低，而且工作量还很大，缺乏科学的管理，教师福利待遇差，没有医疗、养老、保险、住房等保障，寒暑假也不发工资。三是幼儿园为追求经济利益不但不设保育岗，反而还增加班级人数，使师幼比过低，为保证幼儿安全，还将其直接和教师工资收入、绩效考核挂钩，使教师们身心负担过重。一方面，高校毕业生不愿回到家乡任教；另一方面，农村在职幼儿教师又无法提高自己的专业素养，最终导致农村学前教育师资问题更加严峻。

三、农村学前教育师资建设的对策建议

N县政府必须高度重视和关注本县农村学前教育师资存在的问题，这些问题能否得到妥善的解决，关系到农村人口素质的提高及其经济社会的发展进程，以及城乡教育差距和新农村建设等问题。

（一）转变思想观念

学前教育虽未纳入义务教育行列，但它属于基础教育的重要组成部分。我们需要转变思想观念，继续实施并完善民办教师制度，再逐步向公办教师制度过度。

根据《教育大辞典》的相关概念，我国民办教师是指没有被列入国家教员编制的中小学教学人员。我国民办教师制度的实施为农村教育事业的发展起到了突出的作用。为稳定和发展农村学前教育师资队伍，我们可以继续实施并进一步完善民办教师制度，确认农村幼儿教师的身份，便于对其人事和业务等各方面进行规范化管理。另外，政府部门应认真落实《民办教师促进法》的精神，给予农村民办教师与公办教师同等的待遇，保障其住房、医疗、养老等问题。如此一来，一方面，农村幼儿教师既受雇于幼儿园，又受雇于政府；另一方面，也体现了政府对民办园教师与在编公职人员的一视同仁，还能有效促进师资队伍的稳定，减少人才流失。

（二）强化政府职责

加快农村学前教育师资建设的核心和关键是落实政府的职责，充分发挥政府在人力和物力、财力投资中的主导作用。

1. 转变思想观念，高度重视县域学前教育发展

政府应提高重视学前教育事业发展的思想意识，为学前教育的健康、有序、可持续发展营造良好的社会环境，各级政府、各部门、各地区相互合作、相互协调，完善法律法规及相应的规章制度，积极采取各种措施切实保障农村学前教育的社会地位，为解决农村学前教育师资问题提供法律依据和制度保障。

2. 加大财政投入，保证农村学前教育发展的资金需求

政府要保证足够的农村学前教育资金投入。一方面，将新增教育经费多向农村学前教育方向倾斜，逐年提高财政性学前教育经费所占比重。另一方面，要放宽政策、建立健全农村地区办园机制；教育政策及其实施方面要多考虑条件较差的农村地区的实际情况，鼓励企事业单位、社会团体和公民个人等社会各界力量到农村地区投资办园或捐资办园，扩大农村学前教育资源。

3. 建立和完善农村幼儿教师管理体系

政府部门要不断建立健全相关管理体系，维护幼儿教师的切身利益，保障其合法利益，以便形成系统的管理体系，既便于政府统一管理，又能保障教师权利。

依法落实幼儿教师资格制度和教师聘任制度，明确农村幼儿教师的身份。政府部门坚持依法治教，通过出台相关政策和法规，让幼儿园师资建设有法可依。认真贯彻落实《教师资格条例》和《教师法》，把好教师资格关，与新进教师依法签订劳动合同，给农村幼儿教师应有的身份和地位，对正式聘任的幼儿教师，应给予其与小学教师同等的待遇。实行绩效考核制度，根据绩效多劳多得，定期发工资，标准不能低于当地年人均收入水平，保障其合法权益。

（三）加大政策执行力度

地方各级政府部门应加大政策执行力度，切实执行党中央、国务院有关学前教育发展

方面的政策法规，切实推进农村学前教育的发展。

1. 加强教育督导

为确保国家学前教育方针政策和制度法规的贯彻落实，政府部门要做好教育督导工作，对基础学前教育行政机构及乡村园所依法督导，深入师资建设、保教活动及课程设置等具体领域，以提高农村学前教育的保教质量，促进农村学前教育的健康发展。

2. 依法治教

一方面，政府部门要依法对学前教育机构进行管理，严格按照法律规定正确引导其健康发展；另一方面，学前教育机构自身也要严格要求自己，依法执教，通过多种渠道积极了解和接收新的幼教理念、幼教政策，并及时落实。另外，幼教机构必须依法录用专业合格的教师，并签订正式的劳动合同，不得违法低薪聘请专业水平不合格的教师，以保证师资质量。

(四) 积极推进办园体制改革

由于办园体制改革的不完善，导致农村学前教育师资问题越来越严重，因此需要积极推进办园体制改革。

1. 依法确定劳务关系

明确规定幼儿教师的任职资质是保证农村幼儿教师整体素质的第一要务，教师任用制度是教师队伍建设的重要制度之一。我国《教师法》第十七条规定："教师的聘任应遵循双方地位平等的原则，由学校和教师签订聘任合同，明确规定双方的权利、义务和责任。"为保证农村民办幼儿园的稳健发展，必须要用正规的形式来约束教师与幼儿园之间的劳动关系。一方面，当地教育行政部门应明确规定：幼儿教师的聘任制度；合同期间幼儿园不得无故解雇幼儿教师；幼儿教师也不得无故中途辞职等。另一方面，教师应与幼儿园签订正式的劳动合同，明确各自的权利义务；劳动合同要经过公证和备案，确保其法律效力；教育行政部门要做好督导工作，确保劳动双方权利的享受和义务的履行，做到有法可依，有章可循。

2. 全面提高幼教资质

(1) 实行双重资格准入制度，把好教师入口关。为加强农村学前教育师资建设，全面提升学前教育教学质量，必须不断提高师资要求，把好教师入口关，实行双重资格准入制度，即从事学前教育的工作者必须具备专业合格证和教师资格证。专业合格证是指具备一定的专业技能，有能力从事幼教工作的资格凭证，教师资格证是指能证明自己教师身份并享受教师待遇的有效凭证。严格执行双重资格准入制度，能有效避免或减少幼教师资水平参差不齐、鱼龙混杂的现象，起到一个"过滤"的作用，在一定程度上能保证教师的整体素质。在 N 县农村地区，"双证"齐全的幼儿教师少之又少，也很难招聘到高学历的专业教师，其主体还是高中和中专非学前教育专业的人员及农村小学合并后富余的小学教师。针对当地现状，为不断完善和更好地执行这一制度，一是要在坚持"培训上岗"原则的基础上，允许地区农村幼儿园在短期内招聘高中和中专毕业生，但必须经过严格的岗前培训和专业技能方面的考核，考核不通过的不予以颁发证书，实行暂时的"专业资格"准入；二是积极鼓励、引导在职教师通过各种形式参加专业学习和培养培训，提高自己的专业素养，并通过考试获取相应的教师资格证书，从而逐渐由"专业资格"准入过渡到"双重资格"准入，不断优化农村幼儿师资结构。

（2）完善教师培训体系，加强幼教培养培训。教师培训是师资建设中不可缺少的必要因素。N县农村地区的师资亟待持续性、针对性的系统化、制度化的培训，职前培训和职后培训相结合，长期培训和短期培训相配套，保教实践和当地实际相联系，充分利用当地教育资源，调动各方面积极性，通过各种形式和途径开展丰富多彩的培养培训活动，并对教师们进行相应的考核，以资鼓励。政府要积极引导和扶持，鼓励各民办园与公办园一起努力，相互学习和探讨，并借鉴其他地区的科研成果和新的理念，不断优化本地区的师资培训体系。

参考文献

[1] 于冬青，梁红梅. 中国农村幼教师资存在的主要问题及发展对策 [J]. 学前教育研究，2008, 2:13-16.

[2] 袁揽、许玲. 民办园师资建设之硬伤——基于对长沙市民办园的分析 [J]. 当代学前教育，2010, 1:4-7.

农村家长对幼儿园教育期待的现状调查❶

袁圆❷

所谓教育期待是指对教育所能产生的价值进行判断和预设，也指对即将达到的但还没有达到的教育效果充满期待，充满希望和信心，从而希望所能达到一种令自己满意的教育效果。近年来随着我国学前教育的普及，农村地区的学前教育也得到了快速的发展，在这样的背景下农村家长对入园也有了更多的选择和更高的要求和期望，具体表现在幼儿园环境、师资力量、幼儿园教学内容、教育支持等方面。

一、农村家长对幼儿园教育的期待

本研究对X市某镇幼儿园180位家长发放了调查问卷，同时选择其中的16名家长进行深度访谈，了解农村幼儿家长对幼儿园教育期待的基本情况。

（一）良好的教育环境

家长为幼儿选择幼儿园首先会了解一所幼儿园的物质环境，一所幼儿园良好的教育环境是建立在拥有良好的自然环境和丰富多样的硬件设施上。幼儿园的户外环境包括地面、器械设备、游戏场地的结构、绿化；室内环境包括走廊的设计、教室主题墙的设计、教室的整体布局等。在与幼儿家长交谈的过程中家长提道："我们选择一所幼儿园首先是看幼儿园教室外面的游戏器械种类多不多、那些设备新不新、地面上小孩子摔一跤会不会很严重。至于教室里面的话我们感觉都差不多，墙面也都是花花绿绿的，过一段时间幼儿园的墙面也会定期更换。"从上述谈话中反映出家长对幼儿园的物质环境有一定的期待体现在幼儿园的游戏设备的多样性以及器材的新旧程度。

幼儿园的地面材料也是家长们关注的地方，幼儿园的地面材料丰富多样，首先考虑的就是环保性和安全性，其次幼儿园游戏设备的选择包括种类和材料，其中种类是要促进幼儿身心发展的材料，要健康环保。因此幼儿园的物质环境的建设要从多方面进行考量，有益于促进幼儿的健康发展。

（二）高素质的教师队伍

衡量一所幼儿园办园质量的标准，其中师资力量占据了重要的一部分。农村家长对幼儿园的师资力量都有所期待，对高素质幼儿园教师拥有良好的服务态度、培养孩子能力和对孩子有爱心、有耐心都有所期待。

访谈的过程中家长谈到，近几年来时不时地会在电视新闻上看到幼儿园老师拿针扎孩

---

❶ 基金项目：2020年度陕西乡村基础教育研究课题（SXJY202002）。
❷ 袁圆，1984年4月生，女，汉族，山西高平人，讲师，主要研究方向为学前教育基本理论和农村学前教育。

子、踢打孩子甚至其他更过分的行为。他们觉得没有耐心或者不喜欢小孩就不要当幼儿园老师，所以希望幼儿园在招老师的时候能够有点要求，不能随随便便什么人都能成为幼儿园老师。随着近年来幼儿教师事故的频发，家长对幼儿教师的爱心和耐心也有了更高的要求，这不仅是家长们所期待改善的，教育行业以及社会也需要其改善和整改。

(三) 优质的教育内容

1. 提高生活自理能力

生活自理能力的提高是衡量幼儿成长的一项重要指标，在通过与家长的谈话中了解到："孩子在家吃饭的时候总是磨磨蹭蹭的不好好吃饭，吃饭的时候总是一边盯着电视机一边吃饭，常常一不留神便把饭撒得到处都是，反正一顿饭吃得很是艰难。入园不久早上起床去幼儿园的时候哭哭啼啼的，我总是在他的哭声中给他把衣服和鞋子穿好抱下床，又去帮着洗脸刷牙，然后还得督促着吃早饭。所以我们希望孩子在幼儿园以及老师的帮助下能自己学会穿衣服、穿鞋子、洗脸和刷牙。"

从这段话中我们可以了解到家长对于幼儿生活自理能力的提高抱有很大的期望，希望幼儿的自理能力都能在老师的帮助下解决。对于生活自理能力的提高家长反映都相对比较集中，同时也反映出家长在生活自理能力方面的期望还是高度集中的。

2. 重视安全知识

幼儿园的教育内容是全面的，健康领域中生活常识的教育是幼儿园教育的重要组成部分，在研究过程中，了解到农村幼儿家长对幼儿基本生活常识的掌握是非常期待以及看重的一项教育内容，尤其是在安全教育及自我保护的意识和能力上以，问卷结果显示对安全管理期待的占比为50%，认为这两项教育是常识教育中最为重要的内容。随着社会的不断发展和进步，对每个人所需要掌握的生活常识的要求越来越高，掌握的量也越来越多，幼儿也不例外。无论在什么时候生命安全毋庸置疑是放在第一位，幼儿的年龄、身体、意识都处在发展阶段，面对安全事故频繁发生的情况，幼儿掌握自我保护意识也显得尤为重要。

在与农村家长交谈的过程中，家长谈到："孩子这么小，刚送进幼儿园时真的是有点放心不下，平时有的叔叔阿姨给孩子一颗糖，就开玩笑地说跟他走，孩子就跟着去了。希望幼儿园老师能多教孩子一些关于安全方面的知识，毕竟安全是我们最担心的问题"。从这组谈话中我们可以了解到农村幼儿家长在幼儿掌握安全常识和自我保护意识上有着非常强的期待以及认为幼儿园在这两个方面做得还不是很好。

3. 养成良好的生活卫生习惯

通过整理调查问卷以及与农村幼儿家长访谈可以发现，拥有良好的生活卫生习惯也是农村家长关注和期望的焦点。在访谈的过程中了解到："孩子在家的时候手会乱摸和乱玩东西，以至于到最后手变得黑乎乎、脏兮兮的。到了吃饭的时候他总是在我反复要求下才会去洗手，孩子就没有意识饭前应该主动洗手。"从访谈中我们可以看出，有的孩子在家中生活卫生习惯还是不够良好和自觉，大多数幼儿还是需要家长的督促和监督的。

在问到"孩子自从进入幼儿园一段时间以后，您觉得孩子在这方面有什么改变？"时，家长们都比较认同地说："自从孩子上了一段幼儿园以后，下午回到家我会问今天在幼儿园都学了什么，孩子会说老师今天教了儿歌，有时候会在不经意间哼着唱《洗手歌》。"从对

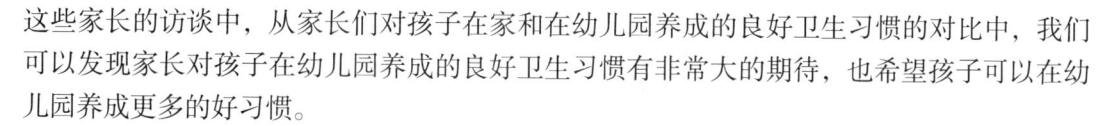

这些家长的访谈中，从家长们对孩子在家和在幼儿园养成的良好卫生习惯的对比中，我们可以发现家长对孩子在幼儿园养成的良好卫生习惯有非常大的期待，也希望孩子可以在幼儿园养成更多的好习惯。

(四) 渴望获得教育支持

受环境与教育背景的影响大部分农村家长对科学的育儿知识了解较少。通过访谈有的家长提及："孩子在幼儿园从来没有听到过老师说调皮、不听话，可是我感觉回到家后脾气非常大，只要一点不顺从他的意思就开始撒泼打滚了，看电视上专家也说不能打骂孩子，有时候还是不知道怎样教育孩子比较好。"从交流的过程中体现出家长对如何科学地教育孩子有较大的期望。部分家长已经意识到棍棒教育是一种不正确的教育方法，但是由于缺乏科学的育儿知识导致仍旧没有找到最佳的教育方法。

二、农村家长对幼儿园教育期待存在的问题

通过了解农村幼儿家长对幼儿园教育的期待，发现家长对幼儿园教育期待是客观存在的，但除了建设性的合理期待之外，仍然存在一定的不合理地方。

(一) 家长过于依赖幼儿园

通过与家长的访谈，发现家长的家庭教育观念比较淡薄，对幼儿园和教师具有高度依赖性。许多家长将幼儿教养的责任转嫁到幼儿园和教师的身上，认为幼儿园教师是专业的教育者，能够解决幼儿教育的所有问题，部分农村家长抱着"我把孩子送到幼儿园了，孩子应该怎么教育，主要是老师的责任"的态度，期待教师能够帮助自己解决孩子所有的问题。

调研发现许多家长将孩子学习科学文化知识和生活习惯的养成都交给了幼儿园和老师，可以看出家长对幼儿园教育的依赖性，认为幼儿园可以包揽幼儿的所有教育。以生活自理能力为例，有家长提到幼儿早上起床哭哭啼啼，不能自己穿衣服、洗脸、刷牙，需要在家长的帮助下才能完成，但在幼儿园不需要教师的帮助，可以独立地穿衣、洗脸、吃饭，因此觉得幼儿教师"特别厉害，会教孩子"。

(二) 家长对幼儿园教育活动的参与较为被动

通过调研与家长的访谈了解到，家长与幼儿园的互动以及参加幼儿园的教育活动相对较少而且都较为被动。家长们与幼儿园的交流大多数是在微信群里家长与老师的沟通，而且部分家长对幼儿园的教育活动也不够重视。

当幼儿园组织活动有时候需要家长参与时，仍然有部分家长在幼儿园老师的一再邀请下才会参加。幼儿教育离不开家长的参与，只有家长积极主动地参与到幼儿教育中来，才能和幼儿园教育形成合力，共同促进幼儿健康发展。

三、满足家长合理期待，提升幼儿园教育质量的建议

在了解家长的需求之后，针对其合理的期待，将从政府、幼儿园、农村家长三个层面给予建议和策略，希望通过政府、幼儿园、家长的力量以及三方的合力来促进幼儿的身心和谐健康地发展。

(一) 教育部门加强对幼儿园的监管

教育部门应采取措施加强对学前教育的监管。严格规范幼儿园的管理以及幼儿园的教学活动和办园的标准，定期检查、开展师资培训，加强教师队伍的建设、指导督促幼儿园的教育工作，组织各幼儿园进行经验交流，教育部门则通过制定规划、政策来对学前教育进行宏观管理，并协调有关部门的关系来保证幼教事业的发展。

(二) 幼儿园提高办园质量

家长对幼儿园教师的职业素养有较高的期待。幼儿园要通过培训，从多个角度和层面提高教师的能力与素养，以及为更多的幼儿教师专业的成长提供了良好的学习平台。通过说课、评课、集中交流、教学反思活动促进教师专业能力的不断提高。

随着数字化时代的到来，家长们对获取信息的及时性也有了更高质量的追求。目前每个幼儿园都建立了班级微信群，但是这个微信群更多的是用来打卡、拍视频以及通知幼儿所需要带的东西。家长与老师的互动也都是发布任务与收到后回复。大多数幼儿园都缺少一个专业的网络公众平台，供家长在其平台上交流与学习专业的育儿知识，即使有的幼儿园已经建立了网络公众平台，但是又没有专门的人员去管理和定期更新平台的内容，所以幼儿园不仅要建立此平台，更要有专门的人员去定期管理与更新，从而将家长与幼儿园交流的积极性调动起来，让家长主动地参与幼儿园教育当中去，借助信息的便利性促进幼儿园教育管理工作不断地完善与发展，同时提高幼儿园的办园质量。

(三) 家长更新教育观念

农村幼儿家长应多渠道去关注幼儿教育方面的知识，不仅要学习有关于幼儿教育的理论知识，更要将其落实到实践当中去。家长在平时教育幼儿的生活中应逐渐地转变教育观念，将科学的育儿方法应用到日常的生活当中去。

家长也要意识到幼儿教育不仅仅是幼儿园的责任同时也是家长的责任，并且家长是幼儿最直接的教育主体。家长应多陪伴孩子，增加相互之间的了解，要积极地参与幼儿的教育当中来，主动地与老师沟通，配合幼儿园的教育工作，共同促进幼儿身心和谐健康地发展。

参考文献

[1] 金晓芳. 家长期待什么样的学校教育——幼小衔接期适应性学习需求调研报告 [J]. 人民教育，2022, Z1:86-88.

[2] 张瑞瑞. 低收入农民工家长对学前子女教育期待的研究 [J]. 北京教育学院学报，2015, 29, 6:30-36.

[3] 马小凤，周爱保. 家长对幼儿教育的期待：中、日、韩三国之比较 [C]. 第十届全国心理学学术大会论文摘要集，2005:389-390.

[4] 杨莉君，胡洁琼. 农村儿童家庭对学前教育公共服务的基本需求及对策研究——以湖南省为例 [J]. 湖南师范大学教育科学学报，2013, 12(2):98-102, 124.

[5] 牛银平. 兰州市公办与民办幼儿园家长教育需求的比较 [J]. 当代学前教育，2010, 3:41-44.

县域民办幼儿园教师流失原因分析与治理建议

李洁[1]

随着人口政策的放开和家长对幼儿教育的重视程度不断加深,社会对学前教育的发展提出了更高的要求。幼儿园师资队伍的素质高低以及稳定性直接决定了学前教育质量。当前,民办幼儿园快速发展,同时也产生了一些问题,其中幼儿教师流失的问题已成为影响民办幼儿园长足发展的重要因素。县域民办幼儿园远离中心城市,经济、文化水平相对落后,幼儿教师流失问题更加严重。笔者因工作结识了一些县域一线幼儿园园长和教师,在与他们的交流中,了解到幼儿教师的生存现状,幼儿教师的流失影响了幼儿教育的质量,也影响了幼儿园的长足发展。因此,本文以县域民办幼儿园教师流失问题为引,对县域民办幼儿园教师流失原因进行分析,针对教师流失的情况尝试提出相应的治理建议。

一、主要概念

(一)县域民办幼儿园

广义上界定民办幼儿园是相对于公办幼儿园来说的,是指国家机构以外的社会组织或个人,利用非国家财政性经费,面向社会举办的招收三到六岁幼儿的幼儿园,包括集体办幼儿园与个人办幼儿园。从狭义上,民办幼儿园特指由民间个人出资举办的幼儿园。本文所指的民办幼儿园是广义上的界定。县域民办幼儿园是除市辖区以外的县级区民办幼儿园。

(二)民办幼儿园教师流失

民办幼儿教师流失是指幼儿园不愿意而教师个人却有意愿地自愿流出,即民办幼儿园在岗幼儿教师从民办幼儿园流出,脱离原单位或原行业而导致幼儿教育资源的外流。这种流失现象主要包括两种:第一种是幼儿园间的变动,幼儿教师从一所幼儿园到另外一所幼儿园;第二种是行业间的变动,幼儿教师从事其他行业不再从事幼儿教师行业。根据国家统计局《2021中国统计年鉴》中全国行政区划(2020年底)可知,目前我国市辖区以外的县级区有1871个,是一个比较庞大的数据,人口较多,从人口结构来看,极少数的公办幼儿园是无法解决幼儿入园问题的,大量的民办幼儿园比较普遍,而县域民办幼儿园的师资及教师人数影响着县级学前教育质量,因此,县域民办幼儿园教师流失也是一个社会问题。

---

[1] 李洁,1985年6月生,女,汉族,陕西咸阳人,硕士研究生,讲师,研究方向为学前教育课程。

二、县域民办幼儿园教师流失主要原因

本研究主要通过文献分析和与一线教师的访谈，分析县域民办幼儿园教师流失原因。通过知网搜索主题"民办幼儿园教师流失"，获取从 2014 年至今共 30 篇相关文献，其中期刊 8 篇，硕博论文 18 篇。结合对县域一线教师的访谈，总结出县域幼儿园教师流失的主要原因有幼儿园因素、教师个人因素和社会政策因素。

(一) 幼儿园因素

1. 办园经费短缺，教师收入低、福利待遇差

某县域幼儿园园长说道："园所经费主要自负盈亏，靠收取保教费获取，没有其他经济来源。费用支出大多数用在日常工作开销和支付教职工工资方面。"园所营利性质自负盈亏，主要经济收入来源于收取的日常保教费用，教师没有编制，不能满足教师的医疗、养老、住房等方面的社会保障，使得教师无法全身心投入到幼儿园的日常工作中，而逐步产生离职的念头和行为。

在问到每个月的薪资时，某幼儿园教师说自己一个月的工资只有 1400 元，仅仅能满足基本的生存需求，好多老师都嫌低，前面走了很多老师，要是坚持不下去，她也会选择辞职。民办幼儿园教师的工资待遇与公务员、技术人员、医生等从业者相差较远，与大中小学又不能比较，也没有公办在编教师全面的社会保障。其所属地域为经济水平较差的县域地区，情况就更差一些。但迫于更好地满足自身生存以及家庭的生活质量，便会在现实中选择工资待遇更好的园所，甚至进入到其他行业中。

2. 幼儿教师工作强度大

在与某县幼儿园一名教师交谈中获知，她每天早上 7 点 30 分入园，正常下班都是在下午 6 点以后，教研活动、环境创设等工作都是在下班时间以后做，经常到晚上八九点以后才结束。另一名主班教师谈到，幼儿入园后，她需要跟班一整天，幼儿有其他活动时，她也不能闲着，写教学计划、教案、教学反思、做档案记录等，感觉每天都在连轴转。可见，幼儿教师的工作强度是比较大的。

在对相关文献整理过程中，几乎所有关于民办幼儿教师流失原因分析里，都会提到教师工作强度大。通过访谈及文献整理可见，工作强度大是民办幼儿教师流失的一个重要原因，并一直都没有得到妥善解决。

3. 幼儿园教师队伍建设管理欠缺

一名新来的教师说："因为刚来，很多工作都不熟悉，主要是跟着有经验的老师学习，本来是要学习别的老师组织教学活动，领导觉得我在闲着，会安排我去早教部帮忙照顾 1~3 岁的小宝宝，特别累。"另一名教师提到，平时有闲时间的时候，基本都会有新的任务去做，有种身兼数职的感觉。不难看出，该园是没有正式的入职培训的，岗位职责划分也不清楚。

通过文献分析，大多数县域民办幼儿园没有专门的教师培训制度，园内教研活动是最常见的培训学习方式，偶尔会邀请专家来园指导，但也不是知名专家。"我来幼儿园工作三年多了，除了加盟的公司给他们教育理念的培训，其他比较正式的培训都没有参加过，感

觉这个幼儿园不太正规,有点想走。"这是截取一名县域民办幼儿园教师访谈的部分内容。

另外,在县域民办幼儿园,岗位晋升并不科学规范,容易打击教师的工作积极性,看不到前进和发展的希望,也会让教师产生离职的愿望。

(二)幼儿教师个人因素

1. 年龄

教师的年龄越小,流失的可能性越大。年轻教师精力旺盛,有更多工作的选择性,他们处于事业探索初期,会有比较多的变动。除此以外,参加工作初期,可能会由于婚嫁等因素选择离职。而中年幼儿教师,无论是家庭还是职业,都进入了稳定阶段。

2. 幼儿教师个人价值观和职业价值观

相比较大城市,县域地区本身在经济、文化、教育等方面发展水平较低,教师对生活、职业价值、幼儿园发展前景等方面的态度,会直接影响到幼儿教师实现个人价值程度的判断,继而影响到教师对其所在幼儿园的满意度。教师工作负荷较大、个人发展空间不足、工资待遇低等多方面因素,使得幼儿教师幸福感低。当教师认为所在幼儿园综合情况不能够很好地实现个人价值,教师对所在幼儿园满意度较低时,该教师选择离职的可能性非常大。一名教师说道:"感觉自己学过的理论知识不仅用不上,每天埋没在刷碗、擦桌子、搬床中,很多时候还不被家长理解……在这个小县城的民办园当老师,身心俱疲!"

3. 专业发展机会

县域民办幼儿园教师专业发展机会较少,与科学的教师职业规划大相径庭,不利于幼儿教师职业发展。年轻有为,怀揣着事业梦想的很多老师不愿意长期待在园里,而是会选择有利于自身发展其他园所。与某县域幼儿园教师进行的访谈得知,该园参与市一级某教学技能大赛的名额很少,近几年只有一个名额。某园长提道:"我们园很重视教师的培训和学习,但是受地域和经费影响,很难走出去,更多是幼儿园自出经费,邀请专家来园里给老师们进行培训和指导。县里也会组织各种培训,但民办园较多,很多时候轮不到,所以参加的就很少。好在网络方便,与网课平台建立了稳定关系,老师们可以进入网络培训平台进行学习。但是还是有一些老师经常抱怨,甚至直接走人的。"

(三)社会政策因素

实际上政府能够意识到教师流失对当地学前教育发展的不良影响,将幼儿园教师的队伍建设视为中坚力量。最大限度关注和帮扶当地民办幼儿园的发展,但是在地方政策的具体执行过程中,存在着目标模糊性和实施困难性。

在《×县2020年支持学前教育发展中央和省级资金项目实施方案》中提到要重视普惠性民办园的发展,增加教师待遇,但资金更多投向的还是公办园。教职工权责保障不足,未能落到实处,很多教师不清楚有什么保障,经费投入保障缺乏,县域民办幼儿园很难获取到政府的经费资助,影响着教师的生存与发展。

三、县域民办幼儿教师流失的治理建议

(一) 幼儿园

1. 建立合理的工资制度和福利待遇制度

公平公正公开地实施科学合理的绩效工资制度，需要明确绩效考核规则，明确考核主体、考核项目、考核分值、考核方法等。从而更好地发挥激励幼儿教师、保持幼儿教师队伍稳定性的作用。

争取政府政策及资助保障的同时，在县域民办幼儿园实际条件下，为教师提供尽可能丰厚的福利待遇，并制定合理的福利待遇发放方式，在保障每位教师基本福利获取的同时，按照教龄、保教工作量及各级各类奖项分层次提供给教师不同福利待遇。既能保障教师福利待遇，又能起到激励教师的作用。

2. 增加教师配比，降低幼儿教师工作强度

根据每年离职情况，及时补充和增加新教师数量，增加教师配比，为幼儿园输入新的活力，由新增教师分担原教师的部分工作量，降低在园教师的工作强度。使每一位教师都能够有质量地完成本职工作任务。

3. 建立教师队伍建设管理制度

一般情况下，县域民办幼儿园师资队伍建设和管理是由园长决定的，因此，首先要提升园长的人力资源管理能力。园长不仅是学前教育工作者，也是教育机构的管理者，通过培训、进修、自主学习等，不断提升和更新自身的人力资源管理水平。其次，园所应当建立一整套合理的教师队伍建设管理制度。应当建立科学的教师准入制度，保障幼儿园有稳定的较高素质教师的加入；建立合理的教师培训进修制度，为教师提供专门的培训进修机会，有利于教师自我提升及幼儿园长足发展；建立严格的教师岗位职责制度，合理分配岗位及工作量，使岗位工作明确，每名教师工作量适当，避免教师身兼数职；建立科学的教师岗位晋升制度，在教师岗位晋升"不唯关系，唯能力"，增强教师岗位晋升的公开公平。

(二) 幼儿教师个人

1. 教师在工作中努力实现个人价值，树立正确的职业价值观

幼儿教师职业是十分崇高与神圣的。幼儿教师想要在工作中努力实现个人价值，需要把幼儿的成长和发展作为实现自我价值的观念贯穿在整个工作之中。作为一名幼儿教师学会发现这份职业的乐趣，关注儿童成长过程中的点点滴滴，学会正确定位自我角色，要认识到这份职业不仅仅是为了谋生，还是为了真正地实现自我的存在价值，在见证幼儿的不断成长的过程中，体验自我价值实现的乐趣。作为民办幼儿园的教师要树立正确幼师职业价值观，不论是在艰苦的环境中还是优越的环境中都能坚守自己的工作岗位，热爱自己的工作岗位，才能真正地实现自我价值。

2. 学会自主学习

要学会自主学习，不断提高自己，把学习当作一种追求，牢固树立终身学习的观念。

学习不仅仅是通过被动参与各级各类机构组织的培训进修活动，自主的学习更是一种深刻学习方式。在日常工作中积极、主动地配合各项工作，大胆地提出问题和意见，通过不断地学习找到工作需要改进的地方。教师可以增加专业书籍的阅读量，通过国家或地方网络学习平台，通过各类网站、公众号提供的资讯进行学习，教师自身要不断通过自主学习来提高理论水平，提高知识层次，提升做好幼儿教师本职工作的能力。

（三）当地政府发挥宏观调控功能

当地政府对教师的支持与帮助会影响教师的生存状态，倾听教师需要获得的扶持措施能有效提高教师的境遇。可以通过当地政府的宏观调控来改善县域民办幼儿园教师流失问题。

政府可以一方面通过完善县域民办幼儿教师的社会保障制度，划定最低工资，提升幼儿教师保障，缩短幼儿教师与当地事业单位待遇的差距，解决老师们的后顾之忧，使其能够全身心投入到工作当中。用政策保障幼儿教师权利，吸引优秀教师投身县域民办幼儿园，稳定教师数量，减少教师流失。另一方面明确县域民办幼儿园教师福利待遇方面的政策，增加经费资助，监督幼儿园经费使用，保障每年有一部分经费作为教师培训学习之用，以此来保障幼儿教师专业发展的权利得到实现。才有可能吸引并留住优秀的幼儿教师。

参考文献

[1] 卢颖. 普惠性民办幼儿园教师流失现状与治理对策研究 [D]. 长春：东北师范大学，2020.

[2] 邱家俐. 县域普惠性民办幼儿园教师生存状态研究 [D]. 武汉：华中师范大学，2021.

[3] 夏蔚，彭丹. 县域学前教育师资队伍流动问题的思考——基于内江市各区县调查的分析 [D]. 长春：东北师范大学，2020.

第五篇　人才培养

基于微课的师范生教学技能训练实践的思考[1]

张争光[2]

微课是互联网时代的教育产物，是基于在线学习、移动学习、碎片化学习等理念下的一种新型教学活动视频资源。微课自2012年进入公众视野已经有十年的时间了，确实是红遍祖国大江南北，引发了新一轮教育改革的浪潮。笔者对中国期刊网论文数据库检索发现，近几年来与微课有关的论文数量呈几何级增长，从2012年的17篇增长到2021年的84323篇。然而，仔细研读后会发现关于微课概念、特征、价值和意义的理论探讨较多，真正做到理论与实践结合的应用性研究数量却有限。笔者所在的团队在2014年开启了基于微课的师范生教学技能类课程改革的实践活动，又带领学生参加全国第二、三、四届师范生教学技能大赛并荣获一等奖等多项大奖，对于基于微课的师范生教学技能训练积累了宝贵的经验。高等师范院校是培养基础教育人才的重要阵地，应当合理运用现代信息技术构建新的教学技能训练模式，以培养专业素养和创新意识为核心，有效地促进教师专业发展。

一、基于微课开展教学技能训练的内涵

本文所提出的基于微课的教学技能视频训练，是基于移动学习理念，在教师教育类课程的教学实践中，以任课教师或者师范生参与的微型教学视频为学习材料，以教学技能标准去反思、优化师范生的教学行为，从而达到提升师范生教学技能为目的的一种训练方法。随着教师资格证考试制度的实施，高等师范院校教学改革的不断深入和发展，对教师的教学理念、知识结构、思维方式、教学手段及教学技能等提出了许多新的更高的要求，同时也对作为训练师范生的教学技能的传统微格教学方法提出了挑战。随着网络学习时代的来临，师范生教学技能训练亟待在训练内容、方法与模式等方面作出相应的调整和改革，立足网络微课视频的资源平台开展师范生教学技能训练正是迎接这种挑战的一种有效手段。

二、基于微课的教学技能训练与传统微格教学的差异

微格教学是20世纪60年代美国斯坦福大学推出的一种运用现代教育技术培训师资的方法，这种方法被广泛应用于我国高等师范院校的学科教学论、教育见习和教学技能测评等课程教学中。微课教学进入我国时间较短，但在基础教育领域的应用却非常快，然而在高等师范院校师范生教学技能培训实践不多。在全球教育改革的大背景下，高师院校亟须紧跟时代的脉搏，在教师教育类课程中开展新的专项训练模式，实现信息技术与学科教学

---

[1] 基金项目：陕西省教育科学十三五规划课题（编号：SGH16H196）。
[2] 张争光，1970年10月生，男，汉族，陕西乾县人，博士，咸阳师范学院教授，主要研究方向为物理教育、教师教育。

的有效融合。为了便于大家理解基于微课的师范生教学技能训练,下文将它与传统的微格教学进行了对比,以揭示二者之间的区别与联系。具体如表1所示。

表1 微课的教学技能训练与传统微格教学的比较

项目	微格教学	基于微课的教学技能训练
录制工具	微格教室、专业摄像机等	手机、相机、DV、笔记本电脑等均可进行拍摄
教学时长	约15分钟	10分钟以内
教学内容	一个课时中的某个片段	某个知识点或教学环节
教学方式	一对多	一对一
表现形式	视频	视频
教学场所	多媒体教室	任何场所
重复程度	可重复	可多次重复

(一) 教学时长差别不大

传统的微格教学时长15分钟左右,而微课则是在10分钟以内。二者的区别虽然不大,但是微课的时长更加灵活,比如说就一个微课的导入过程可以有1~3分钟的微课。不管是微课教学还是微格教学,最主要的特点就是两者的课程教学内容和目标单一化、微观化和信息化,都是强调学生自主学习和主动学习。从本质上来说,微课和微格教学都是基于现代信息技术而做出的改变传统课堂教学结构的新尝试,但是微课的出现却有互联网时代的显著特征,尤其强调开展基于课程知识点的教学。

(二) 教学内容不同

传统的微格课堂教学内容具有一定的系统性和完整性。教师授课与学生听课都必须依据学科知识的体系按照一定的知识内在的逻辑顺序来完成,然而每位学生的前期的知识积累和学习理解能力不同,当发生一些学生对某一教学技能训练知识点的理解不到位,训练达不到要求的时候,就很难进入下一个环节的学习。而微课主要针对某个教学知识点、例题习题、实验实践等教学环节进行讲授、分析、推理、讨论、答疑等。微课"小而精",一般围绕某个具体的知识点,而不是抽象、宽泛的知识面。特别是基于教学重难点的详细生动教学过程的微课,师范生可以利用自由时间将不足的技能训练点进行查漏补缺,自己"照镜子",为后续的综合训练打好基础。

(三) 教学方式不同

传统的微格教学在微格教室面向全体学生或者部分学生开展教学,一位教师能同时教几十名学生,扩大了单位教师的教学量,有助于提高教学效率,但是学生学习的自主性和独立性受到了很大的限制,教师也难以照顾学生的个别差异,而追求学习的个性化正是现代学生的显著特征。基于微课的教学技能训练可以真正做到让每个学生以自己独特的方式去掌握,每个学生分别地对教师负责,可独自完成自己的训练任务,学习氛围宽松自由,充分照顾到每个学生的差异,发挥学习的主动性和创造性,实现个性化教学,也才有可能培养出鲜明个性特色的未来教师。

(四) 表现形式不同

微格课堂教学实施的是集体学习，学生之间可以互相观摩、启发、切磋、砥砺；学生也可与教师及同伴之间进行多向交流提高，互相促进，自然增加信息来源或教育影响源。然而事实上微格教学因为真实性不高、课时不够、评价不充分等原因使得训练效果大打折扣。微课教学则是以网络搭建学习平台，以计算机、平板电脑、手机等智能终端为工具，主要借助教学视频为表现形式实现单向教学信息传输。微课可以进行微评价和微反馈，但是反馈慢是它的一个天然属性。另外，由于它是提前录制好的，不能支持临时问题和突发性问题，因此灵活性不够。但是随着QQ、微信等即时通信工具的大量使用，尤其是语音识别的技术的不断实现，智能化教育时代的来临，微课的这些表现形式上的不足都在不断地克服。随着教师理念的不断更新，翻转课堂教学模式在高校课堂中的逐步推广，微课教学的优点也逐渐显现出来。

(五) 教学场所不同

笔者对50所师范类院校开展网络调查发现，这些师范院校基本都建有微格教学训练室。微格教学实验室由主控室和微格教室两部分组成，主控室主要设备包括计算机、主控机、摄像头、录像机、VCD、监视器、监控台等；微格教室中的设备主要包括分控机、摄像头及其他教学设备，微格实验室总体上来说价格不菲，尽管学校可以统一建设，但是因为时空限制，不可能满足学生的个性化学习需求。而微课录制、播放和学习过程则凭借其载体的便利性、网络通信的便捷性，学生可以在任何地方进行知识的学习，而不会受到学习空间的限制。正是基于此原因，许多高校教师都建议在师范生技能训练环节引入微课教学。

(六) 再现频率不同

传统的微格教学必须在有限课时内完成，知识的讲授只能是一种不可逆转的过程。微课则是通过视频形式展现，在观看学习中，学员可以根据自己的理解、接受能力，利用视频播放器暂停、快退、快进等功能调整学习进度，随时发现教学技能训练中所存在的问题。正如一位师范实习生在教育实习日志中写道："找一个房间，一个人全身心投入来录，斟酌每一句话。每录制一遍后回放效果，然后再修改，再录制一遍。反复多次，每一次录制都有进步，都会有不同的收获，经过多次的录制，才初步录到让自己满意的课。"这种微课录制、观看、思考和修改的过程的体会与反思，在传统的微格教学中是难以实现的。

三、基于微课的教学技能训练的实施

(一) 训练准备阶段

1. 训练网络平台的搭建

随着许多高校开始在校园内全面覆盖无线网，无论在宿舍、教室和图书馆，都可以使用无线网络顺畅上网。基于WiFi的校园全覆盖条件，为利用微课加强师范生的教学技能训练奠定了硬件基础。基于此硬件基础之上，为扩大教学训练范围和影响，方便大学生自主学习，任课教师首先应在学校校园网教学平台上根据所授课程的需要，开设师范生教学技能训练页面，主要应包括每项教学技能的原理、内涵、特点和训练要求，了解技能所要解决的重难点。主页上还应包括优秀教学微课、教案和课件资源库，可以实现微课点评以及师生互动平台等。

2. 教师自身微课技能的提升

为帮助任课教师形成独立设计和独立完成制作微课的能力，学校应当首先举办高校教师"微课制作技术"培训班。帮助老师了解微课的基本特征和作用，掌握微课的设计原则和制作技术，使其能够自己设计并能制作一节完整的微课。多次训练后可以要求课任教师教授熟悉微课的制作步骤，主要包括课题选定、素材准备、录制微课、发布微课和反馈评价。为了后续能更好更全面对学生进行开展教学技能训练，可依托学校的校园网，模拟远程网络教学演播，以便为他们工作后的网络教学的需要提供适应性训练。因为教学技能具有很强的专业指向性，比如语文、数学、物理、美术、舞蹈、体育等，它们各自的教学技能一般是不能互换和替代的。教学技能训练不能一概而论实施通式课训练，而是应该立足学科开展训练，任课教师一定要精通所教科目的教学技能。

3. 师范生教学技能知识的学习

主要是使训练者通过掌握一定的教育理论知识，理解利用微课开展教学技能训练的观点、训练的特点、训练基本原则和方法，理解操作规程及技术要领，掌握技能的结构。在观念上懂得在某种情况下应该怎样做，并且能够举一反三，为实践做好准备。学习的内容有：基本教学理论，微课教学操作流程，微教学设计，教学目标分类，教材分析，教学技能分类等知识，可以由教师开展课堂教学，也可以由学生通过校园网微课自主学习。

(二) 模拟实践阶段

1. 确定训练目标

师范生应当具备的教学技能种类繁多，结合目前我国基础教育新课程改革的实际情况，师范生的基本的教学技能主要包括有导入技能、讲解技能、变化技能、演示技能、提问技能、板书技能、媒体使用技能、组织技能、结束技能等。教师根据教学技能基本分类分解教学过程，每次训练前应事先确定要训练一项或者两项教学技能，并提出训练的具体目标，详细讲解该种教学技能的类型、作用和功能，训练过程中典型课例应用的一般教学原则、使用方法及其注意事项等。

2. 模仿学习

模仿的过程是学习前人经验的过程，也是教学训练的必由之路。任课教师要利用微课资料范例对所要训练的技能进行观摩示范。示范内容可以是精选的全国优秀教师的教学片段，也可以是历届师范生技能大赛的作品，上届师范生训练中出现的问题案例分析等。这些可以是正例，也可以是反例，但应该以正面典型案例为主，为师范生树立学习的蓝本。以上过程都可以立足于网络平台，学生可以自行在校园网的教学平台里查找各类教学视频等资料。网络学习之后，任课教师应当组织同学进行案例分析、交流讨论、全班评议，引导启发学生思考各项教学技能的要领。

3.编写教学微设计

选定教材某一节中的某个知识点或教学环节,作为编写教学技能训练微教案的依据。依据训练要求,时长限制在5~10分钟。首先要求师范生选取教学环节中某一知识点、专题、实验活动作为主题,针对教学中的常见、典型、有代表性的问题或内容进行设计,类型包括但不限于:讲授类、解题类、答疑类、实验类、活动类等。每节课的知识点很多,选择哪个知识点作为主题,需要师范生对教材做深入的分析和取舍,迫使其深入地开展教材分析。微设计必须要深挖细节,教学目标单一、主题完整、内容充实,以期使学生拥有聚焦式的学习体验。设计必须在细节上多下功夫,开发能使学生深入思考,简明扼要的微问题,加强微课互动,有助于提高学生的自学能力。

4.录制微课

微课的录制过程对于设备的要求很低,一般使用笔记本电脑、台式机、手机、数码相机、DV等摄像设备拍摄和录制。目前国内最常用的是使用电脑+录屏软件录制,录屏软件一般用 Camtasia Studio 或屏幕录像专家等。由于微课录制简便易行,从而极大地降低了微课的成本。对于录制环境没有明确的要求,关键是要周围环境一定要保持安静,这样才能保证最后录制出来的音果更好。学生在教育实习过程中,在上课前都先录制微课,微课讲课效果好了之后再上课堂。录制过程一般都要重复好几遍,在录制的过程中自我反思,修改后再录制,多次重复之后大大提高了学生的教学技能。

(三)反思评议阶段

基于知识点的微课教学因其教学过程细微,微视频可以借助网络回放等特点,对师范生教学技能的提高和教学水平的提升等方面具有重要的作用,可以成为师范生教学技能训练的主要方式,因此,利用微课教学进行教学反思,顺理成章成为微课录制后的实施教学反思的主要方法。由于师范生的教学语言及各教学环节的展开过程都被全程录制下来,使教学反思有了依据。师范生可以自己回看微课视频,能以审视的眼光来反思自己的教学行为,发现自己的不足,提高自己教学技能和增加自我评价的能力。教师既可以组织开展小组评议,也可以进行师生均可自由安排自己的时间进行网络评议。小组成员可以站在授课老师与学生不同的角度提供改进的建议,进行学习、反思、总结和共同提高。例如一名师范生在看完自己的《化学反应速率》微课后,吃惊地发现自己有语速过快、发音不清晰、声音缺乏底气和力度不足的问题,认为自己应当放缓语速、注重情感、提高语言机能。同时,他认为自己对教材的处理不当,应该调整导入新课时四个图片的顺序,要从生活常见的牛奶变质、铁锹生锈过渡到不常见的溶洞的形成和炸药的爆炸,这样效果更好。

(四)修改提升阶段

受训师范生根据指导教师的指导意见、自我评价的体会、其他同学或网页留言等的评价建议,进一步修改微教案,并进一步按照指导老师的具体要求再次进行微课的录制,针对性地克服自己在微课教学中暴露的问题。录制完成后再做评议,如果仍然达不到该技能的基本要求,师范生仍须继续训练,直至达到技能目标。

四、结束语

基于微课在师范生教学技能训练模式可以很好地解决以往师范生在进行技能训练时出现的各类问题，实现了信息技术与师范生教学训练类课程的有效融合。只要按照教学技能形成规律来设计训练步骤，就可以产生很好的实践训练效果。总而言之，基于微课的教学技能视频训练模式是利用微格教学原理，在教师教育课程中，以师范生自身录制的教学录像视频为研究材料，以网络为媒介，以教学技能标准去反思和优化其课堂教学行为，从而达到提升师范生教学技能，促进其专业成长的一种新的教学方式。

参考文献

[1] 陈云杰，吕春祥. 师范生信息化教学能力现状分析与提升对策研究 [J]. 中小学电教，2019, 10:32-36.

[2] 陈果. 微课在师范生语文教学能力培养中的应用分析 [J]. 教育现代化，2017, 18:203-205.

[3] 代丽. 利用微格教学助推师范生课堂教学技能提升 [J]. 湖北开放职业学院学报，2021, 16:153-155.

[4] 高如民，李丽. 高等院校师范生教育教学能力现状分析与训练提升 [J]. 教育评论，2016, 5:114-117.

[5] 章小斌. 新形势下生物科学师范类学生的就业能力培养——以台州学院为例 [J]. 台州学院学报，2014, 6:78-83.

[6] 王凤双，于秀丽. 高校师范生教育实践能力培养的现状与思考 [J]. 河北农业大学学报：农林教育版，2014, 1:45-48.

在阅读中促进卓越小学教师职前专业成长

宁金平[1]

阅读是教师专业成长道路上永远的伙伴。"大量优秀教师的成长案例证明,优秀教师首先是一个读书人,是一个嗜书如命的阅读者,在他们成长的每一个重要阶段,阅读是几乎贯穿始终的重要事件。书籍是培育、促进、提升他们基本素养的主要载体。"李吉林、于永正、吴非、窦桂梅、吴正宪、李镇西、华应龙、王崧舟等众多中小学名师都是在阅读的滋养中走向专业成长的更高境界。正是阅读赋予了他们深厚的文化底蕴,开阔了他们的教育视野,增强了他们的教育智慧,塑造着他们的教育信念,提升了他们的自我发展素养,使他们从普通教师成长为优秀教师,再成长为卓越教师。因此,在教师专业成长的每一阶段都应重视阅读,特别是在教师职前专业成长阶段,更应充分利用阅读来促进未来教师专业成长,使其拥有更好的专业成长起点。培养卓越小学教师是当前我国小学教师教育工作的重要任务。为了促进未来卓越小学教师的职前专业成长,在卓越小学教师职前培养阶段应高度重视并采取有效策略推进未来小学教师的阅读活动。

一、阅读对卓越小学教师职前专业成长的重要价值

"读书是教师最大的修炼。"对未来小学教师而言,阅读是进行专业修炼的重要途径,能够促进其提升教育素养和自我发展素养,为其成长为卓越小学教师奠定良好的专业基础。

(一)阅读有助于提升未来卓越小学教师的教育素养

提升教育素养是教师专业成长的重要内容。阅读是卓越教师提升教育素养的重要渠道。例如,吴正宪在总结自己的读书收获时曾说:"读书,让我发现了数学教学的哲理与门道,并学会用艺术的形式来讲授数学;读书,让我静心走进儿童的世界,并与儿童心相近、情相连;读书,让我恪守理想,脚踏实地,厚积薄发,一步一个脚印地前行。"在阅读中可以促进未来卓越小学教师获得丰富的专业知识、高超的教育智慧、崇高坚定的教育理想信念,从而提升自己的教育素养。

首先,阅读有助于未来卓越小学教师积累丰富的专业知识。很多卓越教师正是通过日复一日的潜心阅读不断积累自己的专业知识,扩大自己的知识领域,完善自己的知识结构,使自己的专业知识愈加广博而精深。苏霍姆林斯基指出:"读书,读书,再读书——教师的教育素养的这个方面(对所教学科的深刻的知识)正是取决于此。"阅读不仅有助于教师获得大量的所教学科知识,也有助于获得大量的教育教学知识、人文社会科学和自然科学的知识。《小学教师专业标准》规定小学教师应具备小学生发展知识、学科知识、教育教学知

---

[1] 宁金平,1976年5月生,女,汉族,陕西乾县人,硕士,咸阳师范学院教育科学学院讲师,主要研究方向:教师教育。

识、通识性知识。未来小学教师只有通过广泛阅读学科专业书籍、教育学专业书籍、人文科学、自然科学、社会科学方面的书籍，才能获得丰富的专业知识，为自己的专业成长打下坚实的知识底子。

其次，阅读有助于未来卓越小学教师获得高超的教育智慧。虽然教育实践是教师形成教育智慧的重要来源，但是阅读也是教师获得教育智慧的重要途径。于永正在谈及读书体会时强调，他是"抱着从书本中寻找智慧、思想和方法的态度读书的"。在阅读马卡连柯的《教育诗》等教育著作时他就学到了不少教育智慧，并把它们用到了自己的教育教学工作中。由此可见，阅读可以帮助教师汲取前人珍贵的教育智慧，进而增长自己的教育智慧。在阅读教育著作的过程中，无论是阅读教育经典著作还是优秀中小学教师的教育教学著作，都可以帮助未来小学教师去了解、感受、领悟他人的独特而深刻的教育教学思想，获得他人的教育智慧，并通过与他们的精神对话，启发自己的教育思考，孕育和积累自己的教育智慧。

最后，阅读有助于未来卓越小学教师形成崇高坚定的教育理想和教育信念。阅读也是卓越教师的教育理想和教育信念形成的重要源泉。譬如，闫学这位小学名师就是在阅读苏霍姆林斯基的教育著作中收获了自己的教育理想和教育信念。她说："阅读苏霍姆林斯基的书，是在与一颗伟大的心灵对话，我开始对自己所从事的教育工作感到自豪。因此，做一个像苏霍姆林斯基那样的教师成为我不变的理想和永远的信念。"未来小学教师的教育理想和教育信念的形成，不仅受到个人生活中的重要他人的积极影响，也会受到阅读书籍中的平凡而伟大的教师和教育家们的美好事迹的感染和熏陶。在阅读中，未来小学教师可以了解古今中外的教育家和卓越教师的教育人生和成长历程，感受他们身上深厚的教育情怀、崇高的教育理想、坚定的教育信念，真正认识教育的价值和教师的意义，产生对教育事业的崇敬和对教师职业的憧憬，萌发个人的教育理想和教育信念。

（二）阅读有助于提高未来卓越小学教师的自我发展素养

教师专业成长在本质上是一个主动地自我发展的过程。自我发展素养是促进教师专业成长的内部条件。阅读是教师自我学习和自我发展的重要方式，也是教师自我发展素养形成的重要途径。通过阅读可以促进未来卓越小学教师的阅读素养、写作素养、反思能力的发展，提高自我发展素养，为终身专业成长提供强大的支撑。

首先，阅读可以促进未来卓越小学教师阅读素养的发展。阅读素养是阅读兴趣、阅读习惯、阅读方法的有机结合体。卓越教师是读出来的。阅读不仅帮助卓越教师丰富专业知识、增长教育智慧、树立教育理想、形成教育信念，而且使其形成热爱阅读、善于阅读、和养成良好阅读习惯的阅读素养。正所谓在阅读中学会阅读，阅读活动是个体阅读素养形成的基本途径。对于未来小学教师而言，通过一次次的阅读活动，不仅可以感受和体验获得知识、激荡思想、陶冶情操、净化心灵的阅读乐趣，逐渐产生浓厚的阅读兴趣，而且可以摸索和积累如何阅读的经验，获得具体的阅读方法，养成良好的阅读习惯，逐渐提高自己的阅读素养，为自己搭建一个坚实的阅读成长平台。

其次，阅读可以促进未来卓越小学教师写作素养的提高。热爱写作、善于写作、勤于笔耕是写作素养的有机组成部分。写作活动是教师写作素养提升的基本途径，但是写作和阅读是密切联系、相互影响的，教师的阅读活动可以引发和促进写作活动，促使教师产生写作的愿望，为教师的写作提供思想基础。现实中许多卓越教师就是在阅读过程中受到阅读内容的触动启发而产生对教育教学问题的个人思考，进而通过写读书随笔、读书札记等将自己的感悟、发现记录下来，既发展了自己的专业智慧，又在写作活动中体会到写作的成就和趣味，逐渐喜欢上写作，养成了勤于动笔的良好写作习惯，提高了写作能力。对未来小学教师来说，将在日常阅读中发现的精彩语句与独特观点、产生的个人想法和感悟及时地用笔写下来，不管篇幅长短，无论系统与否，这样坚持下去就会慢慢体会到写作的快乐，积累如何写作的经验，从而爱上写作、学会写作，提高自己的写作素养。

最后，阅读可以促进未来卓越小学教师反思能力的增强。卓越教师往往都是善于反思的教师，是在对教育教学活动和自我发展的反思中不断成长的。教师反思能力的提高固然离不开反思实践，然而阅读可以激发教师进行反思活动，"反思书中的观点、反思自己的教学行为、反思学生的学习过程等"。阅读能为教师的反思活动创造良好的机会，使教师开启反思的闸门，在反思中不断追问教育教学的真谛和寻找自我发展的良方，进而发展教育智慧和增强反思能力。作为未来小学教师，在阅读教育类书籍的过程中可以引发其对小学教育教学现实问题的反思、对小学教师职业的反思、对小学生成长发展状况的反思、对自己专业学习和专业成长状况的反思，使自己在批判性思考中获得更深入的专业认识，使自己在反思中逐渐学会反思，形成反思精神，提高反思能力，为成长为反思型教师奠定良好的基础。

二、在阅读中促进卓越小学教师职前专业成长的策略

阅读是未来卓越小学教师专业学习和专业成长的重要方式。职前教师教育者应在充分认识阅读对未来卓越小学教师专业成长的重要价值的基础上，采取切实有效的策略来推进未来小学教师的职前阅读活动，使其在广泛而深入的持续阅读中不断提升专业素养，朝着成为卓越小学教师的目标不断前进。

(一) 开展多样阅读活动，激发浓厚阅读兴趣

阅读兴趣是个体进行阅读的内部动力。个体的阅读兴趣越浓厚，阅读动力就越强大，阅读行为就越主动。卓越教师大都具有浓厚的阅读兴趣，酷爱阅读，痴迷阅读。浓厚的阅读兴趣推动着他们想方设法去寻找书籍阅读，激励着他们抓紧一切时间去阅读书籍，在阅读中吮吸精神的甘露，丰盈自己的精神世界。当前不少未来小学教师并没有形成阅读兴趣，而是视阅读为负担，不爱读书、不愿阅读的现象较为普遍。因此，通过阅读促进未来卓越小学教师的专业成长，需要激发浓厚阅读兴趣，使其成为喜欢阅读的主动阅读者。对此，可以组织开展丰富多样的阅读活动，使其感受阅读的乐趣，体会阅读的意义，逐渐产生浓厚的阅读兴趣。具体来说，可以开展好书共读、教育经典名著阅读、主题读书活动、读书分享、读书节等阅读活动。好书共读活动主要围绕对提升教师专业素养具有更大价值的人文、科学、艺术等学科专业类书籍进行阅读，以奠定科学文化素养。教育经典名著阅读主要围绕古今中外的经典教育著作进行阅读，以提高教育理论素养。主题读书活动是围绕某一学习主题或某一研究问题领域而进行的阅读活动，旨在对所学课程内容进行拓展学习。读书分享活动是组织未来小学教师对所阅读书籍的感悟、思考、体会等进行交流，重在个人自主阅读的基础上实现思想的互动与情感的共鸣，从而共同提高。读书节则是通过建立

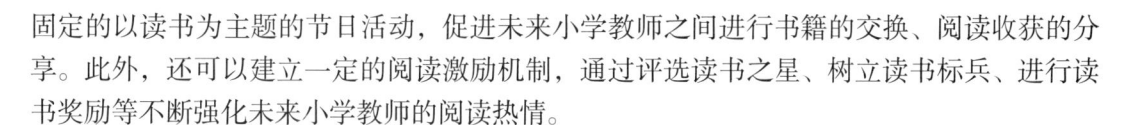

固定的以读书为主题的节日活动，促进未来小学教师之间进行书籍的交换、阅读收获的分享。此外，还可以建立一定的阅读激励机制，通过评选读书之星、树立读书标兵、进行读书奖励等不断强化未来小学教师的阅读热情。

（二）切实保障阅读时间，培养每日阅读习惯

养成良好的阅读习惯是个体有效阅读的重要保障。对教师阅读来说，最重要的是先读起来，能坚持天天阅读，养成每日阅读习惯，让阅读成为一种日常生活方式。许多卓越教师有天天读书的习惯，每天都会自然而然地拿起书本进行阅读，尽情徜徉在书籍的海洋中，汲取精神营养。每日阅读习惯的养成有助于未来小学教师成为终身阅读者，在持续不断的阅读中提高自身专业素养。但是，很多未来小学教师没有养成每日阅读的习惯，经常处于"三天打鱼，两天晒网""想起来读就读，想不起来读就不读；有时间读就读，没时间就不读"的随性阅读状态。因此，通过阅读来促进未来卓越小学教师职前专业成长，必须培养每日阅读的习惯。这可以通过建立一定的读书制度，明确规定未来小学教师每天的必要阅读时间，以督促每日阅读。有调查表明，多数师范本科生表示自己拥有充裕的课余时间，但课余时间通常会被用在社团活动、学生工作、兼职、消遣娱乐等事情上，阅读在课余时间中所占的比重并不大。可见，即使每天有充分的课外时间，师范生也并不一定就会自觉利用它进行阅读，所以来自外部制度的刚性约束是必不可少的。如在读书制度中明确规定每天要阅读半小时或者1小时，要求个人明确记录自己每天的阅读时间和阅读页数，也可以以宿舍为单位轮流记录每位成员每天的阅读时间和阅读页数，通过相互监督和提醒来保证每天的阅读。此外，一些未来小学教师由于缺乏时间管理能力，不能处理好阅读与课外活动、日常生活的关系，不能合理统筹自己的课余时间，把大量时间浪费在其他事情上，致使没有时间阅读，从而难以养成每日阅读习惯。对此可以通过进行时间管理技能训练，提高时间管理能力，使其学会合理安排时间，充分利用时间，避免不应有的时间浪费，以保证每天的必要阅读时间。

（三）推荐阅读书目，完善阅读结构

合理的阅读结构有助于未来小学教师建立完善的知识结构，树立崇高的教育理想，形成丰富的教育智慧。但是，不少未来小学教师阅读的范围与内容比较狭窄，往往局限在某一个学科领域；或者是比较随意地阅读，对什么感兴趣就读什么；或者盲目追随流行书籍，什么书畅销就读什么，从而陷入偏食性阅读，造成阅读结构失衡，进而导致专业素养的片面化。因此，通过阅读促进卓越小学教师职前专业成长，需要职前教师教育者推荐合适的阅读书目，帮助其完善阅读结构。首先，应基于《小学教师专业标准》来为未来小学教师推荐涵盖多学科的理论性与实践性相结合的阅读书目。根据《小学教师专业标准》，小学教师应具备全面的专业知识，因此推荐的阅读书目应包括心理学、教育学、人文社会科学和自然科学方面的书籍，并且是理论性和实践性的书籍的结合。其次，为未来小学教师推荐的阅读书目应包括丰富的经典著作。教师专业成长需要读书，更需要读好书。许多卓越教师正是在经典著作的滋养下得到了更好的专业成长。因此，应从教师专业成长的角度出发，结合未来小学教师的已有经验背景，精心而审慎地选择古今中外各领域的经典著作，提升其阅读品位，使其在好书的浸润中更好的汲取精神营养。最后，为未来小学教师推荐的阅读书目应具有层次性和递进性。不同年级的未来小学教师的知识基础不同，所学课程的学

习要求也不相同。要想促进其更好地专业学习和专业成长，就应为其推荐不同的阅读书目。在保证阅读书目层次性的同时，还应注意阅读书目的递进性。读书之道，贵在循序渐进。因此，未来小学教师的推荐阅读书目应由少到多、由易到难、由通俗易懂到深奥抽象，以建立一个逐级而上的阅读阶梯。

（四）加强阅读指导，促进深度阅读

深度阅读能够帮助教师提高阅读质量，更大限度地促进教师的心智成长，增强专业智慧。当前不少未来小学教师的阅读状态停留在浅阅读层次上，呈现出碎片化、快餐式、娱乐化的特点，导致对其专业成长的影响微弱。因此，通过阅读促进未来卓越小学教师的专业成长，亟须加强阅读指导，促进深度阅读。一是增强深度阅读的意识。职前教师教育者应对未来小学教师进行深度阅读知识的专门讲解和与浅阅读的比较，使其充分认识深度阅读对专业成长的重要价值。同时提供深度阅读的教师榜样，使其感受深度阅读的好处，进而形成对深度阅读的认同和重视深度阅读的意识。二是指导深度阅读的方法。"只有当我们知道如何去读时，我们才可能真正读懂。"只有掌握深度阅读的方法，才能加大深度阅读的效果。职前教师教育者可以借助专题讲座、分享交流等帮助未来小学教师学习深度阅读的具体方法。如朱熹的"熟读精思、虚心涵泳、切己体察"的读书方法，胡适的"眼到、口到、心到、手到"的精读方法，冯友兰的"解其言，知其意，明其理"的精读方法，艾德勒的"分析阅读"的八条规则等。三是加强经典著作阅读指导。经典著作是经历了时间的考验，具有巨大思想与实践价值的书籍，是最值得深度阅读的书籍。许多未来小学教师对阅读经典著作是既向往又畏惧，面临的最大问题就是阅读往往浅尝辄止，难以深入，阅读效果不佳。因而必须加强经典著作阅读的专门指导，激发其对经典著作的阅读兴趣，引导其学会如何深度阅读经典著作。四是加强个别化指导。不同未来小学教师在深度阅读中可能会遭遇不同的困境，阻碍其深度阅读的有效进行，对此应根据其具体情况进行有针对性的指导。

（五）组织汇报交流，升华阅读成果

读书要与人交流分享读书心得是许多卓越教师强调的读书经验之一。读书心得交流可以帮助未来小学教师将阅读收获加以明确化、系统化，并在相互交流中实现思想的碰撞、智慧的启迪、情感的共鸣，进而扩大视野，深化认识，提高语言表达能力等。在阅读活动中，一些未来小学教师由于种种因素的影响而未能及时记录自己的读书收获，也懒于与他人分享读书体会，导致阅读难以对自身专业成长产生更大的促进作用。因此，通过阅读促进未来卓越小学教师的专业成长，应在重视个人自主阅读和深度阅读的基础上，积极组织汇报交流活动来巩固与升华阅读成果。具体做法如下：首先，在阅读活动开始就提出读书汇报交流的明确要求。一方面明确告知未来小学教师读书汇报交流是读书活动不可或缺的环节，能进一步提高阅读效果和阅读水平，促进自身更好地成长，使其充分认识读书汇报交流的重要性，对其予以重视。另一方面，向未来小学教师说明读书汇报交流的流程、形式、时间方面的具体要求，以及阅读成果的具体体现形式，如读书笔记、读书随笔、读后感、读书报告等，使之心中有数，以便按照要求做好相关准备。其次，合理安排读书汇报交流活动的过程。读书汇报交流活动的完整流程应包括阅读成果准备——汇报人发言——听众提问——共同讨论——主持人点评总结五个前后相连的环节。最后，借助多种形式开

展读书汇报交流活动。譬如可以依托读书会、读书小组、读书共同体、读书沙龙等组织形式进行面对面的读书汇报交流，也可以通过读书微信群、网上读书论坛等形式进行在线读书汇报交流。

参考文献

[1] 闫学. 给教师的阅读建议 [M]. 上海：华东师范大学出版社，2015.
[2] 张贵勇. 读书成就名师 [M]. 北京：教育科学出版社，2013.
[3] 苏霍姆林斯基. 给教师的建议 [M]. 北京：教育科学出版社，1984.
[4] 郑玮. 基于阅读的教师专业发展研究 [D]. 天津：天津师范大学，2012.
[5] 王聪. 师范本科生课外阅读的现状与对策研究 [D]. 大连：辽宁师范大学，2019.
[6] 莫提默·艾德勒，查尔斯·范多伦. 如何阅读一本书 [M]. 北京：商务印书馆，2015.

实践共同体视域下的职前教师培养路径[1]

官瑞娜[2]

1887年，德国社会学家斐迪南·滕尼斯在《共同体与社会》一书中提出"共同体"一词，认为共同体"是一种持久的和真正的共同生活，是一种原始的或者天然的人的意志的完善的统一体"。随着时代的变迁，共同体的概念逐渐衍生出学习共同体、教师专业发展共同体、实践共同体等一系列概念。其中实践共同体的概念来自情境学习理论，由人类学家莱夫和温格于1991年在《情境学习：合法的边缘性参与》一书中首次提出。在本书中，他们强调学习以情境为基础，在参与中共同成长。实践共同体成员有共同的关注点、共同致力于解决特定的问题、在共同追求中相互成长等特征，主要体现为共同参与、共同事业以及共享技能三要素。由于教育的本质是实践，教师教育需要不断与教育现场相结合，才可以促进教育理论与实践的更好融合。因此从实践共同体视域出发，分析职前教师的培养途径，明晰教育理论和教育实践的融合方式，将为教师的专业发展开辟新的视野。

一、实践共同体的要素

情景学习理论认为，学习并非是个体内部的简单建构，而是一种社会性的活动，知识的产生以情境为基础，是个人与情境互动的产物，并不是完全的累积过程，而是包含"参与"与"实践"的过程。为此，情景学习理论的代表人物莱夫和温格提出"实践共同体"的概念。温格认为"实践共同体"不是一群人的简单组合，而是一个拥有自身文化传统的组织。"成员之间通过共同投入与参与活动而形成非正式团体，通过持续的互动、分享利害与共的事情，探讨共同的问题以获得深入该领域实践的知识和专业"。1998年温格在其著作《实践共同体：学习、意义和身份》中提出了实践共同体的要素。

（一）实践共同体下的学习——合法的边缘性参与

实践共同体强调学习与情境的互动，因此，通过对传统师徒制的学习模式的探究，温格提出了"认知学徒制"和"合法的边缘性参与"的概念。认知学徒制主要体现为学徒们通过对师傅专业工作的观察、模仿、训练等方式，逐步从边缘参与进入工作的核心地位，从一名新手逐步成长为某一领域的专家。所以，实践共同体下的学习主要是"合法的边缘性参与"，刚入职的新手得到共同体成员的认可而具有合法性地位，从边缘性工作做起，随着个体经验的积累，不断会获得更多的实践机会与学习机会，逐步发展成为成熟的、可给别人示范的核心成员。在这个过程中，不同的成员起点不同，对实践活动能够做出的贡献也

---

[1] 基金项目：院级教改项目：实践共同体视域下的幼儿教师培养(jk202119)。
[2] 官瑞娜，1981年10月生，女，汉族，陕西武功人，硕士，咸阳师范学院讲师，主要研究方向为学前教育、教师教育。

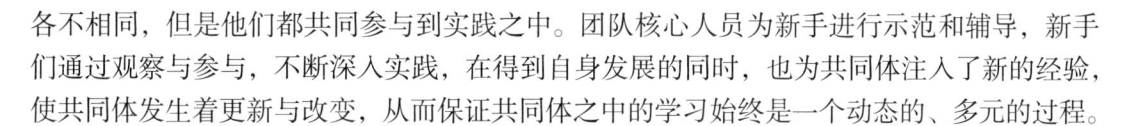

各不相同,但是他们都共同参与到实践之中。团队核心人员为新手进行示范和辅导,新手们通过观察与参与,不断深入实践,在得到自身发展的同时,也为共同体注入了新的经验,使共同体发生着更新与改变,从而保证共同体之中的学习始终是一个动态的、多元的过程。

(二)实践共同体下的发展——共同的领域

实践共同体中不是简单地把许多人组合起来为同一个任务而工作,只有当成员们通过学习沟通、交流讨论、资源共享,建立了彼此互相学习、互相影响的关系的时候,实践共同体才会得以形成。因此"共同领域"意味着共同体成员拥有共同愿景,共同的研究领域,"是共同体的合作之源,意义定制之源,共同介入之源",他们促使了实践共同体与传统的实习场的形式不同。传统的实习场的合作是缺乏共同的愿景、文化上的紧密衔接与认同,但在实践共同体中,不同个性特征与价值观的成员之间彼此学习与讨论、相互探究与协作,不断深化自己在共同体中的地位与角色,逐步认同、内化共同体的规范和价值观念,进而对共同体产生强烈归属感,从而促成共同体文化的建立。

(三)实践共同体成员的目标——从共享到共进

为了促进共同体成员长期参与,温格在他的书中提出"共享的智库"这一概念,即"长时间追求共同事业而在共同体内所共享的一整套资源,包括语言资源(如用语、专业术语、问候模式等)和非语言实践(如行动方式、惯例、工具、经验、态度、概念等)等"。这些能够在共同体内被共同享用的资源,反映了成员共同介入的历史,也将在后续的实践中反复被采用。实践共同体为不同思想、不同背景和不同基础的成员创造了一个复杂的学习环境,通过共同的参与与共同事业,实践共同体成员以真实的情境和良好的互动作为基础,共同探究实践中的各种现象和问题,不断产生思想的火花和提高解决问题的技能,在此过程中,共享的资源不断产生。而共享的资源规避了个体视角、思路等因素的限制,实现了个体之间的资源互补,使每个个体都得到更多的专业发展资源,得到了更好的发展。

"实践共同体"的提出,为职前教师提供了培养视角。教育理论和教育实践相脱节的问题是目前教师教育所面临的困境,如何实现理论和实践的对接也一直是教育研究者和实践者讨论的热点。如果将职前教师的培养纳入由高校教师和一线教师共同组建的"实践共同体"之中,构建"教育是教育共同体",职前教师以"新手参与"的方式,在真实的实践场域中学习,共同发现实践问题,解决实践问题,可以更好地改进传统的教育理论和实践难以衔接的现象,更好地促进教师的专业发展。

二、高校与中小学幼儿园合作培养职前教师的形式

在传统的教师教育中,人们关注教育理论的构建,认为实践是对理论的应用,可以通过加强理论学习来指导实践,因此希望通过建构"普适性"的教育理论指导和改进教育实践。在这种教育模式下,教学和学习研究忽视了学校教育的真正情境。当这种教育弊端不断显露之后,人们开始从关注理论走向关注实践。在"实践共同体"理论的影响下,高校与中小学幼儿园也在不断展开合作与交流,尝试更好地促进职前教师教育实践能力的提高,实现教育理论和实践的互补和融合。目前,主要的合作方式有契约式合作培养和融合式合作培养两个方面,同时也面临众多问题。

（一）契约式合作培养

契约式合作培养是指中小学、幼儿园与高等院校以签订合作协议的方式结成合作伙伴关系培养人才的模式。高等院校提供一定的实习经费和理论，中小学、幼儿园选择有经验的资深教师指导实习，高校主要承担监督和指导功能。在此过程中，高校教师的主要精力仍然是在科研领域，一线教师觉得实习指导工作干扰了他们正常的教学秩序，因此他们往往可以接受实习生听课，但是不太愿意让实习生真正地进入工作岗位，参与到教育教学工作中。因此虽然目前我们不断在延长职前教师的实践时间，给予更多的实践机会，但是职前教师仍然难以很好地理解理论和实践的互相融合，要么照搬理论，要么机械模仿一线教师的经验，以完成学校规定的任务拿到实习鉴定为目的，难以达到我们的预期目的和要求。

（二）融合式合作培养

融合式合作培养是指高校与中小学、幼儿园在政府的协调过程中满足双方需求的人才培养模式。在这种方式下，高校教师可以进驻到实践基地，接触实践问题，并以此为基础改革高等教育课程中所面临的问题，一线教师可以进入高校，进行专业发展所需的课程进修。职前教师在此过程中，可以承担中小学教师日常教学工作，更深入地促进实践教学技能的提升，但是这种学习缺乏理论的深度思考，实践的学习容易转变为技能化的经验模仿。由于我国对高校教师评价的主要依据是发表论文和科研成果的数量，对中小学教师的评价依据则是学生成绩的高低，合作双方没有共同利益诉求，缺乏共同的关注点和研究领域，从而导致高校教师与一线教师、一线教师与职前教师、高校教师与职前教师的关系都处于松散状态，高校教师与一线教师各司其职，教育与实践仍然是处于分离状态。

以上这两种合作方式在某种程度上都有助于教师的终身学习，帮助职前教师获得更多的学习机会和接触不同教学情境，提高解决专业问题的能力。但是在这两种方式中，主体仍然是高校，一线教师的合作潜能没有得到很好的发掘。

三、教师教育实践共同体的构建

教育实践是生动丰富的，职前教师是需要在理论和实践的深度融合中实现专业发展，构建"教师教育实践共同体"就成为促进职前教师发展重要的方式。

（一）多元化主体相融合，构建教师教育实践共同体

"教师教育实践共同体"由高校教师、中小学教师、职前教师几方面共同构成。它以共同协商为基础，以共享共进为目的，把职前教师、高校教师和一线教师组织起来，建立深层合作交流的工作平台。在这个关系中，不仅包括有高校教师与中小学、幼儿园教师的关系，一线教师与职前教师的联结关系，还有职前教师与职前教师之间的合作学习关系，共同体成员依照共同目标共同合作、共同探究，高校教师与一线教师互相学习的同时，也一起带动职前教师运用教育理论重新审视教育实践，与此同时提升教育实践的专业化水平。在这个过程中，职前教师是积极的参与主体，他们从"边缘性参与"开始，以实践问题为基础，与团队的核心成员平等沟通，充分交流，不断反思，最终参与的过程中习得丰富的教育实践。实践的学习过程既有着对核心成员的经验模仿，对组织文化的认同，也有自己不断的探索、反思和创新。而且恰恰由于在"教师教育实践共同体"中，不同教师的知识基础、能力、兴趣、教育理论与实践经验等的不同，反而共同体形成了一个创造性资源，教

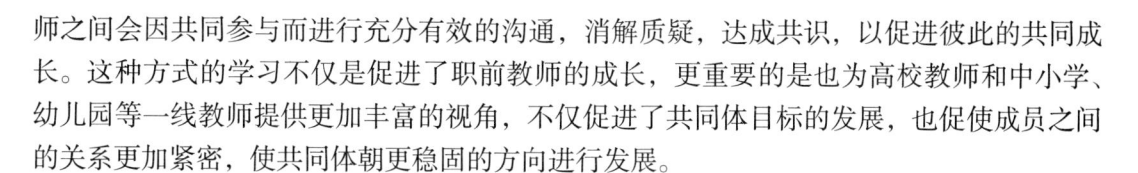

师之间会因共同参与而进行充分有效的沟通，消解质疑，达成共识，以促进彼此的共同成长。这种方式的学习不仅是促进了职前教师的成长，更重要的是也为高校教师和中小学、幼儿园等一线教师提供更加丰富的视角，不仅促进了共同体目标的发展，也促使成员之间的关系更加紧密，使共同体朝更稳固的方向进行发展。

（二）以"教育实践"为核心，构建教师教育实践共同体的组织愿景

教师教育共同体不是简单地把一群不同层次的教师聚集在一起，促进其深度合作的要素之一就是要有共同愿景，也就是"实践共同体"所有成员拥有一个共同的关注点，须通过持续不断的相互作用而发展自己的知识和专长，最终共同致力解决一组问题。"高校与中小学、幼儿园的合作实践并不仅仅停留在一起'坐而论道'，而在于共同'起而践行'，他们主要的关注点在于如何应对和解决教师教育实践中的现实问题和困难"。因此教师教育共同体，就必须以"教育实践"为载体，促进共同体成员对构建反思教育理论，并在此基础上深刻地理解、灵活地分析和处理教育实践中的各种问题。因此，在真实的教学实践情境中产生真实的"实践问题"是职前教师、高校教师和中小学幼儿园一线教师所共同面对的研究课题，在此过程中，职前教师不再只是课堂教学的旁听者，而是通过在实践中学习，实践中反思，进一步理解并建构教育教学理论，教学内容和教学过程更丰富和生动，不断提高教育教学能力，开展教育教学实践。中小学及幼儿园教师在此可以解决教学工作中遇到的问题，解决他们面临的教育疑惑，也促使其成为一个研究者和反思者。而高校教师则通过实践研究，使建构的教育理论有了更坚实的现实基础。而在此过程中，职前教师、高校教师、中小学、幼儿园一线教师通过共同观察教育现象，梳理教育问题，改进教育实践，将进一步增加彼此的信任，促进共同体的创新与发展。

（三）以"融合和共生"为理念，构建教师教育共同体的文化环境

在传统的高校与中小学、幼儿园的合作中，沟通往往是单向度的，难以找到共同发展的契合点，因此往往体现高校教师和一线教师在面临合作与职前教师的培养方面，都是处于被动的状态。特别是一线教师，甚至会觉得接纳职前教师在教育现场的学习，是对他们正常教育教学秩序的打扰。因此，要促进教师教育实践共同体的稳固发展，就要建立以"融合和共生"为理念的共同体文化。首先，共同体成员地位的平等是教育实践共同体文化的基础，职前教师、高校教师与一线教师虽然在共同体中的地位、基础与兴趣不同，但是他们有着共同的目标和使命，因此共同体中的学习是在相互尊重的基础上协商而来。其次，共同体成员的沟通与信任是共同体文化发展的核心，共同体并不是一个以权威成员为中心的组织，思想的沟通、心灵的交流和彼此的信任才是文化发展的动力，所以，建立畅通的沟通机制，让所有的教师们能通过共同探究实践问题，更深层次地理解教育教学实践规律和理论基础是非常重要的。最后，"共生"是共同体文化的目标。实践共同体的目标是促使共同体中的每一个成员得到发展，因此在教师教育共同体中，要围绕教育实践使高校教师、一线教师和职前教师的利益都能得以实现，实现共享、共生、共进，他们才能保持持续参与的积极性，才能促进共同体的长远发展。

（四）以共享为目的，构建教师教育共同体的资源库

"融合和共生"的共同体文化是以共享资源为基础，才能得以建立和发展，每一位共同

体成员的目标能够得以实现，是共同体能够长远发展的条件。因此，建构共享资源库，是加强成员对共同体认同感的重要方式。共同体成员在现实教育资源共享的同时，也会不断地为共同体注入新的思想、新的技能、新的文化等，而这些经过融合与发展，又会成为共同体资源的一分子。在资源共享的基础上，教师的视角、思维将会更加开阔，不断产生智慧的火花，发挥教师们的合力，加强凝聚力，注入创造力，实现教师们的共同成长。在此过程中，新教师从新手走向成熟，从边缘走向核心，而共同体中的核心教师也需要学习，"与新手教师协商互动、参与共同体实践，从而巩固自己的成员身份"。共享是教师们实现个人目标、共同成长的基础，教师们的共同成长又将会促进共享资源的不断产生。共同进取、共同成长是教师实践共同体建构的最终目标，共享资源是教师们共同发展的保证。

（五）以共同发展为目的，构建教师教育实践共同体的运行保障机制

共同体在运作的过程中，往往会出现凝聚力不够、沟通不畅、目标不一致、评价体系不统一等各种现象，在这其中，常会因为评价机制等各方面问题，导致共同体成员在其中难以找到身份认同，付出难以得到认可。而"身份是人外在形象的社会、文化和历史的特征，建立身份认同的过程即是对共同体成员的经验进行意义协商的过程"。因此为了促进教师教育共同体的发展，同时给予教师合法性地位，共同体组织需要建立教育行政主管部门认同的组织建构，同时为了促进教师教育实践共同体的良好运作，高校教师、职前教师和一线教师需要任务明确，权责分明，这都需要发挥政府的统筹作用。通过政府的沟通与衔接，可以为高校与中小学、幼儿园搭建合作平台，建立统一的评价机制，促进在培养职前教师方面更好地发展。

参考文献

[1] 斐迪南·滕尼斯. 共同体与社会 [M]. 林荣远, 译. 北京：商务印书馆, 1993.

[2] 宋萍萍, 黎万红. 西方教师共同体研究：概念、实践与展望 [J]. 中国人民大学教育学刊, 2017, 1:109-120.

[3] 赵健. 学习共同体：关于学习的社会文化分析 [M]. 上海：华东师范大学出版社, 2006.

[4] 王慧. 教师教育实践共同体的运行要素与动力机制分析 [J]. 黑龙江高教研究, 2019, 11:79-82.

[5] 张增田, 赵庆来. 教师教育共同体：内涵、意蕴与策略 [J]. 首都师范大学学报, 2012, 6:132-135.

[6] 夏雪. 从共享到共进：教师共同体建构的价值引进 [J]. 教育理论与实践, 2020, 22:38-41.

[7] 李子建, 邱德峰. 实践共同体：迈向教师专业身份认同新视野 [J]. 全球教育展望, 2016, 5:102-111.

[8] 莱夫, 温格. 情境学习：合法的边缘性参与 [M]. 王文静, 译. 上海：华东师范大学出版社, 2004.

师范生教育实习：内涵、困惑与价值导向

钱海娟[1]

一、师范生教育实习的内涵

教育实习作为一种教学活动，是理论联系实际的重要过程。教育实习是师范生培养实践能力的关键环节之一，学生在实习过程中将掌握的理论知识与实践教学有机结合起来，进一步提升教育教学能力，强化师范生专业素养。教育实习评价通过挖掘、分析实习过程中出现的问题，帮助师范生发现差距与不足，为师范生由学生角色向教师角色转变奠定了坚实的基础。同时，教育实习评价的意义在于指明师范生未来发展的正确方向，促进师范生专业潜能的发展。这些与师范专业认证提出的理念相一致，因此教育实习评价也应体现出"学生中心、产出导向、持续改进"的标准。

教育教学是社会实践中的特殊形式，由于教育情境的流动性、多变性、复杂性等特点，教师在进行教育教学活动时，不能简单地将已有教育理论知识运用到教育情境中，而是需要随着情境变化不断调整或重组自己的教育教学行为。职前教师在进入教育实习时就被赋予了"教师"的称号，在具体的教育情境中，实习教师就身为他人负责中与学生形成了不解之结。这种被动成为需要转化为教师的主动成为，需要唤醒实习生内部的源动力，也就是唤醒实习生在具体教学情境中的发展需求。

二、师范生教育实习中的困惑

（一）实习生缺乏实践参与

石中英认为：教育实习的意义不仅仅在于将已获得的教育理念应用于教育实践中，而且更值得一提的是，师范生们获得实习指导老师的示范教学，获得了大量真切生动的实践经验，这是在书本中无法获得的现实体验。《教育部关于大力推进教师教育课程改革的意见》中强化教育实践环节，明确规定师范生到中小学和幼儿园教育实践不少于一个学期。部分高校确实保证了实践教学的时间长度，但却对实践教学深度掌握不够，导致实践效果偏低，其中实习教师在实习期间实践参与的缺乏，极大地阻碍了教育实习对学生的发展。

首先，实习生对实习价值的理性认知缺失，降低了实习的主动性。实习环节的主要任务被异化为获得分数和顺利毕业的工具。实习生缺乏对实习意义的深度思考，实习环节被认定为能够顺利毕业不得不完成的任务。部分实习生在整个实习期间会拿着实习手册，在不停地书写教案，目的是完成学校规定的任务。此外，实习生不愿主动承担公开课，被安排承担公开课任务时相互推诿，很少有实习生主动邀请指导教师听课和评课。实习过程没

---

[1] 钱海娟，1976年11月生，女，汉族，山东郓城人，硕士，咸阳师范学院讲师，主要研究方向为学前教育。

有实习价值的理性认识，没有真正意义上的实践，实习生很难在实习过程中拥有成功感或获得感。

其次，实习生缺乏指导老师的支持，降低了实习的获得感。一方面，无法得到校内指导教师的有效指导。一般一位校内指导教师负责指导20名左右的实习生，因此，当实习生遇到教育教学问题时，一般很难得到指导教师的及时帮助和解答。另一方面，也无法得到实践基地的及时支持和指导。高校和实践基地缺乏及时交流与沟通，高校的实习任务与实践基地的需求相异，无法做到高校与实践基地的统整和协调，导致部分实践基地无法给实习生提供指导。会出现实习生的威信难以树立、管不住等问题，导致实习生在教育实习中难以获得成功感，实践能力也难以提高。

（二）实习生缺乏职业认同

教育实习作为准幼儿园教师入职的必备阶段，是教师增强实践性知识，形成职业品性、职业情感、职业态度的重要途径。教育实习指导教师包括实习基地指导教师和来自师范院校的学校指导教师。两位指导教师对实习生职业认同感的形成发挥着重要的作用。

在教育实习期间，师范生职业认同结构中的职业热情、职业角色接纳、教学态度、对幼儿教师职业选择的坚定性及幼儿园教育实习中克服实践困难的毅力、主动参与行为倾向等维度的提高，都离不开幼儿园实习指导教师所给予师范生的耳濡目染的榜样作用。在实习结束后，与一位实习生交谈，她说："实习前，我觉得我以后有可能会当幼儿园老师，但实习后，我坚定了我的想法，以后不会去幼儿园工作。"进一步了解原因，她还说出了自己的实习基地指导教师的情况："从我们刚进幼儿园的第一天起，我的主班老师就跟我说，以后做啥也不要做幼儿园老师。"这样的指导老师不仅不能对实习生进行有效指导，相反，将自己对幼儿教师、家长等的牢骚"倾诉"给实习生，对实习生的教师职业认同带来消极影响。

对于师范院校的大学指导教师的作用虽然认识不同，但是协调者、指导者、管理者的角色普遍得到认同。师范院校的指导教师除了协调实习中各种关系、管理好实习生生活纪律等工作外，其主要工作是需要对实习生的教学工作、班主任工作及教育调查工作进行有效指导，也需要为实习幼儿园的教育教学管理以及实习幼儿园教师的教学和科研提供力所能及的帮助和指导。从调查访谈中，我们发现指导教师担任协调者、管理者角色方面普遍比较好，但是在实习生遇到理想与现实矛盾、理论与实践脱节时，带队老师并没有进行及时的了解和干预，使实习生很快放弃了理想和所学的理论，转而全盘模仿实习基地指导教师的做法，甚至对于一些违背师德规范的行为也欣然接受，甚至奉为至宝。对于实习生的职业认知产生了严重的误导，大大降低了实习生的职业认同感。

（三）实习生缺乏反思能力

教育实习是师范生从职前培养阶段向早期生存阶段过渡，是教育理想、教育理论与教育实践相互融合的关键阶段。在此过程中注重培养学生对教育实践的反思与质疑能力，有助于促进其专业成长。据调查，实习生对教育理论课程中的"反思""教师成为研究者"等与教师发展相关术语比较熟悉，但如何反思，大多数实习生不清楚。虽然在实习准备阶段，学校要求实习生在实习期间完成教育观察笔记、教学案例反思和教育实习总结等任务，但是，由于教师教育类课程一贯的学术价值追求等，学生在课程学习的过程中，并未获得有效的教育研究方面的培养。实习前学校除了思想动员外，对于如何进行观察、关注哪些方面问题、什么是反思等教育研究方面的内容也没有进行有针对性的培训。因此，实习生在教育实习过程中一方面除了忙于做保育、忙于准备几节课外无暇做到静心观察和深入反思，从而忽略了丰富生动的教育教学资源对于自身发展的价值。实习之后提交的大部分的教学案例反思、教学观察笔记、实习总结等大量资料，或缺乏基本理论思考，或流于形式。

评价用以衡量人或事是否具有价值，具有目标导向、发扬激励、反馈调节的作用。要充分发挥教育评价的指挥棒作用，引导确立科学的育人目标，确保教育正确的发展方向。可以认为，有什么样的实习评价导向，就会诱导什么样的实习行为。实习评价的目的不仅要关注实习质量和实习效果，真实反映实习生整个实习过程的实习态度、实习行为和实习效果，还要帮助实习生找到实习中的不足，并为实习生的未来发展提出指引。然而，高校对实习生的评价以终结性评价为主，体现出分数定量性和单一主体性，实习生的实习行为表现出分数驱动和缺乏反思。这样的评价使考评流于形式，导致实习生在实习过程中态度不端正，降低对自己的要求。

三、师范生教育实习价值导向的思考

教育实习是高师院校教育课程体系和教学计划的重要组成部分，从理论上讲，可以将教育实习看作是师范生从事教职前对于教师角色的预演，在实习体验中师范生获得关于教育的新理解、关于教学的新理念和经验性的教学技能。

（一）帮助师范生体悟教育实践、生成教育理解

德国哲学家雅斯贝尔斯在《什么是教育》一书中说过这样一句话："教育是一棵树摇动另一棵树，一朵云推动另一朵云，一个灵魂唤醒另一个灵魂。"师范生对于教育教学活动的认识、理解和把握，它不是从外部"传授"而获得，而是从内部"领悟"而建构。知识取向的教育理论课程往往以知识为取向，以较封闭方式进行教师的职前培养，使学生对幼儿园教育教学活动的全过程缺乏深刻的了解与思考，造成师范生对教育的理解往往停留于他们受教育经历时的体验、感受。《教育部关于大力推进教师教育课程改革的意见》在改进教学方法和手段方面，把教学改革作为教师教育课程改革的核心环节，还指出充分利用模拟课堂、现场教学、情境教学、案例分析等多样化的教学方式，增强师范生学习兴趣，提高教学效率。教育实习使师范生以"准教师"的角色进入教育现实，通过不同以往的视角感受教育的真实。在理论与实践、理想与现实的碰撞中，实习生会对教育产生新的理解，可以促进实习生对教育教学实践进行重新解读，激发实习生对教育教学工作的热情。学生可以用教育叙事或者教育随笔的形式记录下他们实习期间的所思所想，甚至惶惑和不安，这一过程正是每位教师不可或缺的教育意识。

（二）启发师范生检验教育课程、明确提升方向

胡塞尔认为，人是有理性的，且默默地追求理性，或公开地追求来自人本身、表现人本身，和按照本质的必然性自觉引导人的发展的终极目标。实习生应明确自我教育教学能力发展的方向，将实习作为未来教师生涯的一个起点，自觉地建构教育实习目标。这种自为的实习目标需要结合培养目标和毕业要求，从自我发展的需要出发，形成自己的教育教学能力目标。一方面，高师院校需给实习生留有自主的空间，实习生拥有设置实习目标的

主动权，就能逃离被安排、被胁迫的局面；另一方面，实习生要充分地认识自己，意识到自我的独特性、差异性、成长性，拥有实习的主动责任，并能遵循主体意愿去完成教育实习。师范院校的教师教育课程往往存在重理论讲授、轻实践技能训练的做法和倾向，造成具体的教师技能实践课程在体系化、规范化、连续化等方面存在明显不足，具体表现在实习生的教学设计规范、教学语言表达、反思能力等方面。有效的教育实践需要教育者准确地认识教育对象以及教育实践活动本身。不完美的教育实习给我们提供了认清教师教育类课程问题的契机和场域。教师教育课程能够促进师范生将知识理论与一定真实的教育情境相联系，促使师范生切实理解所学知识技能对于从事教师职业的意义和价值。

（三）指导师范生丰富教育感知、激发问题意识

"吾日三省吾身"是人修身的基本标准，也是教师安身立命的根本。反思是一种内隐性的思维活动，同时也是外显性的探究行为，反思的目的是促进实践的合理性，在问题意识的引领下个体才能进行有效反思；反思是一种诘难，是一种积极的、坚持不懈的、仔细的考量。相较于以往任何时代，教师更加意识到仅凭个人狭隘的经验教学已经不适应时代发展的需要，教师需要成为研究者，成为反思性实践者。教育实习中，丰富实习生对教育现实情境直接感性认识，指导教师引导实习生尝试在教育观察后用教育理论发现问题、分析问题、解决问题，对师范生今后的教师角色成长更有长远价值。实习生在实习过程中不断地进行反思性思考，成为反思性实践者。通过撰写反思日记、撰写教学案例等方式对具体教学境况中的教学事件进行反思，从而促进实习教师的实践探索。这不仅可以帮助师范生深刻理解教育理论，更有利于师范生在未来的教师工作中形成审视实践的教育问题意识，并在不断的教育问题思考和解决中，形成自身教育标准和理解。通过对教育问题不断探问，才有可能"成功地建立起他与教育世界的联系"，才能以教育经验和教育能力为基础在教育事件反思批判和探究中走向教师职业发展的自觉。

参考文献

[1] 杨道宇. 从被动责任到主动责任：他者性理论的内在超越及其教育 [J]. 高等教育研究, 2020,41(11):24-32.

[2] 曾强, 杨敏. 论教育实习质量提升——学前教育专业职前（实习）教师的实践发展 [J]. 当代教育论坛, 2021, 3:48, 50, 49.

[3] 高敬. 教育实习对学前教育师范生职业认同的影响——"幼有所育"政策背景下的研究 [J]. 教师发展研究, 2019, 8:65.

[4] 赵昌木. 教师成长论 [M]. 兰州：甘肃教育出版社, 2004.

[5] 胡塞尔. 欧洲科学危机和超验现象学 [M]. 张庆熊, 译. 上海：上海译文出版社, 2005.

[6] 陈振华, 徐莉. 中国教育学者何以更好地安身立命 [J]. 教育研究, 2005,7:21.

[7] 袁振国. 教育研究方法 [M]. 北京：高等教育出版社, 2000.

美国新文科人才培养实践研究[1]

杨小茹[2]

一、绪言

2018年8月，在全国教育大会召开之前的半个月，中共中央在所发文件里提出"高等教育要努力发展新工科、新医科、新农科、新文科"（简称"四新"建设），"新文科"概念被正式提出。2019年6月20日，在高等学校专业设置与教学指导委员会第一次全体会议上，教育部高等教育司吴岩司长指出：作为一项战略部署，国家试图通过实施"六卓越一拔尖"计划2.0，推进人才培养体制机制创新，提高高校服务经济社会发展能力，最终实现"四新"建设总目标，并特别强调"我们一定要让新文科这个翅膀硬起来，中国高等教育飞得才能平衡、飞得高"。2020年，教育部新文科建设工作组发布《新文科建设宣言》，对新文科建设作出全面部署，旨在通过发展新兴学科以及推动学科之间的交叉融合，构建具有中国特色的新文科生态。"新文科"这一国家战略的实施，是中国大学文科的一次重大变革，注定对中国高等教育乃至中国社会产生深远影响。故而"新文科"这一概念自提出以来，就成为学界尤其是高等教育学界关注和讨论的热点话题。

高等教育的核心任务是人才培养，新文科建设也应紧紧围绕人才培养这一核心任务。高校人才培养工作顺利开展、高效实行的基础是构建完善的培养模式。新文科最先提出并实践于美国，我们可以从美国新文科实践活动中总结人才培养模式的相关经验，获得对我国新文科建设的有益启发。因此，本研究希望探究美国高等教育新文科改革中人才培养方面的具体实践，阐述和揭示美国高校新文科人才培养模式中的培养目标、培养体系、培养过程及培养机制，梳理和总结美国高校新文科人才培养的理论模式、特点，分析其优势与不足，以丰富新文科人才培养的理论探索和研究，为我国新文科改革，特别是人才培养模式的构建和更新提供理论与实践参考，为高等教育领域新文科的改革与发展做出贡献。

二、美国新文科人才培养实践

（一）美国新文科改革缘起

关于美国新文科改革的缘起，有学者认为是由于新技术革命的蓬勃发展给欧美国家传统文科的发展带来冲击，导致文科逐渐式微。乔·古尔迪（Jo Guldi）曾指出，"最近的半个

---

[1] 基金项目：咸阳师范学院2020年度高等教育研究专项课题：美国新文科人才培养模式实践研究（XSGJS-12）；咸阳师范学院教育科学学院教学改革项目：新文科背景下小学教育专业人才培养模式探索（Jky202109）。

[2] 杨小茹，1994年11月生，女，汉族，山西临汾人，硕士，咸阳师范学院助教，主要研究方向为教师教育、高等教育。

世纪，整个人文学科一直处于危机之中，虽然危机在每个国家的表现有所不同"。J.康利认为美国"20世纪60年代社会科学拥有的自信心，到了80年代已变为绝望"。利奥塔（Jean-Francois Lyotard）甚至宣称"死掉的文科"。直到2018年，希拉姆仍在文章中提到小型文科院校的校长仍然面对着"不利的高中人口结构""严峻的财政前景""公众和政治对文理学院的悲观情绪等挑战"。由于欧美国家的文科式微，学生报名、选课的数量大大降低，文科教师产生了危机感。为了减缓这种危机发生的可能，他们认为需要对文科进行改革和创新，促使美国提出"新文科"，随后以美国西拉姆学院等为代表的机构和组织便开始了创建新文科的努力。

（二）1980—2016年美国新文科探索实践

"新文科"概念首先提出并实践于美国。据希拉·托拜厄斯（Sheila Tobias）的《回顾1980—1990年的新文科倡议》这一报告，在1980年美国"斯隆基金会"就提出了新文科倡议（New Liberal Arts Initiative），并明确使用了"新文科"这一概念。报告中说："任何为文科生定义和整合有关工程和技术的课程的努力，都必须考虑到一个主要前身——斯隆基金会的新文科倡议（New Liberal Arts Initiative）。"该项目计划于1980—1990年斥资2000万美元，定义、启动并实施一系列范围广泛的课程和项目，将技术和定量素养纳入古典文科的研究领域。"斯隆基金会"新文科方案的第一批受赠方涉及53所学院和16所大学，包括芝加哥大学、麻省理工学院、布朗大学、圣约克山学院等在内的多所院校和机构均在该项目的资助下开展了新文科的实践探索。同时据希拉·托拜厄斯的回顾，斯隆基金会计划在1980—1990年，资助10部相关研究著作出版。

自"新文科"提出以来，尤其是在新文科倡议的十年计划期间，美国教育界对于这一概念有不少讨论和实践。怀特也是"新文科倡议"的一位激进的参与者。据1982年发表于《自然》杂志上的一篇短评《文科的新出路？》，美国学者斯蒂芬·怀特（Stephen White）于1981年就已经出版名为《新文科》的小册子，并在评论中谈到这本一年前的小册子引起的骚动直到一年后也仍未平息。除此之外，麻省理工学院出版社和纽约州立大学研究基金会都曾出版"新文科系列"的研究专著。如出版于1984年的《语言的生物学视野》，就属于麻省理工学院出版社出版的"新文科系列"（New Liberal Arts Series）。

（三）2017年希拉姆学院新文科改革

2017年10月，美国希拉姆学院（Hiram College）开始进行重组，2018年，希拉姆学院院长洛里·瓦洛特（Lori Varlotta）发表《为新文科设计模型》的文章，对他们的做法和理念进行总结，正式提出了"新文科"改革，并努力使希拉姆学院"成为一个综合学习、高影响力经历和正念技术的典范"，使希拉姆学院的新文科实践得以广为人知。也许正因为此，国内不少学者在谈到新文科这一概念的来源时，都说是由美国希拉姆学院率先提出来的。实际上，美国希拉姆学院的新文科实践离这一概念最初提出已将近40年了。但不可否认，希拉姆学院的新文科实践更为系统、全面，将美国的新文科实践推向了高潮。

在《为新文科设计模型》一文中，洛里·瓦洛特明确提出，"新文科"改革的目标是"变革整个学术结构"，他们希望希拉姆学院的探索能够为新的文科构建一个可满足变革要求的模型，为此他们启动了一个系统的变革过程，尝试修改整个学术结构，包括：大学一年级体验活动、专业、核心课程、毕业要求和学生学习成果。这一过程中，包括一个名为

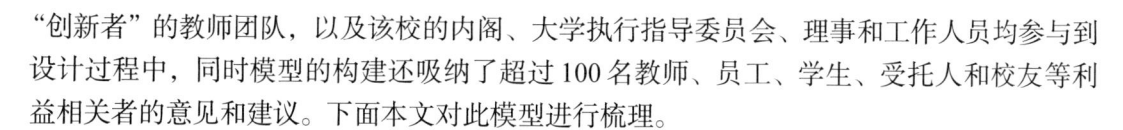

"创新者"的教师团队，以及该校的内阁、大学执行指导委员会、理事和工作人员均参与到设计过程中，同时模型的构建还吸纳了超过100名教师、员工、学生、受托人和校友等利益相关者的意见和建议。下面本文对此模型进行梳理。

1. 变革目标

洛里·瓦洛特提出，希拉姆的学术变革模式旨在实现以下目标：①增加学生总数；②吸引更多社会经济背景较高的学生；③建立一种结构，使综合和体验式学习成为每个学生经验的决定性组成部分，④确保学生在21世纪的技能和思维中表现出能力。

2. 变革四要素

（1）要素1：大学一年级经验。希拉姆的新生和其他学校一样，参加大学第一年的体验活动（first-year experience，FYE），帮他们熟悉学院的学术期望和社区规范，并发展大学水平的写作和语篇技能。但是在新文科变革中，希拉姆学院更注重新学生的自我反思和沉思。反思和沉思是希拉姆学院在2016年发起的Hiram Connect项目的一部分，该项目要求学生思考课堂对话、经验活动、理论概念、个人信念和群体规范之间的联系，并让学生们通过"五个C"来检查这些联系，即性格、社区、职业、课程和使命。

Hiram Connect项目启动两年后，希拉姆学院通过对学生的期刊、论文和课程作业进行研究发现，学生对"五个C"的思维并没有像他们所希望的那样清晰和一致。为此新文科的大学第一年的体验（FYE）项目更直接地把重点放在"五个C"上，并围绕这个来制定项目的一些标志性任务，即新文科将教授学生如何使用电子日志技术、iPad视频和摄影进行自我反思。他们认为当学生学会捕捉和批判性地审视自己的价值观、兴趣和抱负时，他们将更好地理解与自己不同的人，更好地与他们合作，并与他们产生共鸣——这些都是新文科的预期结果。

（2）要素2：综合专业。综合性和跨学科研究的概念对希拉姆学院来说并不是新鲜事物。20世纪60年代伊始，希拉姆的学生就被要求修读两门跨学科课程（INTD），其中一门必须由团队教授。然而，许多跨学科课程（INTD）都被嵌入核心课程中。作为"新文科"的一部分，希拉姆学院希望在专业中也有更多的高级跨学科课程。

为此，希拉姆学院设计了新的学术结构，将专业集中在他们称为"学派"的五个较大的学术伞下。一个专业的一些高级课程将与另一个专业交叉列出（即同一课程将满足两个不同专业的"专业要求"）。这意味着初级和高级课程将吸引来自不同专业的学生，高年级学生将从不同专业但相关领域的同学那里进行相互学习。不仅如此，学生将看到学校相关专业的理论和方法如何为他们自己的学习领域提供有用但不同的认识，这也有助于学生培养他们对专业和所在学校的亲和力。在这些"学派"中，新文科的专业仍然存在，但它们不再与其他专业分开，专业本身（而不仅仅是课程）将与本校和其他学校的专业更加融合。这从某种意义上说，意味着学院结构将取代以往的系结构，很多系都将是非常小的（只有1~3名教员）。

（3）要素3：相关核心课程。洛里·瓦洛特认为，当前学生的核心课程存在明显不足，它们通常都很基础，缺乏结构性和个性化。为此希拉姆学院计划对现有的核心课程做全面改造。"新文科"改革将要求学生选择一套相互关联的核心课程，以应对复杂的、现实的挑战，如气候变化、人工智能、国际市场经济、食品、水和医疗保健，以吸引学生的兴趣，并帮助他们了解不同学科如何处理重要问题。为此所有专业的教授需要将其中一项或多项挑战融入现有课程，还需要创建或重新设计一些院系核心课程或模块，以应对一项或多项挑战。他们希望学生们不再把核心课程看成是他们必须努力学习才能获得专业上的进步的必修课，而是将核心课程视为一组有目的的课程，能够帮助他们审视个人兴趣，并给出切实可行的方法弥补或利用这一兴趣。

（4）要素4：体验活动。和其他机构越来越多的情况一样，希拉姆也保证学生有丰富的机会将理论运用于实践中。但在新文科变革中，高年级学生除了要完成一项新要求的高影响力体验活动（学习旅行、实习、服务学习或研究项目）外，还需要将批判性思维与建设性行为明确联系起来，方法就是利用一年级经验（FYE）首次探讨的"五个C"。这"五个C"在反思期刊、电子档案和维基中充当提示，帮助学生记录和捕捉他们的课外学习经历。

希拉姆学院尝试提高学生思维和行动的融合。例如，让学生记录服务时间，在课程中并不是一种有影响力的体验。为了使大一的体验更具教育意义和个人意义，学生不应该只思考或反思手头的情况，而应该努力使他们的服务变得更必要。在这个例子中，学生可以创建一个多媒体期刊，不仅与同学和老师共享，而且与服务站点的负责人和接受服务的人共享。希拉姆学院认为在一个只要按一下按钮就可以制作、复制和传播作品的时代，学习如何为多样化而不是千篇一律的观众创作作品是无价的。他们要求学生可能不仅要总结和分析他们所应对的情况，还要挖掘、深入分析问题背后更广泛的潜在内容，并提出和测试应对挑战的可能解决方案。

3. 传递新文科：铭记科技

希拉姆学院同时重新配置了获取学士学位的要素，这也促使教师重新思考他们的教学方式。教师们开始对许多课程的内容交付进行重大调整。他们的改进受到了 Hiram 1∶1 移动技术项目的推动，该项目被称为"Tech and Trek"，为所有学生配备了 iPad Pro、智能铅笔、键盘包和一双登山靴，旨在通过教授学生批判性和创造性地使用他们的设备，来为他们在本科旅程中进行的许多令人兴奋的徒步旅行导航，从而促进课堂和课外学习。它还教会学生何时何地使用科技，何时放下科技。

得益于 Tech and Trek，Hiram 已经成为俄亥俄州第一所拥有 1∶1 技术项目的四年制大学，也是当时全美仅有的移动技术满足"正念技术"的地方。无论是在历史悠久的19世纪希拉姆村漫步，还是在他们550英亩的野外考察站徒步旅行，还是在溪流和沼泽中跋涉，收集研究样本，开始外出学习旅行，还是在他们众多的实习地点之一获得工作经验，学生们都被教导如何使用这些设备来捕捉和连接他们希望思考和与他人分享的想法、感受、图像和问题。作为正念练习的一部分，希拉姆学院希望学生有目的地而不是敷衍地使用21世纪的技术。

（1）注重课堂中的技术运用。新文科并没有简单地将频繁或敷衍地使用 iPad 作为理所当然的移动技术形式加以优先考虑。教师们会聚在一起讨论使用移动技术来扩大和更彻底地重新配置"翻转课堂"、学生小组作业和动手作业，以促进课堂学习更加活跃，进一步推动学生将个人观点、跨学科教科书理论和方法以及体验式学习综合起来。

（2）注重课堂外的技术运用。移动技术也加强了希拉姆学院学生的课外活动。比如，出国留学的学生为了纪念一生中最重要的旅行，可以把日记变成多媒体日记的形式，包括摄影、录像、采访和用 Apple Pencil 手写的注释。学生们使用位置感知搜索应用程序来获取他们所在位置的现场信息。学生旅行者们不需要购买国际 SIM 卡告诉他们的家人他们在做什么,而是通过创建维基和博客来发布和分享他们的个人故事。对于那些从事服务学习项目、实习和护理学士学位所要求的临床经验的人来说,iPad 支持的学习体验也很常见。学生们使用设备记录临终关怀病人的口述历史,以此分析和评价学生的实习教学或病人面谈技巧,并制作描述疾病传播的短视频。监督此类工作的教师可以有效地访问和评估这种远程学习。

4. 更具现代性、相关性和更有用的技能组合和思维

希拉姆学院的教育试优先考虑思维与行为之间的联系,以便抽象和概念思维不会压制应用工作。因此,他们希望通过新文科,使学生成为智力敏捷、对社会负责的思想家和行动者,在毕业时能够展现出一套现代技能和思想,让他们不仅为满意的生活做好准备,而且毫不掩饰地为成功和不断变化的职业生涯做好准备。

要做到这些,他们认为新文科需要在不放弃过去的技能的前提下,添加新的技能来增强,如分析和批判性思维技能,书面、口头和数字沟通技巧,计算技能,跨文化和多元化技能,注意技术,系统思维,设计思维以及团队合作和团队建设技巧。其中系统思维是指,在基本层面上更多地侧重于整体的建设,而不是其部分的解构。系统思想家不是通过将组织分成部分并分别分析每个部分来处理决策,而是研究人员和部分之间的相互作用,以探索更大的模式。当学生能够识别模式时,他们可以更深入地了解系统或组织。如果模式对组织有利,领导者可以做出强化它的决策,但如果模式对组织不利,他们应该做出改变模式的决定。设计思维是一种解决复杂问题并为特定受众寻找可行解决方案的方法。琳达·奈曼认为设计思维作为一种思维方式,它"不是以问题为中心的,而是以解决方案为中心的,是以创造一个更好的未来为导向的行动。设计思维利用逻辑、想象力、直觉和系统推理,探索可能存在的可能性,并创造有利于最终用户的理想结果"。

三、美国新文科的人才培养实践特点

为了同时应对文科学院面临的挑战,美国学者与机构积极寻求改变,其中以 1980 年美国"斯隆基金会"的新文科倡议(New Liberal Arts Initiative)和 2017 年希拉姆学院为新文科设计的模型最为典型。现将其中体现的特点进行梳理:

1. 强大的资金支持

斯隆基金会于 1980—1990 年斥资 2000 万美元进行新文科实践,第一批受赠方涉及 53 所学院和 16 所大学,并在 1980—1990 年,资助 10 部相关研究著作出版。据《斯隆基金会的新文科项目》报告,"新文科项目的第一批补助金是在 1982 年到 1985 年年底发放的,总共大约有 1200 万美元被拨给了这个项目"。可见斯隆基金会的新文科倡议不仅有着宏大的计划,更有实现该计划的强大的资金支持,并能高效地落实拨款。

2. 注重变革的系统性

希拉姆学院为新文科设计了一个系统化的培养模式,开展了一系列新文科人才培养实践活动,包括修改整个学术结构,如一年经验、专业、核心课程、毕业要求和学生学习成

果等，变革贯穿于课堂内外，体现在师生双方，涉及学生从入学、在校学习到毕业的各个重要环节，既包含技术手段的变革，又关注理念和思维方式的创新，充分体现了变革的系统性。

3. 学科融合重组、文理跨域交叉

关于新文科的内涵学界目前还没有明确的定论，但比较有共识的一点是，新文科意味着学科的深度交叉和融合，尤其是文科与理科、人文与科技的融合。这一点确实也是新文科在西方最初提出时的主要内涵。最早出版《新文科》小册子的斯蒂芬·怀特认为，"如果忽视数学和计算机语言，文科教育就不再完整"。塞缪尔·戈德堡（Samuel Goldberg）在《斯隆基金会的新文科项目》报告中也指出："斯隆基金会的新文科项目旨在鼓励在大学课程中把定量推理和技术放在中心位置。它认识到，现代素质教育培养的毕业生，应该熟悉他们所生活的技术世界，并在广泛的领域中对定量方法、数学和计算机模型以及技术思维模型的应用有经验和适应能力。"可见，文理学科交叉融合是新文科的"新"的着重体现。希拉姆学院对文科进行专业重组与学科交叉，通过建设跨学科课程、重组彼此关联的核心课程、构建教授团队、设计新的学术结构（"学术伞"）等形式，也充分体现了新文科的文理专业交叉重组，实现了相关学科和课程的跨越与融合，帮助不同专业的学生打破专业课程界限，实现综合性的跨学科、跨领域学习。

4. 强调新技术的运用

希拉姆学院不仅把新技术融入哲学、文学、语言等相应课程中，同时运用在学生课外的各项学习活动中，可以为学生提供综合性的、更多元化和更高效的学习机会，提高了学生运用新技术的技能。进而促进学生的综合学习，提高学生的学习水平。例如"Tech and Trek"项目帮助学生培养真实世界的和实时的技能，包括口头和视觉沟通、团队合作、解决问题、批判性思维和公民话语等技能，这些都是在就业和解决实际社会问题过程中非常重要的技能。

通过对美国新文科人才培养实践的回顾、梳理和总结，分析美国新文科人才培养的特点，可以加深我国学者对于新文科的理解，为我国新文科人才培养工作开阔思路、提供启示，为逐步探索适合我国国情的高等教育新文科人才培养模式提供有益参考。

参考文献

[1] 吴岩司长在高等学校专业设置与教学指导委员会第一次全体会议上的讲话[EB/OL]. [2020-03-07]. https://jdx.cdtu.edu.cn/info/2042/3358.htm.

[2] 宁琦. 社会需求与新文科建设的核心任务[J]. 上海交通大学学报（哲学社会科学版），2020, 28(2):13-17.

[3] 乔·古尔迪，大卫·阿米蒂奇. 历史学宣言[M]. 孙岳，译. 上海：格致出版社，上海人民出版社，2017.

[4] J. 康利，戴侃. 美国社会科学面临的危机——研究经费的削减和公司的挤入[J]. 国外社会科学，1983, 11:26-27.

[5] 利奥塔. 后现代性与公正游戏：利奥塔访谈、书信录[M]. 上海：上海人民出版社，

2018.

[6] Lori Varlotta. Designing a model for the new liberal arts[J]. Liberal Education, 2018,104(4): 44−51.

[7] 吴岩．"守城"到"攻城"：新文科建设的时代转向 [J]．探索与争鸣，2020, 1:26−28.

[8] Sheila Tobias. Revisiting the new liberal arts initiative, 1980—1990[EB/OL]．(2016−01−20). https://www.asee.org/engineering−enhanced−liberal−education−project/back−ground/new−liberal−arts−initiative.

[9] David Caplan et al. eds. , Biological Perspectives on Language[M]．Massachusetts: The MIT Press, 1984.

[10] Shawn Grimsley. Systems thinking in management: definition, theory & model[EB/OL]．(2018−11−05). https://study.com/academy/lesson/ systems−thinking−in−management−definition−theory−model.html.

[11] Linda Naiman. Design thinking as a strategy for innovation[EB/OL]．(2018−11−05). https://www.creativityatwork.com/design−thinking −strategy−for−innovation/.

[12] Samuel Goldberg. The sloan foundation's new liberal arts program[J]．Change: The Magazine of Higher Learning, 1986, 18(2):14−15.

[13] 樊丽明．对"新文科"之"新"的几点理解 [J]．中国高教研究，2019, 10:10.

高师小教专业学生音乐素养提升的困境与策略

李桂梅[1]

一、引言

高师小教专业的设立,为基础教育培养了专业素养更高的教师群体。综合的专业素养,本科学历,一定的教研能力,已成为这支准教师群体区别于过往中师学校培养未来小学教师的显著特点。然而,严峻的就业形势,使多数毕业生在村镇学校从事教育工作,村镇学校音乐教师极为稀缺,往往由非音乐专业教师兼任。这就需要这些小教专业的学生不仅具备较为扎实的专业教育教学能力,还应具备一定的组织小学音乐教学的能力。而受高师小教专业人才培养方面设置课程体系所限,加之小教专业学生的音乐基础以及从事音乐教学师资等的现实困境,使得小教专业学生在提升音乐素养方面进展缓慢,以致毕业后并不能完全独立胜任乡村学校音乐教师的教学工作。本文就如何在有限教育环境下提升小教专业学生音乐素养、所面临的困境、有何对策等问题,运用文献研读和实践教学经历相结合的研究途径,从实际出发开展研究。以"高师小教专业学生学习特点""音乐素养与小教专业学生职业素养的关系""提升小教专业学生音乐素养的困境分析""提升小教专业学生音乐素养的策略"等几方面作为该论文研究内容,较为详细地展开论述,借此继续向前辈专家求教学习,与同行进行探讨,为提升小教专业学生的音乐素养提出有效教学策略,从而推动小教专业音乐教学工作向前发展。

二、高师小教专业学生学习特点

普通高等师范院校小教专业学生主要是未来小学教师群体的主力军。他们在接受高等教育的过程中,主要学习教育学、心理学、儿童教育心理学、儿童行为观察以及学生所选教育专业方向的一些课程,比如数学专业方向的学生,除了学习以上主要专业综合课程的学科门类以外,还应学习小学数学教学论及教材分析、小学数学教学组织技能、数学教学评价与反思、数学教研等方面的学科知识。可以看出,这些学生的学习特点主要以专业课以及与专业相关的基础技能课为主的综合学习。随着高师"应用型综合性"人才培养目标的提出,为适应未来教学岗位需求,小学教育专业的学生在专业主干课和专业基础技能课学习之余,也需要对其他学科有一定通识学习,并掌握一定的教育教学技能,便于适应未来职业生涯中的多边教学环境。音乐学科是其中学习的一门学科。对于提升小教专业学生

---

[1] 李桂梅:女,1976年2月生,甘肃甘谷人,硕士研究生。现为陕西省咸阳师范学院教育科学学院小学教育专业和学前教育专业音乐教师。主要研究方向:音乐教育、民族音乐、音乐表演等。

的综合教育教学技能有一定的补充健全作用。由此，将小教专业学生的学习特点可以总结为"主干课程为主，多点散播学习为辅"的综合性学习特点，这种学习特点适应了社会需求的"一专多能"型人才特点。

三、音乐素养与小教专业学生职业素养的关系

有关"音乐素养"一词的论述不乏观点，但都没有确切的定论，正如"素养"一词，学者们也是莫衷一是，难以定论。尽管对这两个词的概念都各执一词，但有一个共识是不容置疑的，那就是"素养"是在某一学科方面经过长期的学习与沉淀，所达到的一定学养与能力，并形成一定的技能水平。那么，对"音乐素养"就不难理解，是在音乐学科学习过程中，长期积累并沉淀的音乐学养与能力，并有一定的音乐技能水平。小学教育专业学生由于招生生源特点，音乐基础几乎为零，在大学的音乐学科学习也是极其有限的，往往因课程开设得不够全面，课时的极其有限，导致小教专业学生对音乐学科的学习极为肤浅，大多数学生在课程结束后，并没有彻底掌握音乐基础知识与基本技能，实践活动更是几乎没有，所以学生整体音乐素养不高，因此，对综合职业能力的影响是非常关键的因素。

小学教育专业学生的职业素养总体而言也是参差不齐，这与高等师范院校对小教专业学生培养的定位不同而设置的课程体系不同有关，也与学生对自身职业素养的定位不同有关。所谓"职业素养"，就是根据自己的专业特点，在从事某项职业活动中，所体现出来的综合专业素养。包括个人道德修养、专业能力、人际关系、文化修养等。高等师范院校根据自己的总体办学理念，制定各专业培养目标，使直接决定人才培养质量的课程设置不完全一致，侧重点不同，学生所接受课程知识的宽度与广度以及深度就会不同，总体专业素养会受到影响，进而影响到职业素养的高低。而学生进校后，对自身职业没有明确的定位，认识不够深刻，选择该专业也是各种因素所为，在接受专业学习，提升专业素养过程中的努力程度就会明显不同。因此，对专业学生职业素养的综合能力有一定的影响。众所周知，高等师范院校小教专业学生的毕业去向就像前面所述，大部分都在农村学校就业，而我国农村学校的办学条件随着国家的不断重视与推进，有所提升，但与城市小学的办学条件相比还有一定距离，因此各专业教师的配备现状并不乐观，音乐教师尤为缺乏，在这种现状下，接受过综合教育的小教专业各科学生，就成为农村小学音乐课程的任职者，而具有较为扎实的音乐素养就显得尤为重要，在这种教学条件下，教师音乐素养的高低直接或间接影响其职业素养的高低。而音乐素养的特殊人文性，从某种程度上也体现一个教师的人文素养、人文情怀，从而影响该教师综合的职业情怀。所以，高师小教专业学生对音乐学科的多方面学习与积累显得非常重要。

综合以上论述，我们可知：音乐素养的高低对一个小教专业学生将来的职业素养高低有一定的促进与抑制作用。可以说他们是元素与整体的关系。元素（音乐素养）是整体综合实力（职业素养）不可或缺的组成部分，整体是各元素（不仅仅是音乐素养一部分）相互协调、配合与促进形成的综合实力的体现形式。

四、提升小教专业学生音乐素养的困境分析

由以上分析得知，音乐素养对小教专业学生职业素养提升非常重要。因此有必要对当下提升小教专业学生音乐素养的困境进行较为全面的分析，从中找到解决困境的策略，来

改变现状，助推小学教育专业学生音乐素养水平。为此，本文从以下几方面简要分析。

（一）小教专业学生音乐基础知识薄弱

小教专业学生如前所述，主要以文化课分数的高低被录入高校，他们在入校前几乎没有音乐学科知识的系统学习经历。而进入大学后，由于专业培养目标的达成要求，音乐学科的学习就成其为日常专业学习的一门专业必修技能基础课，这就使学生面临音乐学科学习的种种困难：对音乐各要素没有基本的概念，把音乐中1、2、3、4、5、6、7（do、re、mi、fa、sol、la、si）几个音的唱名和音名（C、D、E、F、G、A、B）在视唱曲目时总是不能快速反应过来，大脑的存贮信息还停留在数学中的数字概念方面，对于旋律的音准、节奏、时值等最基本的音乐要素就更没有知觉，所以常常让学生感到学习音乐是一个痛苦的过程，并非像常人表象所言：学习音乐一定很快乐。这些最基础的音乐知识与技能已经让学生们感受到了学习的不顺利，由此导致大多数学生产生厌学、畏学心理，为后期更进一步的深入学习埋下"阴影"。有的学生甚至过早给自己下定论："老师，我天生五音不全，学不了音乐。"面对这样的困境，我们只要稍加精心分析，其主要原因在于音乐学习的匆忙性和严重的断续性所造成的。其实，每一种学科都有自己的特定学术术语和学科思维模式，要达到一定的认知与操作水平，都应该有持续不断、循序渐进的"接续式"学习历程，唯有如此，才会更加得心应手、游刃有余，否则，就会不知所措。音乐学科的学习也一样，甚至由于它自身更具实践性的特点，更需要注重平时的学习积累与日积月累的实践练习。对于没有基础的学生而言，这是唯一的根本学习途径。事实上，面对这样的困境，对于音乐教师的教学也是一种挑战。但"挑战是机遇来临前的黎明"，面对学生学习音乐学科的如此困境，教师对教学内容和教学手段的整合与改进就显得非常重要。

（二）小教专业音乐课程设置与课时分配有限

高师小教专业的课程设置都是围绕着人才培养目标来制定的。师范类院校所处地域不同，文化经济发展背景和发展速度不同，培养人才面向区域的模式也不同，导致各师范院校制定的小教专业人才培养目标和实现人才培养目标的课程设置也不尽相同，音乐课程也是如此。扬州大学2011届硕士生吴彦儒在其毕业论文《我国小学教育专业音乐课程建设研究》中关于师范类院校人才培养目标以及课程设置情况做了详细的调研与分析，他发现，各学校对音乐课程的设置均有侧重，存在一系列不符合人才综合性培养的问题，但首都师范大学的音乐课程设置相对较为符合人才培养规律，具有借鉴意义。笔者所在高校是一所省属师范类院校，所在系列的小教专业音乐课程设置的确有限，只有《音乐基础》一门课，最早还有一门《少儿歌曲》课，后来被取消了。在这种有限的音乐门类里，课时又是极其有限，想要培养"一专多能"的综合型小学教育人才，以适应将来的就业教育环境，其结果是可想而知的。

（三）音乐教师选材与教法存在一定局限性

从事小学教育专业的音乐老师对"小学教育"这个专业特性了解不够深入，对小教专业学生的学习特点也是马马虎虎，因此在选用教材和选取教学方法与手段时，脱离实际的教情学情，一味地从自身专业知识结构以及受专业教育背景出发，运用较为专业的音乐教材和专业音乐教法来开展教学活动，学生学得累，老师教得烦。这种违背现实不因材施教的教学活动，无异于扼杀学生们仅有的一点对音乐学科学习的期待，打击学生的学习积极性和主动性，时间流逝了，教与学的成效依然让人苦不堪言，在此状况下谈何学生音乐素养的提高呢？

五、提升小学教育专业学生音乐素养的策略建议

要提升小学教育专业学生音乐素养，需要多方面的努力改进。首先，学生要转变学习态度，调整学习方法；其次，学生所在二级院系的课程设置和教学时间比例分配应合理；最后，教师的教材选取和教学手段的实施要符合学生的实际学习情况。只有多重并举，才能改变这种困境。

（一）引导学生转变学习态度，改变学习方法

音乐科目的学习不同于文化课的学习，它是一门技能性很强的学科，需要更多的实践练习，也来不得半点突击学习方式，需要的是日积月累地坚持，持之以恒地练习，不厌其烦地钻研琢磨。这就需要小教专业的学生转变以往文化课学习"有时可以突击"的学习态度，冷静面对专业学习的现实，踏踏实实、认认真真坚持上好每节音乐课，尽力掌握每一个音乐知识点和演唱技术。小学教育专业学生职业发展现状，要求小教专业学生在求学阶段使自己的职业能力达到"一专多能"，以适应不同环境的教育工作需求。而音乐学科正是为其职业能力的丰富性奠定基础的其中一门。现实中，小学老师常常因工作需要给自己班级编排文艺节目，因缺乏音乐技能，这项工作的开展就困难重重，在乡村学校，更需要老师专兼职音乐教学活动，所以，小教专业学生要认清自己职业发展的特性，从现实出发，转变学习态度，在校打好音乐基础知识和技能非常重要。

态度的转变还需要学习方法的改变。音乐学科的学习需要学生理论与实践密切配合，才能有所收获。比如视唱学习，需要学生在掌握一定乐理知识的基础上，做到天天练唱，即所谓"曲不离口"，在练习过程中还应做到"眼到、口到、心到、脑到"的"四到"原则，这"四到"原则缺一不可。在此过程中注意力要高度集中。很多同学在学唱曲目时，觉得自己跟着老师或钢琴很容易学会，其实没有从根本上解决问题，没有真正掌握每一个音所体现的音乐要素演唱技术，只是学会了"顺口溜"，当自己单独视唱时，又不知所措，大脑里一点音高和节奏等的影子都没有，谈何独立完成一首陌生的曲子呢？所以只有在学习过程中做到"曲不离口"和"四到"学习原则，音乐素养的提升则是指日可待的事情。

（二）适当调整音乐课程设置，增加课时量

从查阅资料和笔者所熟悉的一些省属师范院校小教专业音乐课程设置实际情况可知，小教专业的课程设置存在一定问题且课时极其有限已是不争的事实。这对人才的综合性培养是不利的。关于这个问题，很多学者都有详细论述，不再赘述。人才的培养需要完善的培养目标和可支撑目标实现的一系列课程的开设，且在此过程中，适当的课时保证很有必要。

（三）从事小教专业的音乐教师改变教学观念，改革教学方法

小学教育专业的音乐老师，学习背景大多数为专业音乐院校毕业。即使综合类院校专业音乐院系毕业的老师，也因其老师教学专业性强，对学生从教影响也不容小觑（师承关

系）。这些音乐专业教育下的老师们，对教育学、心理学的理论基础并不深厚，在教学岗位中碰到教学棘手的问题，往往难以综合判断，做出完善处理，正如当面对小教专业这种非音乐专业学生音乐教学情况时，他们往往还是沉浸在自己的专业教学模式下，而不从实际学生的音乐基础情况出发，这就导致学生无法接受教师所教内容，专业性太强，教师也觉得"孺子难教"。在这样的师资背景下，唯有教师改变教学观念，改革教学方法，从小教专业学生长期受文化课教育的现状出发，结合学生的文化课学习与思维特点，在有限的教学时间里，寻找一种适合文化课学生快速掌握音乐基础知识的教学方法与教学手段，在此过程中，选取适合小教专业学生学习的音乐教材，教与学才会生机可现，教学效果才会初见成效。笔者在讲音乐基础相关知识与实践技术时，有意无意地将与音乐技术相关的文化知识穿插到讲课中，明显学生比单纯听讲音乐技术要领要聚精会神得多，不能像教专业音乐学生一样，单纯灌输专业知识和专业技能，这样的教学很乏味，不符合小教专业学生实际专业基础背景。

六、结语

小学教育专业是师范类院校一个专门培养本科层次高素质小学教师的教育领域。所培养教师不管是在城市还是在农村从事教育教学工作，音乐素养是不可避免的一个重要综合性教育教学技能。尽管有些小学有音乐老师，但每逢一些特殊节日时，班级都会有一些文艺活动，这都是带班老师需要做的工作，而带班老师一般不是音乐专业老师，没有一定的音乐素养储备，要组织编排一台文艺节目谈何容易。在一些偏远的乡村学校，就更要求每一位老师要一专多能，音乐、美术课的兼职工作是常有的教学事实，这些学校里音乐专业学生就业工作的非常少。所以，我们应多关注与推动师范类院校小教专业音乐课程设置的工作，进而多下功夫，发现问题，找准对策，提高小教专业学生在校时的音乐素养，是我们每一位教育工作者义不容辞的责任。当然应该还有更好的解决类似问题的思路和办法。本文仅以上述内容作为与同行探讨的契机，期待有更多更有效的举措分享呈现，把我们的基础教育推向一个更高的阶层。

参考文献

[1] 吴彦儒. 我国小学教育专业音乐课程建设研究 [D]. 扬州：扬州大学，2011.

[2] 赵婷婷. 小学教育专业学生职业能力培养策略研究 [D]. 昆明：云南师范大学，2018.

[3] 廖娟. 卓越小学全科教师培养课程设置研究 [D]. 扬州：扬州师范大学，2019.

[4] 李美玲. 小教本科师范生专业知识建构及其培养的研究 [D]. 南京：南京师范大学，2014.

[5] 赵金波. 声音与回响：我国农村中师毕业生的历史考察（1979—2009）[D]. 上海：华东师范大学，2011.

学前教育专业师范生绘本阅读现状及促进策略探析 ❶

肖婷 ❷

一、绘本的意涵及绘本阅读的重要性

绘本最早是为满足儿童阅读需求所创作的图书形式，称为"Picture Books"，也译作"图画书"，即画出来的书。"绘本"一词源自日本，起源于西方。松居直先生曾用两个公式对绘本做出解释：文 × 图 = 绘本，文 + 图 = 插画书。如果说插画书是文字和图片的简单相加，而绘本则是文字与图片的有机结合。绘本不仅展示了一个充满童趣的图画世界，而且为家长和幼儿之间提供了一个进行情感交流的艺术乐园。国外学者玛丽亚·尼古拉杰娃（瑞士）和卡罗尔·斯柯特（美国）曾对绘本做出了如下定义："绘本是依靠文字语言和视觉图片的相互关系来共同起到故事情节的叙述作用的图书类型，绘本中的图片作为书的内容在每一页中都出现，并对故事叙述的完整性起到不可缺少的工具性作用。"

加拿大著名儿童文学评论家佩里·诺德曼在《儿童文学的乐趣》中说："一本图画书至少包含三个故事：文字讲的故事，图画暗示的故事，以及两者结合后所产生的故事。"绘本中有三种语言，即文学性语言、图画性语言和教育性语言，幼儿在绘本阅读中，可以建立阅读的行为习惯，学习与书本的互动交流，成长起良好的学习品质，还可以通过阅读，认识理解生活中的人、事、物，打开通向社会生活规律的认识，建立起口头语言与书面语言对应的关系，增长文字读写意识。幼儿阅读需要成人的引导，所以成人的赏读能力就尤为重要。但现实中，一些"成人将带有他们特征的，混合着属于他们的实际精神和信仰的，充斥着属于他们的虚伪和精神局限的书籍给与儿童。他们把那些流淌着无趣，令人想终身远离智慧的书籍拿给孩子，各种愚蠢空洞的书籍，沉重而急于炫耀博学知识的书籍，令灵魂中那种强壮的自发性瘫痪的书籍。令年轻的心室息得越快，把自由的意识和游戏的精神抹杀得越彻底迅速，人们越是对自己感到满意。"只有成人具有较强的阅读审美能力，才能给予儿童正确的指导，师范生的童书阅读就显得尤为重要。

绘本的赏读能力反映了阅读者的综合能力，即文字的赏读能力、图画赏析能力以及绘本教育要素的挖掘。通过多种途径提高学前教育专业师范生的绘本赏读能力意义重大，既是对学生文学素养的提升，绘本教学指导能力的训练，也可以通过阅读提升学生的批判性

---

❶ 基金资助：1.陕西省教育科学"十四五"规划课程：基于情境教学理论的职前幼儿园教师专业素养培养研究（SGH21Y0192）阶段性研究成果。2.教育科学学院教育教学改革研究资助项目：基于情境教学理论的学前活动设计课程课堂教学改革研究（Jky202118）阶段性研究成果。

❷ 肖婷，1986年4月生，女，汉族，陕西彬县人，硕士，咸阳师范学院讲师，主要研究方向为学前教育。

思维能力，开阔眼界。

二、学前教育专业师范生的绘本阅读现状分析

本研究围绕"情感""认知"和"技能"三个维度设计问卷，发放问卷170份，收回有效问卷161份，调查结果如下：

（一）绘本阅读量和对绘本教学的兴趣

从绘本的阅读量可以间接反映出学生对绘本的兴趣以及学生现有的阅读素养（图1），研究显示35.4%的学生的绘本阅读量在10本以下，47.2%的学生阅读量在10~20本，16.8%的学生绘本阅读量在20~50本，总体表明大部分学生的绘本阅读量较低，这跟多种因素有关，如学生获得的绘本资源有限、对绘本关注不够等。

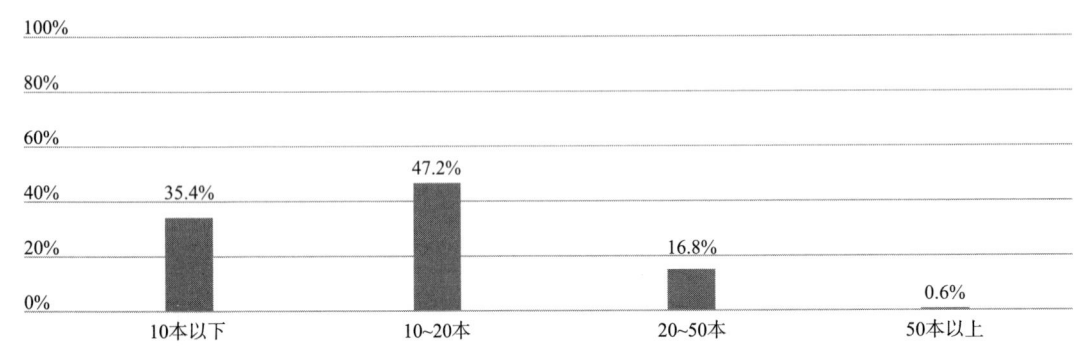

图1 学生的绘本阅读量

成功的秘诀在于兴趣，只有激发了学生自我学习的内驱力后他们才能持续发展。绘本阅读的指导前提也是激发学生的兴趣，通过调查显示，如图2、图3所示，学生对绘本的兴趣及绘本阅读的兴趣总体还是比较浓厚的，只有3%左右的学生不感兴趣，极有兴趣的比率是39.1%和47.2%，和极有兴趣相比，兴趣一般的学生占比要高一些，为57.8%和50.3%，可以看出，虽然不感兴趣的学生所占比例很小，但是极有兴趣的学生比例也不是很理想，大部分同学表示兴趣一般，如何提高他们的兴趣也是亟须考虑的问题。

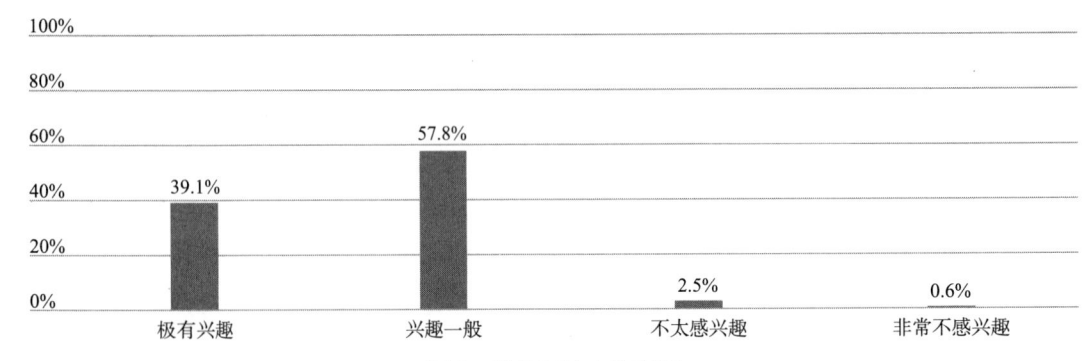

图2 学生对绘本的兴趣

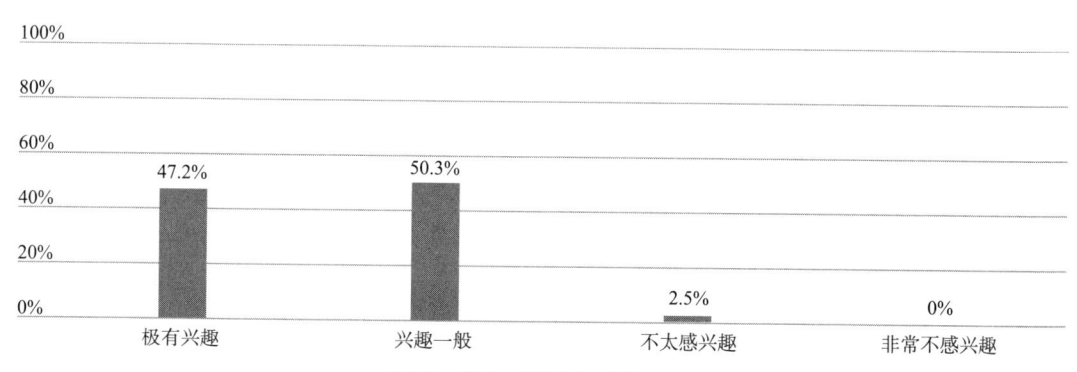

图3 学生对绘本阅读的兴趣

（二）对绘本的认知现状

1. 认识绘本的途径

对于绘本了解的途径越丰富，说明学生的阅读视野越开阔，调查显示，从六种途径当中，排在前三位的是绘本阅读课、相关专业理论书籍以及相关公众号推送（见图4）。值得注意的是，95%的学生都选择了绘本阅读课是他们获得绘本阅读知识的主要途径，所以从这里可以显示出绘本阅读课的开设还是非常及时并且很有价值，但从另一方面也显示出学生获得绘本信息量的途径比较单一。

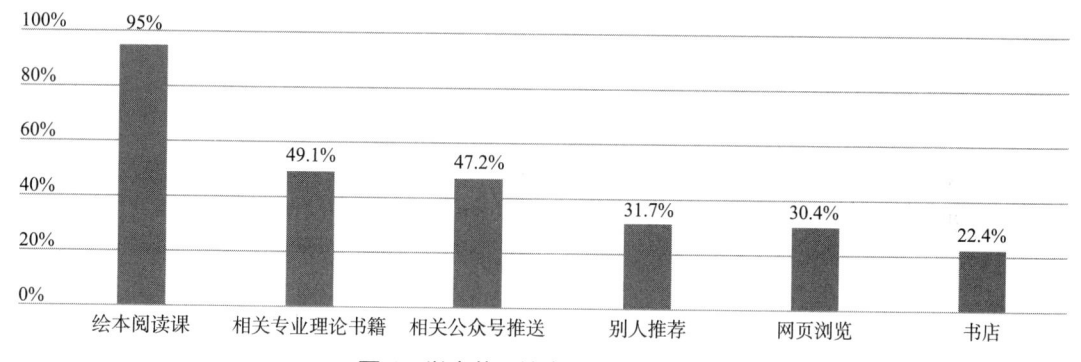

图4 学生获取绘本信息的主要途径

2. 对不同主题绘本的兴趣调查

为了进一步了解学生对于不同主题风格绘本的兴趣程度，以更加精准地进行阅读指导，题目设计了要求从亲子关系类、温情故事类、品格习惯养成类、生命教育类、科普类、互动游戏类、探秘类的主题按照自己的喜好程度进行排序。调查显示，排序在前三位的是亲子关系类、温情故事类和品格习惯养成类，占比分别是36.6%、21.1%和17.4%。从中可以看出，学生对常见的故事类和功能绘本显示出了更大的兴趣，但是对于科普类还有探秘类、生命教育类绘本兴趣度较弱，这个一方面跟学生自身的喜好程度有关，另一方面也跟学生的认知程度有关，如何进一步提高学生对不同门类绘本了解及学习也是继续研究的重点。

3. 在课堂上的收获和存在的不足

绘本阅读课主要从绘本赏析、绘本演读、绘本教学和原创绘本设计等几方面进行了指导，调查显示，70% 以上的学生均认为自己在阅读兴趣、理论知识、教学经验和演读能力方面有了提升 (图 5)，最显著的两项就是激发了学生对绘本研究的兴趣以及丰富了相关的理论知识，在后期的教学当中应该更加关注绘本教学能力和绘本赏析能力的指导。

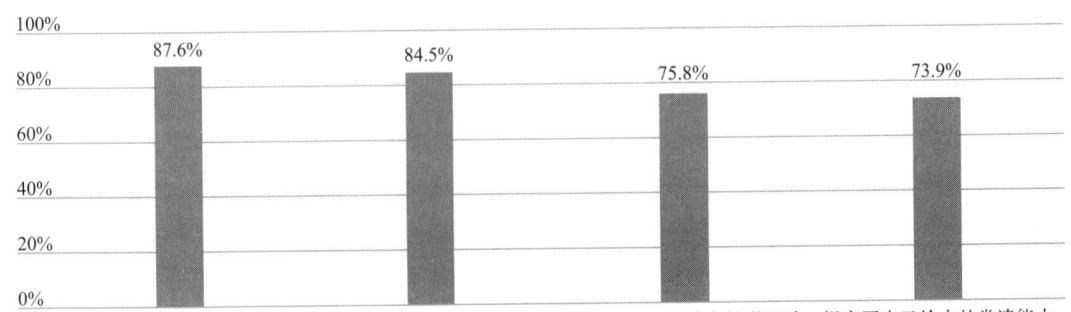

```
100%
 80%    87.6%        84.5%         75.8%         73.9%
 60%
 40%
 20%
  0%
     激发了自己对绘本研究的兴趣  丰富了相关绘本的理论知识  丰富了自己的绘本教学经验  提高了自己绘本的赏读能力
```

图 5　学生绘本能力提升图

为了进一步了解学生的困惑，以便更精准地进行指导，要求学生把自己存在的问题由大到小进行排序，从排序结果上可以看出，处于前几位的问题主要集中在绘本赏析能力、绘本演读能力、绘本教学设计和组织能力。调查结果与上述的结论基本一致，所以要在绘本赏读能力和教学能力方面进一步加强相应的指导。

(三) 绘本教学能力的现状

1. 选择内容的标准

绘本选择成功与否直接决定了绘本阅读活动的成效，调查显示，学生在选择绘本作为教学内容的时候主要参考标准排在前几位的分别是：故事情节人物形象是否有趣、内容是否符合孩子的年龄特点、主题内容是否寓意深刻以及根据个人的喜好。学生选择绘本作为教学内容时充分关注到绘本的适宜性，考虑是不是符合幼儿的兴趣而不仅仅看是否是获得大奖作品，可以看出学生已经具有儿童视角，能从幼儿角度选择绘本内容。

2. 教学方法的选用

是否使用多样且适宜的教学方法也是绘本阅读活动的重要影响因素，通过调查显示，学生常用的教学方法有朗读感受法、角色扮演法以及观察理解法，这三种方法分别占比为90.7%、85.1% 和 78.9%，从中可以看出学生还是以朗读感受法为主要的教学方法。

3. 教学中主要存在的问题

题目要求学生将自己在教学中主要存在的问题从大到小的顺序进行排列，从调查结果可以看出，学生在绘本阅读教学设计和指导过程当中主要存在的问题集中体现在：67.7% 的学生认为自己的教学语言感染力不足，64% 的学生认为自己的教学方法不够灵活多样，60.9% 的学生认为自己的教学情境性游戏性体现不足，以上数据给我们的启发是在绘本阅读课中应进一步加强语言的训练以及教学方法的灵活使用，以进一步提高学生的教学水平。

4. 对反思的态度

教学反思是一个教师成长的必由之路，通过对反思的态度调查显示 65.2% 的学生能够认真反思并书写反思日记，30.4% 的学生认为反思很重要但不知道反思哪些方面，4.3% 的学生只是想想，不会书写反思记录。从中可以看出学生具有较强的反思意识，但是部分学生对于如何反思、反思哪些方面存在困惑，这也是下一步教学当中值得进一步思考的问题。

三、促进师范生绘本阅读的策略

(一) 激发学生阅读的内驱力

1. 阅读和愉快体验结合，提高学生的自我效能感

只有当阅读与愉快的体验相结合，学生才能体会到阅读的快乐。愉快的阅读体验也能进一步提升自我效能感，从而进入良性循环。教师可以通过多种渠道给学生提供阅读的参考资料，组织学生进行阅读后的分享交流，让每个学生都有机会在阅读之后进行表达，通过一次次的活动让学生自己体验到效能感，感受到阅读带给自己的变化，让他们看到通过阅读自己的思辨能力、认知能力都有所提高，这样学生的自主阅读兴趣才能被激发。

2. 通过提供具有挑战性的课堂任务激发学生的阅读兴趣

契克森米哈赖研究了当人们发现自己完全专注于手头的任务时所从事的活动类型，他将其称为"心流"。虽然他认为，这些活动应该像布罗菲所描述的那样，"发生在休闲和娱乐的放松时刻"，但事实恰恰相反。事实上，心流体验"发生在我们积极参与具有挑战性的任务时，这些任务能拓展我们的身体或心智能力"。这里指的心流状态就是学生要完全沉浸在阅读任务当中，心无旁骛，在完成任务过程当中学生能够不断地体验到思考与阅读的乐趣，从而激发他们不断进行阅读的内驱动力。

《蚯蚓的日记》是一本通过日记的方式记录蚯蚓趣事的绘本，课堂中可以让学生进行改编，选择一个自己感兴趣的动物写《某某的日记》，观察发现学生在做这种具有挑战性任务的时候注意力高度集中，参与性很强，在仿写过后非常有成就感。下面是部分学生的仿写片段。

《小鱼的日记》

2月5日

今天是我的成人礼，妈妈终于允许我一个人去外面，海真的好大，好深。蓝天看起来也像水一样轻柔。

2月20日

今天我遇到了海豚姐姐，她的衣服和我的不一样，我有好多件，而她只有一件。

3月1日

妈妈告诉我三件重要的事。第一件，不能离开水。第二件，远离大鲨鱼。第三件，看到大船要快跑。

(二) 多种途径丰富绘本的认知

鉴于学生对于绘本认识途径的局限性，要不断丰富学生的认识途径，课堂教学时间有限，可以充分利用线上线下资源的结合，利用学习通平台为学生提供课外的阅读资料和一些线上指导。还可以给学生推送比较有名气的公众号和网站，如"信谊图画书""幼师口袋"等。学生可以通过阅读公众号定期推送的文章和网页浏览来丰富自己的认知。在调查中也发现学生对公众号的推送及微信群的学习兴趣更大，这两种平台的操作性比较强，阅读时间也比较灵活。

在课堂教学中可以通过多种方式引导学生对绘本有更深入的理解，如在赏析过程中可以使用以下的模式：阅读—赏析—创编，阅读赏析环节让学生回忆绘本的情节，如阅读《彩虹色的花》，先确定彩虹色的花帮助了哪几个动物，接下来思考彩虹色的花分别给了不同动物什么颜色的花瓣，这些花瓣有哪些功能，可以把这些思路通过思维导图的方式呈现出来，学生对于绘本的情节就一目了然。下一步就是创编，模仿作者的写法，学生可以创编出属于自己的故事，如下面的片段是学生仿写片段。

毛毛虫：我是毛毛虫，今天降温了，我睡觉好冷，可是我没有被子，怎么办呢？
花：哦，那你来摘一片我的花瓣，为你取暖吧。

小白兔：我是小白兔，今天我准备出门，可是我不够漂亮，怎么办呢？
花：哦，我的红色花瓣用来当你的发卡刚刚好呢。

小松鼠：我是小松鼠，今天我要去朋友家，可是我的果篮不够精致，怎么办呢？
花：哦，不如你来摘一片我的橙色花瓣装饰你的果篮吧。

小蛇：我是小蛇，今天太热了，要是有顶帽子遮遮太阳就好了。
花：我的蓝色花瓣用来当你的帽子不正好吗？

（三）科学有效的方式进行绘本教学实训练习

1. 营造适当的压力水平

适宜的压力有助于学生的学习，压力水平过低或者是过高都不合适，在模拟绘本阅读教学活动中应该给学生适宜的压力，在以往的教学过程当中我们会发现部分学生在教学活动当中总怕自己失败，怕被同学笑话，所以压力水平过高，表现为紧张得说话声音颤抖，讲不下去等现象。研究也发现，急性压力下学生学习会产生种种困难。健康的压力反应状况是这样的，压力荷尔蒙迅速上升，随后又能迅速恢复，如果压力持续存在，肾上腺就会进一步分泌皮质醇，皮质醇就像身体为了长期作战而引入的细菌，它的浓度在人体内慢慢上升，以帮助身体应对压力。长期较高的皮脂醇水平会弱化海马体里的细胞并最终杀死它们，而海马体是创造与储存记忆的地方，这就是为什么在急性压力下学生会产生学习上的种种困难。

在教学实训之前教师要引导学生进行情绪调整，这一点非常关键，要让学生明确在教学演练过程当中是允许犯错误的，只要把自己最好的状态展示出来，注意力集中在当下的教学，而不要过多考虑结果。也可以用一些自我积极暗示、深呼吸等调节的方法，给学生营造一种轻松、安全、自由的氛围，让他们在接纳、轻松的氛围下进行课程展示。

2. 关注学生学习的独特性

《读图画书，学批判思维》中提到："当我们和学生一起学习时，我们不是在教导一群脱离实体，有着克隆智力或头脑的人，相反我们是在和一群有着温暖身体的独特个体一起学习。在存在'存储'教育模式的地方，知识被视为一种商品，由专业知识提供者（教师）存储或传递到学生空洞的头脑中；它被存储在那里，直到考试时再被提取或'反刍'。这是一种放之四海而皆准的模式，但是它忽视了每个学生的独特性。"

每个学生都具有自身的独特性，有不同的兴趣和自己喜欢的表达方式，例如在绘本选材上我们可以关注不同学生的需要，温情故事类的，生命教育类的，解谜类的，游戏类的等不同作品都应该让学生接触。其次在教学活动当中我们要考虑学生的多元智能，有些学生擅长用语言表达自己的理解，但有的学生擅长用图画表达。我们在绘本赏析的时候，可以让学生用不同的方式表达自己的理解，如文字仿写、模仿绘画、创编绘本剧等。在绘本制作方面，我们可以让不同能力水平的学生合作完成绘本，极大地发挥学生的自身优势。

（四）关注反思意识和反思能力的练习

反思是教师成长的最重要途径，调查显示学生普遍具有反思意识，但是部分学生在如何反思方面存在困惑。以下的方法可以参考，比如每次模拟教学活动之后让学生书写教学反思笔记，书面反思相比口头反思需要更加深入细致的思考，把自己的亮点和不足全面地进行梳理。学生互评也是很好的方式，在评价别人的时候也是自我比照的过程，通过别人的表现反观自身。我们也可以把过程性的反思资料纳入考核标准当中，让他们更加重视课后的反思。反思是为了进一步指导下一步的实践，教师应该把反思和下一次的教学联系起来，真正地让反思落到实处。

参考文献

[1] 保罗·阿扎尔. 书、儿童与成人 [M]. 长沙：湖南少年儿童出版社，2014.

[2] 罗伯特·J. 马扎诺，黛布拉·皮克林，塔米·赫夫尔鲍尔. 高度参与的课堂 [M]. 北京：中国青年出版社，2019.

[3] 威廉·斯蒂克斯鲁德，奈德·约翰逊. 自驱型成长 [M]. 叶壮，译. 北京：机械工业出版社，2020.

[4] Mary Roche. 读图画书，学批判思维 [M]. 张丽倩，译. 北京：中国轻工业出版社，2020.

教育信息化背景下学前教育专业钢琴教学改革探索[1]

韩李佳[2]

一、绪言

随着信息技术的飞速进步与发展，人类的生产、生活、思维以及学习方式都已经发生了重大的转变，全球教育发展呈现出显著的信息化趋势，信息技术不仅改变着现在的教育，同时也对未来教育发展前景产生重要影响。中共中央、国务院联合颁布的《关于深化体制机制改革加快实施创新驱动发展战略的若干意见》指出，提出一个科学合理的创新型人才培养模式，设立集启发式、探究式、研究式等特点于一体化的教学方法改革试点，加大科学精神弘扬力度，从而营造出重视创新、高度包容的创新文化氛围。

目前，钢琴课是构成国内师范院校学前教育体系的主要技能课程之一，其对于学生未来的学习、就业及发展都具有重大的现实意义。钢琴演奏、儿歌弹唱、即兴伴奏等各项能力，是学前教育专业要求学生掌握的基本技能，技能水平会对学生未来音乐教学职业发展情况起到决定性的作用，钢琴教学作为构成学前教育专业的核心元素之一，在学前教育专业体系中具有重要位置。本文从学前教育专业钢琴的教学环节入手，探索在教育信息化背景下学前教育专业钢琴教学工作的改革。

二、更新钢琴教学的理念

钢琴课程的教学目标不仅仅是培养学生的弹奏技巧，更重要的是从美育的角度出发，提高学生的音乐素养，培养学生的音乐表现力和审美观。在教育信息化全面推进的时代，教师应更新教学理念，由注重知识传授向更加注重能力素质培养转变。

(一) 不断激发学生学习钢琴的兴趣

教师在选择每节课的教学内容方面应该仔细筛选教学乐曲，这个乐曲需要具备一定美感，而练习的难度相对较小，技巧和旋律方面搭配比较均衡，不会偏向任何一面，而这种乐曲的选择是为了能够最大效率地吸引学生注意，极大程度激发学生内部学习动力。例如，可以减少练习曲的曲目，多增加一些学生耳熟能详的乐曲，如根据中国经典民歌改编的钢琴曲《浏阳河》《太阳出来喜洋洋》等，根据国外经典儿歌改编的钢琴曲《牛仔之歌》《我的

---

[1] 基金项目：本文为咸阳师范学院2021年教育教学改革研究资助项目《教育信息化背景下学前教育专业钢琴课程教学改革研究》(项目编号2021Y047) 阶段性研究成果。

[2] 韩李佳，女，汉族，籍贯陕西定边，硕士研究生，讲师。

太阳》等，根据电影或动漫的插曲改编的钢琴曲《小叮当》《天空之城》等，以此来增加学生学习的趣味性。

为了更好地培养学生对钢琴学习的兴趣，教师需要在设计课堂教学中采取多样化的教学方法，比较有代表性的是向学生展示优秀的钢琴作品，挑选合适的乐曲，让学生感受到钢琴的独特魅力，也让学生体会到钢琴丰富的表现力。在学生完全沉醉于乐曲中时，可以采用引导法、启发式教学法等，不断为学生树立"努力是通往成功的唯一途径"以及"把努力当成一种习惯"等理念，使学生明白钢琴的学习并不是一蹴而就，它需要长期学习和练习，也就是所谓的"台上一分钟，台下十年功"，即使天赋异禀，也需要通过不断努力学习和练习才能提高钢琴水平，每个学生都要通过后天努力从而实现展现自我的目标。

在弹奏形式上也可以进行创新，针对不同的乐曲，我们还可以采用齐奏、合奏、重奏、四手联弹等形式，不但能激发学生的学习乐趣，对于同学之间的相互协作能力提升也是一个很好的锻炼机会。笔者依据多年的教学经验建议学前教育专业的教师可在平时的教学过程中适当采用四手联弹的形式。四手联弹是钢琴的一种表演形式，由两个人共同在同一架钢琴上合作演奏的一种表演形式。两人共同演奏可以弥补个人的细节缺点，而且乐曲的和声表现也会非常饱满，呈现的效果比个人演奏的效果更佳，从而提高音乐感染力。而在实际教学中笔者发现四手联弹或多人合弹伴奏时比较能调动学生的学习兴趣，每当进行此类教学时，学生的学习热情都很高涨，这一现象充分说明了学生对四手联弹的兴趣和热爱。例如，儿歌《布谷，布谷》和《赛船》是两首非常简单的儿歌，当学生掌握了这两首儿歌的弹唱之后，我会加入四手联弹的形式，学生两两组合，边弹边唱，学习氛围浓厚，极大地调动了学生学习的热情和积极性。

(二) 帮助学生制订学习计划或目标

学习计划和目标的确立需要充分考虑执行者的具体情况，而自己给自己制定目标，效果更佳，努力的程度也会增强，然而学生因为各种原因和情况，还不知道如何为自己制订计划和目标，也不能准确定位自己的能力程度，出现定位过高达不到或定位过低没有效果等情况。一般情况下，学生都是单一的跟着教师的教学进度学一步走一步。因此教师就要利用这一现象来充分引导学生，帮助学生认识自己并制订出适合自己的学习计划和目标。此外，教师要给学生一定的自由选择空间，在学习新曲目的时候提供不同风格的乐曲，让学生自行选择，可以很大程度上培养学生主观能动性。例如，今天这节课的教学目标是让学生掌握音阶的连奏，我们就可以选择一些包含有音阶练习的乐曲或者练习曲，像布格缪勒的《天真烂漫》《前进》《阿拉伯风》等乐曲都可以训练音阶上下行的弹奏，可以多选几首相关的乐曲，让学生自己去选择其中一首来作为自己课后的练习作业。相信通过教师和学生坚持不懈的努力，在不久的将来，教师说、学生做的单向教育教学模式将会有效改善，师生间的沟通会不断强化，进而优化师生关系。

三、利用信息化资源丰富钢琴教学的手段

(一) 利用教育信息化资源强化学生钢琴基础训练

网络教学的出现，可以用多个教学手段为学生提供丰富多样的教学形式，也为学生的学习提供了便利。其中"微课"的迅速发展，主要凭借其图文声并茂的教学情境可以极大

程度吸引学生的学习兴趣，学生可以感受到不一样的教学体验，也是目前网络教学中比较受学生青睐的教学形式之一，正在被大量使用到各个学科教学中。"微课"的授课时长短，内容精简，针对性和移动性强，能够以各种形式来丰富教学活动，学生的主观能动性得到提升，对学科学习更加主动。而高校的学前教育专业学生大多钢琴基础薄弱，且上课基本采用的是集体课的模式，教师在有限的教学时间内无法顾及每一个学生。而微课可以很好地解决这些问题，微课拥有录制保存的功能，每节课结束后都保留教师的讲解视频，教师也会单独录制示范性课程视频，放在微信学习群里学生可以反复观看，对强化学生的钢琴基础技能是一个行之有效的方法。

（二）利用网络平台为学生提供更多实践机会

钢琴课作为一门专业技能课，它和其他理论课的最大区别就是实践性强。教学中要注重培养学生的心理素质能力，致力于实践性与表演性的双重结合，通过实践的方式不断让学生适应舞台，提高心理素质，为学生在进入正式幼儿教学工作中能够更好展示和表演打下基础。而在教学中，需要鼓励学生多去实践，积累表演经验，锻炼心理素质，如幼儿园实习、文艺演出、钢琴比赛和考级、专业汇报音乐会等，都是非常不错的实践形式。但是由于每个学生性格、能力、心理素质等方面的差异性，上述的实践形式不一定每个同学都会参与。所以我们可以利用网络平台，为学生的实践提供更多的选择。例如，可以鼓励学生以宿舍为单位，将弹奏过程制作成短视频，然后发布在抖音或者快手平台上，比一比谁的点击率会更高。也可以利用钉钉或者腾讯会议举行线上的音乐会，邀请学生的家长、朋友们观看，这样既避免了部分学生面对现场观众时候的紧张，还可以让异地的父母朋友观看自己的演奏，对于增强学生学习信心、强化心理素质都是一个非常不错的选择。

四、利用信息技术完善教学设备

（一）借助信息技术，发挥数码钢琴优势

对于高等师范学院的学前教育专业学生来说，钢琴教学属于专业课程，在扩大招生规模后生源也会逐渐增多，所以上课形式多以集体课为主。在现代科技日新月异的发展形势下，电钢琴的集体教学模式也就应运而生。目前大多高校学前教育专业的钢琴集体课教学采用的是数码钢琴进行教学。一个电钢琴教室能够容纳大约30架电钢琴，电钢琴由教师控制台来统一控制，在教学中，能够灵活调节控制台，以达到教学目的，比如教师进行演奏时后台就可以显示教师的投影仪，此外电钢琴可以更好地让学生专心练习，不会受到互相干扰的情况，教师通过控制台一对一教学和检查学生实时的练习情况和练习效果。

电钢琴大都内置各种音色，还包括各种节奏可供我们使用。此外还有自动低音和弦、节拍器、双音色、MIDI输入与输出等功能。教师在教学过程中如果能合理、恰当地运用数码钢琴的各种功能，打造丰富的电子音乐课堂，对于学生来说不失为一种享受过程。

（二）逐步引入智能钢琴，打造智能化课堂

科技信息技术的逐渐成熟，在方方面面给人们提供帮助。在乐器领域，早在2014年就有了智能钢琴，它可以为钢琴学习者提供更加简单便利的学琴方式，这种智能钢琴一经推出就受到广泛关注，随之而来的各种相关领域也都向智能钢琴领域靠近，致力于研发更加完善的智能钢琴。智能钢琴能够降低入门者的门槛，让更多人有学习钢琴的欲望，同时它具备一定的娱乐性，学生可以享受到弹钢琴的乐趣，能够培养钢琴学习的兴趣。同时，各种智能钢琴类型的 APP 也随之出现，APP 中伴有各种各样的练习模式，学生可以将 APP 和钢琴设备共同匹配从而更好地学习和练习钢琴。而且 APP 的娱乐性更高，能够通过"寓教于乐"的方式来让学生学习钢琴技巧和相关的乐理知识，另外，智能钢琴有纠错功能，学生在练习过程中出现错误，智能钢琴会提醒学生及时改正。这种集娱乐性、趣味性于一体的模式对于钢琴初学者来说是一个不错的选择。如何能将学前教育专业钢琴集体课和智能钢琴教学课堂完美融合值得我们探讨和实践。

五、利用网络教学平台加强学生课后练习指导

（一）帮助学生正确认识练习的重要性

任何知识技能的学习、掌握和巩固都离不开练习。钢琴弹奏作为一种精密的技能运动，更是离不开大量的练习。俗话说"曲不离口，拳不离手"，这句话同样适用于钢琴弹奏。对于学前教育专业的学生来说，养成良好的练习习惯是首当其冲的。教师可以充分利用丰富的信息资源，借助网络工具帮助学生认识到练习的重要性，可以利用微信或者 QQ 给学生发送一些关于著名钢琴家练习的资料，让学生认识到每个在台上发光发亮的演奏家在背后都付出了常人想不到的努力。例如，我曾经给学生分享过著名钢琴演奏家古尔德在家练琴的一个视频片段，视频中的古尔德在练琴的时候边弹边唱，非常投入。这段视频让学生看到了钢琴家练琴的真实状态，同时让学生明白了唱谱的重要性。除了专业学习上的帮助，教师还应该经常和学生沟通交流，帮助学生克服各种心理障碍，引导学生在练习中既不眼高手低，也不畏首畏尾，正确认识和面对钢琴练习。

（二）利用网络教学平台，开展线上指导

大学的老师们每个学期除了要承担一定的教学工作外，还要承担相应的科研工作、学生毕业论文工作、学生实践指导工作等，除此之外，还要兼顾家庭，很少有时间能在学生课后练习的时候对其进行辅导。所以利用网络教学平台开展线上指导不失为一个两全其美的方法。教师和学生可以共建微信或者 QQ 学习群，学生有任何问题都可以在群里提问，教师可利用空闲时间给学生答疑和指导。

六、结论

课堂教学作为培养人的主渠道，对其高质量追求成为国家发展的时代需要，"随着信息时代在现在社会的整体确立，媒介技术对教育的影响越来越大"。目前无论是从宏观教育环境还是从微观课堂教学的变化看，都能清晰且明显地感受到教育信息化已经成为未来教学的趋势。当前，信息化作为一种时代发展标志与教育的融合正在不断加深，"互联网＋教育"正在改变着中国原有的教育状况和教学模式。教育信息化带来的教学改变不只是技术手段的改变，更是认知的改变，它为教育教学改革提供了新的视角。在今后的钢琴教学中，我将在教学实践中不断探索如何让信息化因素与课堂教学更好整合，更好发挥信息化因素的独特优势，优化学前教育专业钢琴教学与评价，拓展教学的资源和环境，力求在为学前教育专业学生提供良好的教育服务的同时，提升自身的信息化素养和更广泛的教育素养。

参考文献

[1] 张琳. 高职学前教育专业钢琴教学现状与对策研究 [D]. 西安：陕西师范大学，2018.

[2] 李克东，等. 在思与行中一路走来——李克东教授与一线教师谈教育信息化 [J]. 信息技术教育，2006, 3:16-19.

[3] 蒙园. "互联网+"背景下高职院校钢琴智能化教学模式探索 [J]. 计算机产品与流通，2020, 7:259.

[4] 余清臣，黄晓磊. 什么技术能够深刻变革教育：一种日常生活的视角 [J]. 南京社会科学，2018, 2:150-156.

传承与创新：
陕西学前教育舞蹈特色课程建构[1]

杨露[2]

人力资本和人才资源是强化创新驱动、抢占未来发展制高点的根本支撑。根据党的十七大关于"优先发展教育，建设人力资源强国"的战略部署，制定了《教育规划纲要》。它内在精神体现出学前教育作为教育的基础，它是提高国民素质，推进国家富强的基石，也是促进公民全面发展的根本途径，更是对建设富强、民主、文明、和谐的先进国家起到了决定性作用。我们应该注重人才创新意识和创新能力的培养，探索建立以创新创业为导向的人才培养体系。课程是人才培养的核心要素和主要载体，课程质量的好坏关系到学前教育专业建设标准的落实和人才培养目标的达成。随着生活质量的提高，素质教育成为教育的追求潮流，为了满足美育功能、学前教学对象和教师专业能力，舞蹈课程作为一门独立的科目，成为高等院校学前教育专业的重要组成部分。如何增强舞蹈课程的重要作用发挥，是我们每个舞蹈教育工作者亟须考虑的问题。

一、陕西省学前教育舞蹈特色课程建构的需求分析

（一）学前教育专业发展的需求

学前教育专业的培养目标主要是秉持"教育有思想、教学有特色、做人有品位"的育人理念，立足地方，面向陕西，服务西部，培养具有一定的人文和科学素养，具有音乐、美术、舞蹈的基本艺术素养，形成广博的知识基础，能在幼儿园、幼师培训、幼教管理等机构从事保育、教育与管理工作的高素质应用型人才。学前教育专业技能作为学前教育专业培养的重要指标，不仅是高等院校创新人才自身应具备专业素质的必修内容，还是未来从事学前教育工作中必不可少的职业能力。

许多高校把学前教育舞蹈课作为学前教育专业核心课程，整个舞蹈课程的时间一般在96学时以上，不低于6学分，这些都无异于说明学前教育舞蹈课程建构在整个学前教育专业培养体系占有举足轻重的位置。目前，学前教育专业学生入校时大部分都没舞蹈基础，陕西学前教育专业舞蹈课程大部分都是沿用学前教育专业训练的相关内容和模式，这就导致学前教育专业舞蹈课程学习成果千篇一律，学生产生水土不服的"症状"。如课程中无法掌握相关舞蹈知识和技能，舞蹈课程内容和模式不适应幼儿园现实教学，从而导致舞蹈学习完以后无法实践性应用到幼儿园等问题，学前教育专业舞蹈课程存在的这些问题直接导

---

[1] 基金项目：2021年陕西省教育厅专项项目（21JK0425）；2021年度教育教学改革研究项目（JKY202122）。
[2] 杨露，1986年1月生，女，汉族，河南新乡人，教育学博士在读，讲师，研究方向为舞蹈教育。

致学生能力的缺失和职业发展。课程是学前教育专业创新人才培养和发展之"根"，那么，对现有学前教育专业舞蹈课程应该做出怎样的研究和思考呢？

(二) 中华民族文化传承的需求

2021年习近平总书记关于文艺工作的重要讲话，给我们艺术教育者提出了新的思考，也给我们指明了未来发展的方向。文艺工作会议指出了中华文化是文艺工作的核心部分，艺术工作者要推动中华优秀传统文化的传承，加大文化遗产的保护力度，促进让文物资源"活"起来落到实处。而"一带一路"高峰论坛，不但让我们深刻地理解了建设战略的核心思想，更对我们舞蹈教育者带来了前所未有的启迪。"一带一路"倡议就是要大力弘扬丝绸之路的精神，秉承"开放、创新、包容"的和谐理念，在教育、文化、民间等各领域进行广泛合作。在这样的历史背景和精神引领下，使我们扎根在陕西地区的舞蹈教育者不得不重新进行思考，如此丰饶的舞蹈古迹和舞蹈艺术，我们应该怎样更好地传承下去。

陕西省是灿烂辉煌的中华文明发祥地之一，历史上曾有十三个朝代在此建都，也是"丝绸之路"的起点。纵观历史长河的发展，陕西地区是重要的历史文化中心，经过时间的沉淀和升华，给我们留下了丰富的舞蹈艺术瑰宝。在陕西地区留存了许多"静态形式"的舞蹈文物古迹和"动态形式"的舞蹈艺术，这些丰厚的舞蹈宝库为我们重现了历史的痕迹，也给我们展示出陕西地区别致的风土民情和特有的地域性特点。从中华民族文化的维度来看，中华民族文化是否得以保存的关键在于传承。陕西省学前教育专业舞蹈特色课程中的研究、学习和表演等多元化形式，给陕西地区民间舞蹈发展提供了新的契机，让陕西地区舞蹈文化的挖掘和开发有了更多的可能性，也给了陕西地区民间舞蹈得以保存和发展的土壤，使非物质文化遗产中舞蹈方面得以很好地传承和创新，更为保护中华民族文化起到了一定的奠基作用。

从陕西民间舞蹈的维度来看，陕西地区历史悠久，具有鲜明的地域性，现今保存了丰富的非物质文化遗产舞蹈类项目：粗犷豪放的陕北秧歌，彪悍刚劲的安塞腰鼓，诙谐欢快的安康小场子，慓悍磅礴的乾县蛟龙转鼓，等等。陕西省位于中国的西部地区，相对于沿海地区来讲，从文化对外交流方面有一定的局限性，陕西地区舞蹈发展出路应从自身优势入手，而建构陕西省学前教育专业舞蹈特色课程正是给地方民间舞蹈的发展建造了一定保障性空间，通过学前教育专业学生的表演和教授，可以使更多人民大众受到陕西民间舞蹈的熏陶，也使得更多未来接班人进行陕西民间舞蹈的学习，为陕西民间舞蹈未来的创新发展提供了更多的可能性。

二、陕西省学前教育舞蹈特色课程的建构

陕西省学前教育舞蹈特色课程建构是利用高等学校学前教育课程平台，以学前教育专业创新人才培养为目标，以学前教育专业舞蹈教学改革为研究对象，立足于陕西地区相关的舞蹈文物古迹和特有的民间舞蹈艺术，运用多元化发展的模式和手段，建构成陕西舞蹈文物古迹方面的搜集、整理和研究，陕西地区民间舞蹈的学习和开发，陕西地区民间舞蹈的表演，陕西地区民间舞蹈的教学等一系列的相关内容，以"传承与创新"的"主题式＋单元式"为方式，加强学前舞蹈教学应用性实践环节，感知民间艺人的工匠精神的过程方法，并学会协作、学会创新、学会解决问题，实现知识与素养提升的自主建构。最后以应用能

力和联动机制等形式进行教学评估与判断,才能建立完善的学前教育舞蹈教学体系,切实提高实践教学的效果,最终作为学前教育专业学生创新人才培养的支撑。

(一) 课程类型

课程的类型随着课程设计理念的不同,从不同维度和标准进行分类,可以分为多种课程类型。按照课程的属性和组织形式的不同,主要分为综合课程和学科课程;按照课程计划对课程设置实施的不同要求,主要分为必修课和选修课;按照课程主体的不同,主要分为国家课程、地方课程和学校课程;按照课程任务的不同,主要分为基础型课程,拓展型课程、研究型课程。从总体上来分析,陕西省学前教育舞蹈特色课程是以国家学前教育专业标准和艺术课程目标为根基,在多元化的教育思想和建构主义课程理念的指导下,充分利用陕西省地方资源进行开发、表演、教学为一体的综合性课程。本课程类型的确定是充分考虑了舞蹈课程专业特点和学前教育学生特点,依据课程的属性或主体来划分,它既属于综合性课程,又属于地方性课程。

作为综合性类型课程来看,民间舞蹈是经过人民大众长期积累下来,流传于各个地区的,具有一定地方性特色的舞蹈形式。因为民间舞蹈扎根于文化的土壤上,拥有浓郁的地域性特色和深厚的历史文化底蕴,在学习民间舞蹈时是脱离不开相关内容的学习,所以陕西省学前教育舞蹈特色课程建构是一门综合性课程。在陕西民间舞蹈本体教学基础之上,打破了原本学科的界限,找到其共通点进行整合兼并,融合为一体的综合性课程,如陕西历史、陕西民俗、陕西美学等领域的课程。

作为地方性课程来看,围绕陕西地方民间舞蹈这个特色,根据课程的任务来分,陕西民间舞蹈特色课程又分为基础素养课程和基础专业课程两种。第一,基础素养课程:主要由陕西历史文化背景、舞蹈风格特点等内容组成,旨在通过学生的学习使他们达到最为基础的能力,为后面的研究和教学工作打下基础。第二,基础专业课程:主要由陕西民间舞蹈、陕西民间舞蹈教学、陕西民间舞蹈创编等内容组成,旨在通过此课程的学习使学生真正了解陕西民间舞蹈,学会教授陕西民间舞蹈,学会创编陕西民间舞蹈。

(二) 课程目标

课程目标是教育总方针是否得以实现的保障,也是课程设想至课程实现之间的重要前提,它对于课程类型、课程内容、课程方法等方面具有指导性作用。制定较为完善的高校专业课程目标应遵循的主要基本原则:第一,从宏观全局出发,高校专业课程目标确定的第一要务就是必须服从国家的政策和方针。第二,从中观的大局出发,高校专业课程目标的确定必须得符合教育的客观规律。第三,从微观的整体出发,高校专业课程目标的确定必须能推动专业未来的发展。第四,从教育的本体出发,高校专业课程目标的确定能对学习者进行综合能力的培养和自身需要的满足。

我国课程的发展历经了多个时期,在课程历史变革中课程目标也逐步前进,进入21世纪以来课程目标设置走向良好的发展趋势,特别是学前教育专业舞蹈课程目标改革飞跃般地前进,取得了较大的成效。但同时我们也发现了一些问题,如课程目标千篇一律,专业特色不突出;重视舞蹈专业外部形态的掌握,忽略舞蹈相关文化知识;固守传统的学习,与当今幼儿园发展脱节等。这些问题给本课程目标设置敲响了警钟,让我们认识到本课程目标不但要遵循最为基本的原则之外,还应该突出陕西民间舞蹈课程的"特色",站在社会发展前沿的角度上，重视陕西民间舞蹈相关学科的学习，增强学生把舞蹈所学知识用于幼儿园教学当中的本事，使舞蹈技能能够转化为实现文化传承和服务社会的能力，使其成为被社会所需要的创新型人才。在学前教育专业舞蹈教学的目标上，我们应该借鉴国内外学前舞蹈教学的先进理念和人才培养模式，教学目标由三维目标向核心素养的转变，将学生应具备的品格和能力表现作为教学的指向。探索和改革学前教育专业舞蹈教学的培养模式，采用"分类培养"和"多元培养"的不同培养途径，探索出以"创新人才"为目标的个性化、国际化的幼儿园教师培养舞蹈课程。

（三）课程内容

课程内容是指"各门学科中特定的事实、观点、原理和问题，以及处理它们的方式"。从某些方面来说，整个课程的问题都是内容的问题，无论是课程的设置、课程的目标、课程组织等，都是围绕课程内容进行展开的。课程目标与课程内容的联系更是不容忽视的，课程目标作为指导性角色给课程内容指明了方向，而课程内容又反过来对课程目标的实现起到一定影响。因此，课程内容的选择和组织需要参考课程目标的因素。

陕西省学前教育专业舞蹈特色课程内容则是立足于陕西省民间舞蹈的基础之上，以多元化教育模式为指导，形成主题单元式的课程。作为本课程内容的选择取向方面，无论是舞蹈技能部分中陕西非物质文化遗产舞蹈部分的动作学习，还是理论部分中陕西地区历史文化和陕西地区审美的选择，都体现了本课程内容的选取力求突出陕西民间舞蹈特色为主的特点，以及寻求文化内在价值的取向。而对于舞蹈教学法和舞蹈创编内容的传授，更加突出了最终将课程内容转化为实际用途，并把舞蹈传承性作为内容选取的重要准则。依据斯奈特和格让特课程模式中多元文化教育模式，以及科恩综合课程中的主题方式，陕西民间舞蹈特色课程把非物质文化遗产舞蹈项目分成多个单元，以其中一个舞蹈项目为主题，围绕此舞蹈项目进行相关历史文化、审美、动作等系统性的学习，把美术、音乐等相关学科元素自然地综合起来，形成一个纵向的组织。同时，把舞蹈项目按照相同的舞蹈种类、舞蹈风格、文化背景、生活习俗等分别进行归类，形成一个横向性的组织。最终所有单独的内容点被统一整合起来，呈现出一个纵横交错的多元化主题单元式课程内容，使得不同学科的内容得到不断的重复和强化，让学生能更好地进行掌握，促进利用本土文化资源开展教学的实际效果，为引入地方舞蹈资源课程，寻找到可持续性发展的方向。

作为拥有悠久历史的中华民族来讲，一个民族是否发展在于带有它独特印迹的文化能否代代相传。陕西学前教育舞蹈特色课程的建构是在2017年文艺工作的重要讲话和"一带一路"高峰论坛的精神指引下展开，进行了陕西民间舞蹈特色课程的初步建构，本课程的建构对于地方性舞蹈项目传承问题给予了解决，也给陕西民间舞蹈提供了一定的发展和创新的空间，更给陕西省高等学校学前教育专业舞蹈课程和学前教育学生未来的发展带来了一定影响，力图为陕西地区民间舞蹈的传承和陕西高校学前教育专业创新提供解决方法。

参考文献

[1] 崔允漷. 校本课程开发理论与实践 [M]. 北京：教育科学出版社，2000.

[2] 施良方. 课程理论——课程的基础、原理与问题 [M]. 北京：教育科学出版社，1996.

[3] 任长松. 课程的反思与重建——我们需要什么样的课程观 [M]. 北京：北京大学出版社，

2003.

[4] 郭玉英. 从传统到现代——综合科学课程的发展 [M]. 北京：北京师范大学出版社，2003.

[5] 杨仲华，温立伟. 舞蹈艺术教育 [M]. 北京：人民出版社，2003.

[6] 黄济，王策. 现代教育论 [M]. 北京：人民教育出版社，1996.

[7] 史懿. 高等职业院校学前教育专业舞蹈教学存在的问题与对策研究 [D]. 桂林：广西师范大学，2019.

[8] 周兴蓉. 高校学前教育专业幼儿舞蹈教学的探索与研究 [D]. 重庆：西南大学，2018.

[9] 王蓓蓓. 学前教育专业中提升舞蹈应用能力的教学探索 [D]. 南京：南京师范大学，2017.

[10] 韩雪. 高校学前教育专业学生综合能力培养的研究 [D]. 吉林：吉林师范大学，2016.

[11] 金悦. 高师学前教育专业舞蹈教学改革探究 [D]. 大连：辽宁师范大学，2014.

[12] 邓磊. 我国高师综合科学教育专业课程设置框架的建构研究 [D]. 重庆：西南大学，2011.

[13] 崔海今，苏清华. 高校学前教育专业学生的专业能力培养与训练 [J]. 长春师范学院学报，2014, 1:141-142.

[14] 张桂锦. 高师院校学前教育专业舞蹈课程的改革实践 [J]. 湖州师范学院学报，2020, 42(6):50-54.

[15] 徐瑶. 探索高校学前教育专业舞蹈课程的改革与创新——基于核心素养标准 [J]. 当代音乐，2019, 1:111-112.

[16] 王梦佳. 民间舞课程改革突出贵州民族特色的实践性探索 [J]. 贵州大学学报（版），2011, 25(1):105-108.

大学生社交恐惧影响因素及其与性格特质关系研究

刘国强[1]

一、引言

社交恐惧症（social phobia）是一个较新的诊断概念，首次正式出现是在 DSM-Ⅲ（美国心理疾病诊断及统计手册）中。在 DSM-IV-TR（精神疾病的诊断和统计手册）中，社交恐惧症（或社交焦虑障碍）的特征是对一种或多种特殊的社交场合不能自己地害怕（比如公开讲话、在公共卫生间小便、在公共区域吃东西或是写字），这种情况下，个体害怕自己也许会暴露在众目睽睽之下，或是别人对自己有潜在的消极评价，或是会表现得很尴尬或很丢脸。因为害怕，所以社交恐惧患者要避免这些情形，又要忍受巨大的压力。极度恐惧公开讲话是一类典型的社交恐惧症。DSM-IV-TR 定义了一种社交恐惧患者对多数社交场合都感到非常恐惧，并且往往被诊断为回避型人格障碍。社交恐惧症，又称社交焦虑障碍（social anxiety disorder，SAD），是青少年期和成人期发生率相当高的焦虑性神经症。社交恐惧症的特点是顽固地为自己在社交或公开场合可能会发生困窘和羞辱而恐惧，产生过度的焦虑反应。

在社会转型期社会焦虑是一个不容忽视、必须面对、亟须解决的现实问题。事实上已有众多学者从社会学、理学等视域对社会焦虑及大学生焦虑现象进行了大量研究。毋庸讳言，社会焦虑特别是当前大学生的社会焦虑问题似乎并未引起思想政治教育研究者应有的重视。然而关注当前背景下的大学生社会焦虑，促进大学生的心理健康应当是思想政治教育领域研究的话题。系统梳理其研究脉络概况，进行相关评析与展望既有助于推动我国社会焦虑理论研究的发展，又对化解新时期大学生社会焦虑具有积极、重要的现实意义。

以往对大学生社交焦虑的影响因素研究多集中于性别、父母婚姻状况、文化水平，同时也关注到学生自身的因素，如自卑情绪、自尊等，而对于性格特质有关的研究较少。

二、研究设计

（一）研究对象

本次调查选取了陕西省范围内 151 名在校大学生进行问卷填写，样本情况如表 1 所示。

---

[1] 刘国强，1990 年 8 月生，男，汉族，陕西榆林人，硕士，咸阳师范学院助教，主要研究方向为发展与教育心理学。

表 1 样本情况分析

因素	分类	数量（人）	百分比（%）
年级	大一	23	15.23
	大二	26	17.22
	大三	84	55.63
	大四	18	11.92
性别	女	111	73.50
	男	40	26.50
专业	艺体类	5	3.31
	文史类	92	60.93
	经管类	18	11.92
	理工类	31	20.53
	医学类	5	3.31

（二）研究工具

1. 社交恐惧量表

社交恐惧量表总共有 10 个条目，采用四点评分，皆为正向计分题目，所计总分即为社交恐惧分数，分数越高，代表社交恐惧倾向越严重。此量表 Cronbach's Alpha 系数为 0.919，具有良好信度。

2. 极简版 CBF-Pl-15 量表（《中国大五人格问卷简式版》）

本研究采用的是极简版 CBF-Pl-15 量表，只有 15 题，采用李克特六点计分。1 代表完全不符合，2 代表大部分不符合，3 代表有点不符合，4 代表有点符合，5 代表大部分符合，6 代表完全符合。7，11，12 属于神经质维度；6，8，15 属于尽责性维度；1，9，13 属于宜人性维度；3，4，10 属于开放性维度；2，5，14 属于外向性维度。此量表 Cronbach's Alpha 系数为 0.797，信度良好。

（三）数据收集

本次研究所用问卷采用问卷星平台发放，通过动员学生以及他们的同学与朋友填写，最终获取 152 份问卷，其中有效问卷 151 份。

（四）数据分析

本研究所收集数据采用 SPSS 19.0 进行数据处理与分析。

三、研究结果

（一）大学生社交焦虑现状分析

由表2可知，本次问卷回收率高，由数据可知，大学生整体社交焦虑水平处于中等情况，且差异较小，均值与中值数值接近，因此社交焦虑分数分布较为合理，符合正态分布，可以进行进一步分析。

表2　样本分数情况

置信区间	有效	151
	缺失	0
均值		23.67
中值		23.00
众数		20
标准差		7.293
极小值		10
极大值		40

（二）大学生社交恐惧的差异性分析

1. 不同性别大学生社交恐惧差异分析

由表3、表4中数据可知，参与本次调查的大学生中，女性比例较高，而不同性别群体之间大学生在社交恐惧分数上并无显著差异。

表3　社会焦虑在性别水平中的描述性分析

性别	人数	均值	标准差	均值的标准误
男	40	23.625	7.938	1.255
女	111	23.685	7.084	0.672

表4　性别差异的独立样本 t 检验

	方差方程的Levene检验		均值方程的 t 检验						
	F	Sig.	t	df	Sig.（双侧）	均值差值	标准误差值	差分的95%下限	置信区间上限
假设方差相等	1.265	0.262	-0.044	149	0.965	-0.060	1.350	-2.726	2.607
假设方差不相等	—	—	-0.042	62.765	0.967	-0.060	1.424	-2.905	2.786

2. 不同年级大学生社交恐惧差异分析

通过对不同年级大学生的社交焦虑水平进行单因素方差分析（表5），从表6中的结果可以得出不同年级学生之间的社交焦虑水平不存在显著差异。

表5　不同年级描述性分析

	人数	均值	标准差	标准误	极小值	极大值
大一	23	21.91	7.891	1.645	12	40
大二	26	24.96	5.674	1.113	12	35
大三	84	23.37	7.405	0.808	10	40
大四	18	25.44	7.943	1.872	13	40
总数	151	23.67	7.293	0.593	10	40

表6　不同年级社交焦虑单因素方差分析表

	平方和	df	均方	F	显著性
组间	178.652	3	59.551	1.122	0.342
组内	7798.792	147	53.053	—	—
总数	7977.444	150	—	—	—

3. 不同生源地学生社交焦虑水平的差异性分析

通过对不同生源类型学生的社交焦虑水平进行单因素方差分析（表7），从表8中的结果可知不同生源类型大学生社交焦虑水平不存在显著性差异。

表7　不同生源类型学生社交焦虑水平描述性分析

	人数	均值	标准差	标准误	极小值	极大值
地级市	54	23.61	7.530	1.025	10	40
县城	47	24.13	7.806	1.139	10	40
乡镇	50	23.30	6.628	0.937	10	40
总数	151	23.67	7.293	0.593	10	40

表8　不同生源类型学生社交焦虑水平单因素方差分析表

	平方和	df	均方	F	显著性
组间	16.876	2	8.438	0.157	0.855
组内	7960.567	148	53.788	—	—
总数	7977.444	150	—	—	—

4. 不同专业类型大学生社交焦虑水平差异性分析

通过对不同专业类型大学生做单因素方差分析（见表9、表10）可以得出，不同专业类型大学生在社交焦虑方面没有显著性差异。

表9 不同专业类型大学生社交焦虑水平描述性分析

	人数	均值	标准差	标准误	极小值	极大值
艺体类	5	18.60	7.470	3.341	10	28
文史类	92	24.09	7.563	0.789	10	40
经管类	18	22.94	6.725	1.585	10	35
理工类	31	24.03	6.468	1.162	11	40
医学类	5	21.40	9.236	4.130	14	32
总数	151	23.67	7.293	0.593	10	40

表10 大学生社交焦虑水平在不同专业间的单因素方差分析

	平方和	df	均方	F	显著性
组间	183.827	4	45.957	0.861	0.489
组内	7793.617	146	53.381	—	—
总数	7977.444	150	—	—	—

5. 大学生社交焦虑水平在不同父母教养方式水平的差异分析

根据表11~表15可以得出，父母不同教养方式水平下，大学生社交焦虑水平不存在显性著差异，同时父母教养水平不存在交互效应。

表11 大学生社交焦虑水平在父亲教养方式上的描述性分析

	人数	均值	标准差	标准误	极小值	极大值
专制型	26	23.81	5.216	1.023	10	35
放纵型	29	25.34	7.622	1.415	14	40
民主型	96	23.13	7.651	0.781	10	40
总数	151	23.67	7.293	0.593	10	40

表12 大学生社交焦虑水平在父亲教养方式上的单因素方差分析

	平方和	df	均方	F	显著性
组间	110.354	2	55.177	1.038	0.357

续表

	平方和	df	均方	F	显著性
组内	7867.090	148	53.156	—	—
总数	7977.444	150	—	—	—

表 13　大学生社交焦虑水平在母亲教养方式上的描述性分析

	人数	均值	标准差	标准误	极小值	极大值
专制型	28	23.50	7.032	1.329	10	40
放纵型	22	26.41	7.294	1.555	10	40
民主型	101	23.12	7.300	0.726	10	40
总数	151	23.67	7.293	0.593	10	40

表 14　大学生社交焦虑水平在母亲教养方式上的单因素方差分析

	平方和	df	均方	F	显著性
组间	196.551	2	98.276	1.869	0.158
组内	7780.892	148	52.574	—	—
总数	7977.444	150	—	—	—

表 15　大学生社交焦虑水平与父母教养方式多因素方差分析主体间效应的检验

	III 型平方和	df	均方	F	Sig.
校正模型	406.952	8	50.869	0.954	0.474
截距	44864.198	1	44864.198	841.520	0.000
父亲的教养方式	44.891	2	22.445	0.421	0.657
母亲的教养方式	82.975	2	41.487	0.778	0.461
父亲的教养方式 * 母亲的教养方式交互作用	183.315	4	45.829	0.860	0.490
误差	7570.491	142	53.313	—	—
总计	92570.000	151	—	—	—
校正的总计	7977.444	150	—	—	—

a. $R^2 = 0.051$（调整 $R^2 = 0.002$）

6. 大学生社交焦虑水平在不同父母工作类型的差异分析

根据表16~表20可以得出，父母不同工作类型中，大学生社交焦虑水平不存在显著性差异，同时父母工作类型间不存在交互效应。

表16　父亲工作类型描述性分析

	N	均值	标准差	标准误	极小值	极大值
第一类型（包括个体户、农民、工人、进城务工人员和无业人员）	102	24.21	7.048	0.698	10	40
第二类型（包括技术辅助人员、一般管理及办事人员、商业、服务业人员）	32	22.00	7.318	1.294	12	40
第三类型（包括行政管理人员、企业高层管理人员、专业技术人员、私营企业）	17	23.59	8.595	2.085	11	40
总数	151	23.67	7.293	0.593	10	40

表17　大学生社交焦虑水平在父亲教养方式上的单因素方差分析

	平方和	df	均方	F	显著性
组间	118.650	2	59.325	1.117	0.330
组内	7858.794	148	53.100	—	—
总数	7977.444	150	—	—	—

表18　母亲工作类型描述性分析

	N	均值	标准差	标准误	极小值	极大值
第一类型（包括个体户、农民、工人、进城务工人员和无业人员）	107	23.85	7.012	0.678	10	40
第二类型（包括技术辅助人员、一般管理及办事人员、商业、服务业人员）	34	23.32	7.506	1.287	12	40
第三类型（包括行政管理人员、企业高层管理人员、专业技术人员、私营企业）	10	22.90	9.960	3.150	11	40
总数	151	23.67	7.293	0.593	10	40

表19　大学生社交焦虑水平在母亲教养方式上的单因素方差分析

	平方和	df	均方	F	显著性
组间	13.495	2	6.748	0.125	0.882
组内	7963.949	148	53.810	—	—
总数	7977.444	150	—	—	—

表 20　大学生社交焦虑水平与父母工作类型多因素方差分析主体间效应的检验

模型	III 型平方和	df	均方	F	Sig.
校正模型	286.643	8	35.830	0.662	0.725
截距	18148.860	1	18148.860	335.094	0.000
父亲工作类型	180.692	2	90.346	1.668	0.192
母亲工作类型	30.169	2	15.085	0.279	0.757
父亲工作类型 * 母亲工作类型 交互作用	150.222	4	37.555	0.693	0.598
误差	7690.800	142	54.161	—	—
总计	92570.000	151	—	—	—
校正的总计	7977.444	150	—	—	—

a. $R^2 = 0.036$（调整 $R^2 = 0.018$）

综上所述，由于大学生性别、年级、专业、生源类型、父母教养方式、父母工作类型不同水平上均不存在显著性差异，故在后续分析中不将上述因素纳入模型进行分析。

（三）大学生社交恐惧状况与性格特质关系研究

1. 相关关系研究

使用 Pearson 相关性计算方法计算社交焦虑与大五人格不同因子间相关性，得出结果。如表 21 所示，Pearson 相关性结果表明大学生社交焦虑与神经质呈显著正相关，而与外向性呈显著负相关。

表 21　社交焦虑与大五人格因子 Pearson 相关性

		神经质	尽责性	宜人性	开放性	外向性
社交焦虑	Pearson 相关性	0.600**	0.014	−0.055	−0.067	−0.457**
	显著性（双侧）	0.000	0.867	0.505	0.416	0.000
	N	151	151	151	151	151

2. 多元回归分析

由上述相关性分析可知社交焦虑与大五人格因子中的神经质因子与外向性因子有显著相关关系，为验证二者对社交焦虑的预测作用，以社交焦虑为因变量，神经质与外向性为自变量，验证神经质与外向性对社交焦虑的预测作用。

模型 1：社交焦虑 = $a_1 + b_1$ 神经质 $+ e_1$

模型 2：社交焦虑 = $a_2 + b_1$ 神经质 $+ b_2$ 外向性 $+ e_2$

由表22可知，模型2拟合度更高。

表22 不同模型拟合度检验

模型	R	R^2	调整 R^2	标准估计的误差	R^2 更改	F 更改	df_1	df_2	Sig.F
1	0.600ª	0.361	0.356	5.851	0.361	84.030	1	149	<0.001
2	0.664ᵇ	0.441	0.433	5.492	0.080	21.137	1	148	<0.001

注：a. 预测变量：(常量)，神经质。

b. 预测变量：(常量)，神经质，外向性。

根据表23可知，模型2自变量之间不存在共线性，可以进行多元回归分析，由模型系数可以得出最终模型结果：

模型1：社交焦虑 = 9.470 + 1.262 神经质 + e_1

模型2：社交焦虑 = 18.567 + 1.066 神经质 + (−0.694) 外向性 + e_2

表23 模型系数

模型		非标准化系数		标准系数	t	Sig.	共线性统计量	
		B 标准	误差	试用版			容差	VIF
1	(常量)	9.470	1.620	—	5.844	<0.001	—	—
	神经质	1.262	0.138	0.600	9.167	<0.001	1.000	1.000
2	(常量)	18.567	2.496	—	7.440	<0.001	—	—
	神经质	1.066	0.136	0.507	7.830	<0.001	0.901	1.109
	外向性	−0.694	0.151	−0.298	−4.597	<0.001	0.901	1.109

四、研究结论

（1）通过差异性分析，在本研究中，大学生的性别、年级、专业分类、父母教养方式、父母工作类型以及生源地不同水平上均不存在显著差异。

（2）在社交焦虑与大五人格各因子间相关性分析中，大学生社交焦虑与神经质水平呈显著正相关，即大学生神经质水平越高，社交焦虑水平越高；而与外向性水平呈显著负相关，即大学生外向性水平越高，社交焦虑水平越低。

（3）在回归分析中，大学生社交焦虑水平与神经质水平及外向性水平均有关，二者对大学生社交焦虑水平有显著预测作用。

五、讨论与分析

本研究与以往的研究相比，出现了一些不同的结论。如已有研究表明父母教养方式是影响大学生社交焦虑的重要因素，而在本研究中，不同父母教养方式下大学生社交焦虑水平并无显著差异。由于本次数据收集都在线上完成，对数据质量难以监控，因此不排除被试不认真作答的情况。另外以往研究中用量表对教养方式进行测量，而本次研究中是让被试自己进行判断，因此可能存在被试对自己家庭教养方式判断不准确的情况，这都会影响最终结果的准确性。

同时在大众认知中，同龄段女生社交状况好于男生，城市地区学生好于城镇或农村地区学生，父母就业层次较高的学生应有更好的社交水平，而在本次研究中，这些假设并未表现出来。以往研究中所用测量社交焦虑的量表也分了不同维度，而这些因素对不同维度的影响可能也有不同，因此后续要研究这类问题可从量表本身出发，选用多维度的量表，通过对比不同维度的社交焦虑水平可以得出更严谨细致的结论。

另外本次研究取样范围为陕西省大学生，样本代表性不够，后续研究可从多样性取样入手。同时线下数据收集可以监控数据质量，可以保证数据可信度。而在影响因素上，除了可以研究人口学变量的影响外，还可以研究样本本身特性的影响，如自控力、自卑情绪等。而在性格的测量上也可以选用更完善的量表。此次由于选取了大五人格的简版量表，所以在结果准确性上会有一定影响，在条件允许的情况下应尽可能使用完整版量表。

参考文献

[1] Ollendick T H, Hirshfeld-Becker D R. The developmental psychopathology of social anxiety disorder[J]. Bio Psychiatry, 2002, 51:44-58.

[2] 王建玲. 我国大学生社会焦虑问题研究述评[J]. 上海理工大学学报(社会科学版)，2017,39(2):192-196.

[3] 骆亮. 初中生社交焦虑的影响因素及对策研究[D]. 南昌：南昌大学，2016.

[4] 金润玉. 父母教养方式、自卑与社交焦虑的关系研究：来自中韩大学生的比较[D]. 成都：四川师范大学，2017.

[5] 陈佳薇. 大学生自尊、拒绝敏感性、迷思与社交焦虑的关系[J]. 长春工业大学学报(高教研究版)，2014,35(3):135-138.

基于翻转课堂教学策略的"Photoshop 综合实例"微课的设计与开发[1]

侯冬青[2]　武春李[3]

近年来，随着信息技术的迅猛发展，"微"文化正潜移默化地改变着人们的生活。微课作为新兴的教学资源，应用于教学中，催生出一种新型教学模式——翻转课堂模式。这一模式体现了以学生为主体的思想，有助于从"以教师为中心"的教学转变为"以学生为中心"的教学，回归教育的本质。

一、翻转课堂与微课

翻转课堂就是颠覆传统的"老师在课堂上教学，学生在课后完成作业"的教学模式。在信息技术和新兴媒体的支持下，教师在课前发布学习任务单供学生自主学习，而在课堂上，教师根据学生的自学反馈，有针对性地集中处理学生在学习中遇到的疑难问题，进一步巩固强化所学知识。而微课本身，凭借它短小精悍的特点，完美地契合了翻转课堂的教学模式。

翻转课堂教学模式是使教学流程由"先教后学"转变为"先学后教"，实现了教学流程的逆序创新，其实质上是"先学后教，以学定教"的教学结构在信息时代的重生。翻转课堂模式使教师的角色从知识的传递者转变为学生学习的促进者，充分发挥学生在教学过程中的主体地位，由浅层次学习转向深层次学习，为我们开展信息化教学实践带来新的启示。

2011 年美国学者格斯坦（Gerstein）最先构建了翻转课堂的教学模型，将课堂划分为四个阶段，分别为：体验学习阶段、概念探究阶段、意义建构阶段以及展示应用阶段。

课前教师应准备教学资源，为学生提供一些参考书、课件、微课，以及相关的学习素材等，并收集学生在学习过程中出现的相关问题以及学习平台上的反馈信息；学生应了解学习任务，正确认识学习的目的，学习教师提供的相应材料，并将自己的问题反馈给教师或与教师及其他学生在学习平台上展开讨论。

课中教师发布任务并将学生分组，学生通过小组合作探究活动解决自学过程中存在的问题、巩固所学；同时，教师可以根据不同小组的问题分别作答，实施因材施教，实现教学的个性化；教师还应该根据课堂中不同小组学生共有的疑难问题集中讲解，带领学生总结本课、开展多种的评价并针对评价反馈改进课堂教学。

---

[1] 基金项目：陕西省教育科学"十三五"规划课题（项目编号：SGH16H177）；咸阳师范学院专项课题（项目编号：15XSYK008）。
[2] 侯冬青，咸阳师范学院教育科学学院副教授、教育技术学硕士，主要研究方向为网络与远程教育。
[3] 武春李，华南师范大学教育信息技术学院硕士研究生，主要研究方向为人工智能教育。

视频微课应是一种适应现代快节奏，适合移动学习、泛在学习、碎片化学习等而围绕某个知识点、技能点等进行精细化设计、讲解长度不超过10分钟的内容精、容量小的在线教学视频。

微课最大的特色就是"短小精悍"，具体就体现在三个方面：第一，微课内容精炼，内容一般应选取学生通过自学难以理解、具有较大教育价值且相对简短又完整的知识内容；第二，微课时长短小，一般不超过10分钟，便于碎片化学习；第三，微课设计精炼，不拖沓，能够帮助学习者快速理解和掌握一个抽象的知识点。

二、"Photoshop 综合实例"的微课教学设计

（一）教学理念

1. 翻转课堂（the flipped classroom）理念

翻转课堂模式从表面上看，是教学结构、学习时间、学习空间的翻转，实质上翻转了教师的教学理念，从传统课堂中的"以教师为中心"转变为"以学生为中心"。

2. 个性化学习理念

在个性化教学中，教师给学生充分的自由，学生可以自主完成新知识的学习，采用课堂或其他小组讨论的方式，针对疑难问题与教师、同学一起交流、探讨。

（二）教学内容分析

图像处理是多媒体素材采集和应用中的一个重要组成部分。培养目标要求学生能熟练掌握用图像编辑软件对原始素材进行编辑、处理的一些常用方法与技巧。

本节课是 Photoshop 综合应用的实操课，通过使学生完成"制作创意合成图"这一任务，灵活运用 Photoshop 基础知识，进一步提高学生对图像编辑软件的综合应用能力。

（三）教学目标分析

1. 知识与技能

（1）了解图层混合模式的概念及基本用法；熟练掌握调整图层的使用方法。
（2）掌握用套索工具进行抠图的方法。
（3）掌握图片色彩处理的基本方法及改善画面布局的基本方法。

2. 过程与方法

（1）通过观看抠图动画和"小女孩与大熊"的微课视频，回顾 Photoshop 的基本操作。
（2）通过完成任务，了解多张图片合成的方法。
（3）在练习中交流和探索完成创意合成图片作品制作的基本方法和技巧，在分析问题和解决问题的过程中，培养学生的自主学习能力。

3. 情感态度与价值观

（1）通过小组合作，培养学生的合作精神和解决问题的能力。
（2）教师通过提示和启发，引导学生深入思考、养成踊跃发言的良好习惯。
（3）通过作品互评，提升学生审美观和鉴赏能力。

（四）学习者特征分析

1. 起点能力分析

教学对象是高中二年级的学生，学生在本课学习之前已经有了一定的 Photoshop 知识储备和学习计算机课程的能力，且大部分同学日常生活中都或多或少地接触过图像获取和加工的知识，但对于 Photoshop 的综合应用能力较差，通过本课的学习能够有效地激发学生的学习兴趣。

2. 学习风格

高二的学生具有较强的观察能力和模仿能力，反应灵活，且具备较强的探究和思维能力，动手操作能力较强。

3. 信息素养

学生在日常生活中较多地接触过电脑、手机等智能设备，对网络较为了解。

（五）教学策略的选择与设计

教学方法：合作探究法、自主探究法、混合学习

教学资源：微课、云平台、教学 PAD、网络教室

（六）教学过程（表1~表3）

表1　课前阶段

教学过程	教师活动	学生活动	媒体资源应用
提供资源传授知识	上传微课视频，发布学习任务单	自主学习教师上传的视频课程，并尝试完成任务	微课、云平台、教学平板电脑
诊断学情以学定教	收集学生反馈及学习任务单，做好结果记录	完成任务单，上传至云平台并反馈自己在学习中遇到的问题	云平台、教学平板电脑

表2　课中阶段

教学过程	教师活动	学生活动	媒体资源应用
预学反馈展示作品	展示优秀作品，总结自学情况，点评存在的问题	观看教师的作品展示，回忆自己在学习中遇到的问题	云平台、教学平板电脑
提出问题互动讨论	将学生进行分组，提出问题：Photoshop 制作合成案例过程中有哪些常见的问题？	分组展开讨论，并选出代表，汇报结果	
教师示范学生模仿	教师示范操作并讲解操作步骤，选取一名学生展示操作	学生观看并模仿教师的示范，观察展示的学生的操作是否正确	网络教室
巩固深化总结评价	教师布置操作任务，上传素材，组织学生匿名投票，选出优秀作品；对本课进行总结	学生下载素材，完成教师布置的任务，并将作品上传至云平台，选出优秀作品	云平台、教学平板电脑

表3　课后阶段

教学过程	教师活动	学生活动	媒体资源应用
反思分享提炼升华	布置分层作业	根据自身情况，完成分层作业	云平台

(七) 教学评价

(1) 诊断性评价：通过课前完成任务，了解学生起点能力水平。
(2) 形成性评价：通过课中制作作品，了解学生知识掌握情况。
(3) 总结性评价：教师评价本课，学生自我反思。

三、微课的开发

(一) 所用软件

Photoshop，用于图片编辑和处理；万彩动画大师(focusky)，用于制作演示型微课；Camtasia，用于录制屏幕和对微课视频进行剪辑及后期处理。

(二) 微课的开发流程

第一阶段：准备阶段

(1) 设计微课课题。根据微课的主题——基于翻转课堂教学策略的"Photoshop综合实例"微课的设计与开发，采用Camtasia软件作为屏幕录制的工具以及万彩动画大师作为制作关于操作复习的动画的工具。

(2) 选定微课内容。通过查阅大量资料和在各大网站观看Photoshop的相关操作视频，根据高中生的学习情况以及学习能力，最终选定"小女孩与大熊"的创意合成图片作为本次选题的主要内容。旨在通过制作图片，激发学生对Photoshop学习的兴趣，提高学生运用Photoshop的能力及动手操作能力。

(3) 撰写微课脚本。在选定的教学内容的基础上，对微课内容进行分割。首先，营造氛围，趣味导入；其次，切入主题，讲解步骤；最后，布置任务，引发思考。

注意：微课内容应迅速与主题相关联，本课题的重点为图片合成后色调的统一，难点为抠图和合成后的边缘处理，防止露底。

第二阶段：搜集素材，制作作品

根据撰写的微课脚本，收集所需素材和开展屏幕录制和讲解。

第三阶段：合成和后期处理

将准备好的素材导入制作软件，根据预定顺序编排并合成，并对素材进行后期处理，添加文字、图形、图像、声音、视频、动画和效果，使微课画面具有艺术性，添加字幕，便于学生听讲。

第四阶段：生成和改进

(1) 生成作品。将制作好的微课进行预览，预览无误后生成、导出。注意：导出的微课视频应保持画质和声音清晰，时间控制在5~10分钟。

(2) 试用和改进。将导出的微课视频试用，收集使用反馈，根据评价改进和优化微课。

(三)微课内容模块

1. "抠图"微课

制作抠图微课可以帮助学生熟悉抠图的操作，也可以用于学生的分层学习。对于基础较薄弱、不熟悉 Photoshop 抠图的学生，可以通过视频回顾抠图的基本操作，为后面的课程打下坚实的基础，从而更好地跟上教师的教学进度；对于基础较好，但不能熟练运用 Photoshop 抠图的学生，通过微课视频的学习，可以掌握更多高级抠图的方法，并将其迁移到日常学习生活当中；对于基础好，且很熟悉 Photoshop 抠图的学生，可以选学抠图动画，只需完成课后任务即可。既有助于学生的全面发展，又有助于学生的个性发展。抠图微课中主要讲解一些常用的抠图方法（图1、图2）。

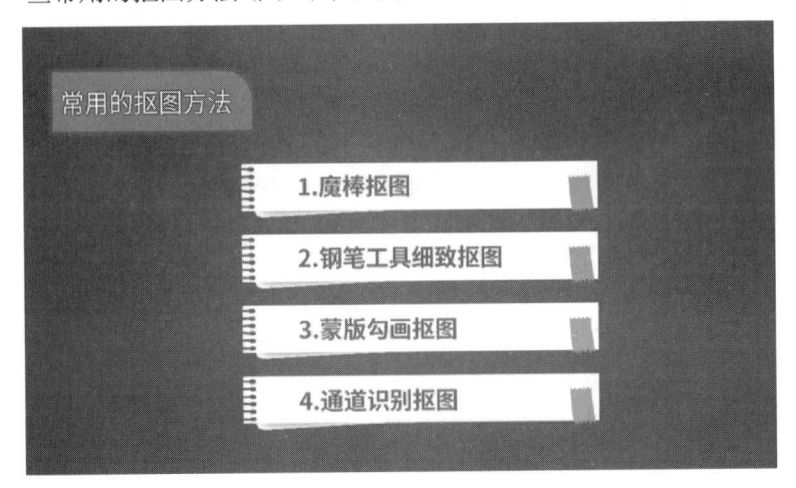

图1　抠图微课主界面

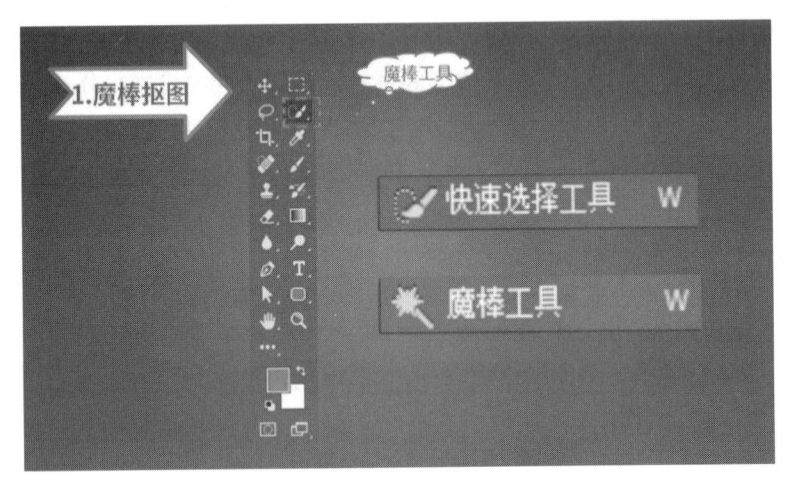

图2　魔棒抠图

2. 创意合成图微课

通过学习制作创意合成图"大熊与小女孩"，提高学生综合运用 Photoshop 的能力，使学生的学习从理论层面走向实践层面。自己制作作品，学生可以将创建图层、抠图、创建剪贴蒙版、调整色彩平衡、调整自然饱和度、创建矢量蒙版、创建滤镜等操作融为一体，复习一系列线性学习的操作。将一个复杂操作转化为许多小步骤，符合学生的学习特性，将有助于学生的学习能力的提高和操作技能的发展（图3）。

图3 创意合成图

（四）微课开发技术难点

1. 万彩动画大师的技术难点

在微课开发过程中，用万彩动画大师制作 Photoshop 基本操作的微课视频。万彩动画大师在使用过程中，存在以下几点问题。①制作过程中的闪退问题。在做动画过程中遇到软件闪退，之前保存的文档打不开，后查阅资料发现，只需找到电脑文档中后缀为".bak"的文档，将其后缀变为".am"即可。②制作过程中的人物设定问题。在制作脚本过程中对人物设定与已有人物形象不符，建议尽量选择系统内已有角色，多次尝试后，若没有合适的角色，可以选择自定义人物角色，但人物的表情及动作都需手动添加，因此寻找合适的素材需耗费大量精力。③制作动画过程中使用软件自带的语音合成工具存在卡断现象。无法使用系统合成配音的情况下，可以运用 Au 等工具进行自己配音。

2. Photoshop 的技术难点

应用 Photoshop 制作合成案例时，存在以下问题：①如何创建剪贴蒙版。不同版本的 Photoshop 的选项会有所不同，如果实在找不到，可以使用快捷键：同时按住 Ctrl 键、Alt 键和 G 键即可。②填充前景色时，用快捷键 Alt 键加 Delete 键没有反应。可以将其调整为背景色，运用快捷键填充，按住 Ctrl 键加 Delete 键即可。

3. Camtasia 的技术难点

使用 Camtasia 时，存在以下问题：①安装 Camtasia 软件。安装过程中必须按步骤进行，且要调整磁盘中文件和搜索选项，将查看栏中隐藏文件夹改为显示隐藏的文件和驱动器。②用 Camtasia 进行录屏时，录制框不显示的问题。须找到文件所在位置，打开 CamRecorder.exe 的属性，点击兼容性选框，勾选以管理员身份运行此程序。

四、合理使用微课，构建翻转课堂

Photoshop 综合应用案例是对于学生所学的基础知识的升华，该微课基于翻转课堂的教学策略进行设计和开发，这种教学策略不仅改变了传统的教学模式和师生角色定位，还符合教育部对未来发展混合式教学模式的纲领要求，契合了在线教学赋予教育领域的契机。本微课的设计和开发均综合考虑了学生的实际学习情况，抠图动画的设计幽默风趣，旨在充分调动学生的积极性，引导学生参与学习活动，发挥学生的主体作用；Photoshop 综合实例的内容选择创意合成图的制作，通过视觉上的全新体验，带给学生心灵上的冲击，从而使学生投入到课程的学习中，积极参与学习任务的完成，提高学生的动手实践能力。

(一)"抠图"微课的使用建议

抠图动画作为视频资料在课前提供给学生进行选学，学生可以根据自己的实际学习情况，有针对性地运用本动画查缺补漏、综合提升。对于使用 Photoshop 抠图掌握不熟练的学生，可以通过本动画视频提高自身技能，完成学习任务；对于使用 Photoshop 抠图较为熟练，但不能进行高级抠图的学生，可以通过本动画视频查缺补漏；对于使用 Photoshop 抠图非常熟练的学生，可以根据自身兴趣选学本动画课程。

(二)"小女孩与大熊"的综合应用案例的使用建议

本视频既可以用于翻转课堂的课前学习资料，也可以用于教师混合教学的课堂学习资料。通过本视频，学生可以将掌握的零散的 Photoshop 技能综合应用，建立知识与学生实际生活的联系。同时，可作为学生自学材料，用于诊断学情。本课程用于教师的混合式教学，可作为课堂开展小组协作学习的资料，将教师从重复繁杂的任务中解放出来，使其有更多的精力从事更高级的智力劳动。

参考文献

[1] 郝璇，孙彦. 微课视角下小学翻转课堂教学的困境及对策 [J]. 广西教育，2020, 45: 11-13.

[2] 葛延梅. 小学数学微课及其翻转课堂教学应用与实践的探讨 [J]. 数学学习与研究，2020, 25:48-49.

[3] 雒晓初. 微课在初中数学翻转课堂教学中的应用探讨 [J]. 中国多媒体与网络教学学报（下旬刊），2020, 11:239-240.

[4] 朱芸. 新课改下微课在初中数学翻转课堂教学中的实践研究 [J]. 试题与研究，2020, 31:175-176.

[5] 唐生智. 基于微课的翻转课堂在高中物理教学中的应用——以"自由落体运动"为例 [J]. 中学物理教学参考，2020, 49(24):4-5.

[6] 段力敏. 基于微课的翻转课堂在算法与程序设计教学中的应用研究 [D]. 牡丹江：牡丹江师范学院，2020.